北京农研智库丛书

北京市城乡发展一体化研究

郭光磊◎主编

中国言实出版社

图书在版编目（CIP）数据

北京市城乡发展一体化研究 / 郭光磊主编．—北京：中国言实出版社，2016.5
ISBN 978-7-5171-1886-2

Ⅰ．①北…　Ⅱ．①郭…　Ⅲ．①城乡一体化–研究–北京市　Ⅳ．①F299.271

中国版本图书馆CIP数据核字（2016）第102354号

出 版 人：王昕朋
责任编辑：邹绍荣
文字编辑：张　强

出版发行　**中国言实出版社**
地　址：北京市朝阳区北苑路180号加利大厦5号楼105室
邮　编：100101
编辑部：北京市海淀区北太平庄路甲1号
邮　编：100088
电　话：64924853（总编室）　64924716（发行部）
网　址：www.zgyscbs.cn
E-mail：zgyscbs@263.net

经　　销　新华书店
印　　刷　北京温林源印刷有限公司
版　　次　2016年6月第1版　　2016年6月第1次印刷
规　　格　710毫米×1000毫米　1/16　　25.75印张
字　　数　309千字
定　　价　72.00元　　ISBN 978-7-5171-1886-2

北京农研智库丛书总序

为全面深化农村改革提供智力支持

经过 30 多年的农村改革，我们确立了以家庭承包经营为基础、统分结合的双层经营体制的农村基本经营制度，坚持贯彻工业反哺农业、城市支持农村和多予少取放活方针，取消了农业税，推进社会主义新农村建设，加快推进建设有利于逐步改变城乡二元结构的体制，加大强农惠农富农政策力度，在维护和发展农民生产自主权、自主择业权、人身自由权、村民自治权、社会保障权和土地财产权等方面取得了巨大的进步。

北京作为全国首都，其农村改革既面临着全国的共性要求，也有自身的特殊需求。北京特大城市、小郊区的格局奠定了郊区农村发展的基础。2014 年北京市常住人口 2151.6 万人，其中户籍总人口 1333.4 万人，农业户籍人口 243.6 万人，全市人均 GDP 接近 1.7 万美元，与世界高收入地区水平相当。京郊农村集体资产规模庞大，据估算，北京市农村集体资产总额达 10.4 万亿元，其中，农村集体经营性建设用地价值高达 3.6 万亿元，农村宅基地价值高达 4.6 万亿元，都市型现代农业生态服务价值 7790.7 亿元。但北京城乡居民收入差距仍然较大，城乡二元结构仍未破除，城乡发展一体化任务仍然艰巨，农村发展的短板仍然明显。

全面深化农村改革迫切需要健全农村改革决策支撑体系，加强农村研究智库建设，提升决策咨询研究水平，以科学研究支撑科学决策，以科学决策引领科学发展。北京市农村经济研究中心（以下简称中心）是1989年11月经北京市委、市政府批准，1990年7月正式挂牌成立，按照加强农村改革和政策研究、加强农村经管工作要求，专门设立的承担一定行政职能，参照公务员法管理的事业单位。作为农村政策研究和咨询服务机构，中心的主要职责就是研究有关首都农村经济社会发展的全局性、综合性、战略性以及重点难点问题，为北京市委、市政府领导农村改革与发展提供政策建议和咨询意见。

“十二五”时期，中心着眼于加强农村研究智库建设，围绕党中央、国务院提出的一系列深化农村改革的决策部署，紧扣首都城市战略定位和京郊农村发展的阶段性特征，以推动全市农村改革“新三起来”为主要任务，把探索农村集体经济有效实现形式、发展都市型现代农业、破除城乡二元结构、推进新型城镇化和城乡一体化、加强生态文明建设、推动农业农村信息化等作为政策研究的重中之重，加强调查研究，完善智库建设体制机制，不断提高决策咨询服务水平，开创了中心调查研究工作的新局面。

一是把握中心职能定位，树立“大农研”意识，实现了调研工作与经管、区划、信息四位一体融合发展。

“十二五”期间，中心整合了调研、经管、区划、信息工作，加挂了“北京市农村合作经济经营管理办公室”牌子，进行了机构调整，明确了职能定位，制定了履职清单，强化了调研工作。调研职责从原先局限于专业调研处室扩展到每个业务处室，调研领域从原先局限于农村经济扩展到农村经济、政治、社会、文化、生态等各个领域，实现了调研工作与经管、区划、信息工作的有效整合。据统计，“十二五”期间，中心开展各类课题研究共计189项，其中农村经管类课题为29项，农业区划类课题35项，农业农村信息化类课题17项，有关城镇化、城乡一体化、都市农业、乡村治理等研究课题108项。

二是紧扣首都城市战略定位和京郊农村发展的阶段性特征，明确了调研工作定位，不断提高决策咨询服务水平，发挥了重要的参谋助手作用。

“十二五”期间，中心在新型城镇化和城乡一体化、探索集体经济有效实现形式、维护和保障农民权益等重点领域开展了一系列具有前瞻性、战略性的调查研究，取得了丰硕的研究成果。在以新型城镇化和城乡一体化为重点的中长期战略研究中，率先提出了走以人为本的新型城镇化道路等创新观点；在乡镇统筹利用集体建设用地的市级重大课题中，提出了加强乡镇统筹利用集体建设用地推动区域协调发展的重要决策建议；在以保障和维护农民权益为工作目标的农村经管课题调研中，提出了以推动“新三起来”（土地流转起来、资产经营起来、农民组织起来）为重点的农村改革新任务，等等。2011—2015年，中心调研成果获得市级领导批示64次，获得各类成果奖项47项。

三是立足理论联系实际，大力推行农村改革试点试验研究，取得了推动农村改革实践与创新政策理论研究的双丰收。

将政策理论研究与改革试验示范结合起来，是“十二五”时期中心调研工作的一个重大创新。五年来，中心与平谷区政府共同创办了平谷农村经济发展创新研究试验区；与门头沟、大兴、密云、怀柔等区县合作，开展了一系列农村改革试验课题，取得了显著成效；促成了平谷区峪口镇“四位一体”产权式农业项目的落地；组建了全市第一家产权交易服务中心；开展了平谷区西柏店村“美丽智慧乡村”试点工作；搭建了全市农民专业合作社安全优质农产品直供直销平台；为拆迁村量身设计了北京首个农村资金信托产品；促成了密云水漳村土地信托项目正式落地；开展了五区六镇乡镇统筹利用集体建设用地试点研究，等等。这些改革试验课题有力地推动了政策理论研究与农村改革实践探索的有机结合，对全面深化农村改革、加快城乡一体化发展具有较强的先行先试价值。

四是坚持“出成果”与“出人才”并重，打造有利于调研人才成长的研究平台，扩大对外学术交流，涌现了一批有较大影响力的调研成果，培养锻炼了一支新的农村调研人才队伍。

“十二五”期间，中心着力营造尊重知识、尊重人才的调研环境，坚持“出成果”与“出人才”并重，积极创新调研工作思路，完善调研工作方式，搭建了更为宽松的调研工作平台。中心先后成立了第一届、第二届专家咨询委员会，建立了专家库，有效发挥了专家学者的咨询指导作用；实施了课题组长负责制，强化了处室负责人开展调研工作的职责，调动了年轻人员的调研工作积极性；设立了中青年课题，加强对中青年课题责任人的课题服务工作，努力为年轻调研人员的成长创造条件；创立了周末大讲堂，积极营造良好的学术研究氛围；通过北京市城郊经济研究会等中心主管的社团平台，每年举办京台论坛农业交流等活动，扩大对外学术交流联系；开设了农研中心（内部交流学习群）等微信群，推动中心人员跨处室、跨单位、跨领域交流。五年来，中心在推出一系列具有重要影响的调研成果同时，培养锻炼和造就了一批新的农村调研人才。

五是着眼加强农村研究智库建设，建立健全了调研管理制度和流程，推进了调研管理的制度化、程序化、规范化和科学化。

“十二五”时期是中心调研管理实现制度化转型发展的关键五年。五年来，中心全面加强调研管理制度建设，先后制定了调研课题管理办法、项目经费使用管理办法、外出调研学习考察办法、参加学术性会议管理办法、对外委托课题管理办法、稿费及专家咨询劳务报酬发放办法、调研课题考核办法等十多项调研管理基本制度，明确了课题管理的开题讨论、中期检查、结题评审三大流程环节，先后两次编印了《调研管理制度与流程汇编》，将调研管理全面纳入制度化、程序化、规范化轨道，构建了比较完整的调研管理制度体系，实现了中心调研管理制度建设和规范化发展的历史性突破。

“十三五”时期是全面建成小康社会的决胜阶段，是有序疏解北京非首都核心功能、实现高水平城乡一体化发展的关键时期。面对首都特大城市郊区农业农村发展的新形势，如何认识、适应、引领经济新常态，用创新、协调、绿色、开放、共享的发展理念全面深化农村改革，加强农业供给侧结构性改革，在推进城乡基本公共服务均等化的基础上，重点推进城乡要素市场的一体化，让农民共享改革发展成果，是“十三五”时期首都农村研究的重要课题。

为了给“十三五”时期全面深化北京农村改革提供智力支持，我们将“十二五”期间中心的主要研究成果按不同专题进行了统一汇编，以“北京农研智库丛书”的形式集中出版，其目的在于为北京农村工作的决策者、实践者、研究者提供一些参考。我们真诚地期待广大农村工作者共同关注农村改革发展，为推动农业更强、农村更美、农民更富献计献策。

由于水平有限，我们的研究成果还存在不足之处，恳请广大读者批评指正。

北京市农村经济研究中心党组书记、主任 郭光磊

2016年3月1日

目　录

第一章　城与乡在博弈中共享繁荣

——北京市世界城市建设背景下的城乡关系战略转型

长期以来，我国的城市化走的是一条城乡二元分割的发展道路，农村的要素资源大量流向城市，实现城市繁荣的同时，造成了农村发展的严重滞后，形成了一种城乡非合作博弈的格局。坚持以人为本，贯彻落实科学发展观，转变城乡发展战略，走新型城市化道路，是实现城乡合作博弈，促进城乡共同繁荣的决定性关键。

近年来，北京以“以工哺农、以城带乡”为指导方针，全面调整工农关系和城乡关系，城乡合作博弈的格局正在逐步形成。

2008年，中共北京市委出台了《关于率先形成城乡经济社会发展一体化新格局的意见》，形成了较为完备的推动城乡一体化发展的政策体系，标志着北京城乡发展正迈入一个新的历史时期。

2009年底，北京市委十届七次全会提出要从建设世界城市的高度审视北京的发展。时任市委书记刘淇提出要重新认识首都的“三农”问题：首都的农村是北京郊区的一部分，是北京新的战略发展空间；首都的农民是北京的市民，是推动郊区发展的动力，是拥有集体资产的市民；首都的农业是都市型现代农业，是一二三产相互融合的产业。

2010年，在建设世界城市思路的指导下，城乡发展在城乡结合部建设、小城镇与新农村建设、都市型现代农业发展等方面又迈上了新的台阶。

2011 年，郭金龙市长在农村工作会议上提出，在完成成为转变经济发展方式的标兵和火炬手、走在全国最前面的任务中，郊区农村将是主战场和增长极。郊区农村战略地位的突显为深化城乡关系战略调整，促成城乡合作博弈提供了重要契机，成为思考新时期城乡关系的逻辑起点。

一、城乡博弈的理论分析

在利益的博弈过程中，城乡之间如何选择自己的最优策略，最大化自己的利益，是城乡博弈的核心内容。土地一级开发就是一个涉及政府、一二级土地开发商、农民和村集体等多方利益的博弈。这些微观领域的博弈类似一个个原子构成了宏观领域下的城乡博弈。当存在一个可信赖的城乡统筹协议的情况下，非合作的城乡博弈会向合作的城乡博弈进行转化。本部分主要是进行基本理论层面的分析，为城乡合作博弈提供一个理论支撑。

（一）合作博弈、非合作博弈、纳什均衡以及资源配置中的“斯密悖论”

在所有的博弈论模型中，基本的实体是参与人。参与人可被解释为单个人或一组做某项决策的人群。一旦定义了参与人集合，我们便可区分两类博弈：一类是以单个参与人的可能行动集合为基本元素，即非合作博弈；另一类是以参与人群的可能联合行动为基本元素，即合作博弈。

博弈也可以根据是否可以达成具有约束力的协议作这样划分[1]，因为，只有形成有约束力的协议才能产生联合行动。历史上“破釜沉舟”的故事讲的就是这个意思。项羽与秦军交战，领兵过河后就砸锅沉船了，这就是一种承诺行动，即誓死力战。在这种情况下形成一种合作博弈，结果项羽士兵以一当十，大败比自己势力强大的秦军。

非合作博弈是指一种参与者不可能达成具有约束力的协议的博弈类型，主要研究人们在利益相互影响的局势中如何选择使自己收益最大的决策，即策略选择问题。负和博弈和零和博弈[2]统称为非合作博弈。

在城乡二元结构体制下，往往形成的是一种零和博弈，甚至是负和博弈。改革开放以来，大量的农村剩余劳动力汇成民工潮，有力刺激了工业化与城市化进程，形成了30多年来的经济快速增长，城乡二元结构体制开始受到猛烈冲击，资源和要素在城乡之间进行重新的价值定位。按照经济学基本原理，随着资本和劳动等生产要素向边际收益更高的行业和地区流动，要素边际投入回报在城乡之间会发生趋同。但是，在城乡二元结构体制没有发生根本转变的情况下，城乡一体的要素市场没有建立起来，要素回报在城乡之间还保持着刚性的落差，如土地的同地不同权不同价，资金垄断经营等。

合作博弈亦称为正和博弈，是研究人们达成合作时如何分配合作得到的收益，即收益分配问题。合作博弈采取的是一种合作的方式，或者说是一种妥协。妥协之所以能够增进妥协双方的利益以及整个社会的利益，就是因为合作博弈能够产生一种合作剩余。这种剩余

[1]　张维迎，《博弈论与信息经济学》，三联书店1996年第一版。

[2]　负和博弈即博弈的结果使一方不变，另一方受到损失，或者双方都受到了损失。零和博弈的情形是一方的所得恰恰是另一方的损失。正和博弈就是博弈使得双方的利益都有所增加，或者至少是一方的利益增加，而另一方的利益不受损害，因而整个社会的利益有所增加，形成双赢。

就是从这种关系和方式中产生出来的，且以此为限。至于合作剩余在博弈各方之间如何分配，取决于博弈各方的力量对比和技巧运用。因此，妥协必须经过博弈各方的讨价还价，达成共识，进行合作。在这里，合作剩余的分配既是妥协的结果，又是达成妥协的条件。合作博弈强调的团体理性，是效率、公平、公正。

2002年以来，中央陆续提出了一系列重农思想，如“城乡统筹发展”“多予、少取、放活”“重中之重”“两个趋向”“以工促农，以城带乡”等等，其本质无一不是对城乡关系的调整，而调整的背后则是一场深刻的城与乡的博弈，方向是形成城乡合作博弈，核心是对农村的资源要素价值进行重新定位，实现城与乡的资源合作与融合，最终走向城乡共同繁荣。

纳什均衡是指战略组合由所有参与人的最优战略组成，给定别人战略的情况下，没有任何单个参与人有积极性选择其他战略使自己获得更大利益，从而没有任何人有积极性打破这种均衡。纳什均衡又称为非合作博弈均衡。

纳什均衡说明，如果城乡之间进行自由博弈，不会像亚当·斯密所说的“看不见的手”那样促进整个社会福利的增加，而相反会造成某一方的损失[1]，即城乡之间难以形成合作博弈。按照斯密的理论，在市场经济中，每一个人都从利己的目的出发，而最终全社会达到资源配置的优化和利他的效果，并被称为“看不见的手”的原理。但是我们可以从“纳什均衡”中引出一个相反的结果，我们称之为“斯密悖论”：从利己目的出发，结果损人不利己，既不利己也不利他。纳什均衡与传统经济学所言的结论相悖。

实际上，就像囚徒困境一样，这只“看不见的手”在参与选择

[1] 纳什均衡不是一种价值判断，而是为我们提供了一种方便的分析方法。

的人数只有少数几个的时候会失去作用，因为这个时候，人们在决策的过程中会考虑其他参与者的想法，就像赌博和下棋一样，因而需要一套新的思路进行研究。

（二）城乡博弈模型：非合作博弈向合作博弈的转型

我们假定博弈双方是市民(或代表市民利益的城市政府)和农民，双方都是理性的，因为缺乏一个可以置信的协议保证实现双方在合作情况下获取合作剩余。所以在城乡二元结构体制下二者的博弈是非合作性的。

1. 城乡二元结构体制下的城乡非合作博弈模型

		A 农户	
		合作	不合作
B 市户	合作	（1，1）	（-2，0）
	不合作	（3/2，1/2）	（-1，-1）

表 1-1　城乡非合作博弈模型

如表 1-1 所示，在城乡二元结构体制下，不存在一个城乡一体的要素市场，农民的资源和要素的收益权利受到明显制约。假设一项拆迁工作中，总收益为 2 个单位。括号内为市民和农户在不同策略下的支付函数，前项为市民获得收益，后项为农民获得收益。

以房屋拆迁为例，无论农民选择和市民进行合作（签字同意）还是不合作（不签字反对或坚决抗争），不合作的收益总是小于合作的收益。因为，在强制力的作用下，拆迁几乎是既定的，农民自己的房屋已经不能再有任何其他收益。而市民无论选择合作（合理补偿）还是不合作（少补偿），不合作的收益总是最大的，因此，市民则更倾向于不合作，即不按正常价值对农民房屋进行补偿。因此，（合作，合作）不会被市民选择。

如果双方都不合作，即选择（不合作，不合作），双方处于僵持状态，共同承担时间成本损失，支付函数为（-1，-1）。即最后的纳什均衡博弈解是（不合作，合作）情况下，双方的收益是（3/2，1/2），这时农民由于没有得到足够补偿，只获得 1/2 的收益，剩余收益（2-1/2）全部是市民所得，由此形成了一个零和博弈。这是一种典型的非合作解。这种收益结果和博弈结果主要是由城乡二元结构体制下农民的弱势地位造成的。

2. 在城乡统筹下的城乡合作博弈模型

		A 农户	
		合作	不合作
B 市户	合作	（2，2）	（-2，0）
	不合作	（1/2，1/2）	（-1，-1）

表 1-2 城乡合作博弈模型

城乡统筹的城乡博弈模型最大的一个区别是合作增进双方收益的协议是可置信的。在这种情况下农民有途径制约市民的不合作行为，即当市民采取不合作的情况下，收益由原来的 3/2 减少为现在的 1/2。而在合作的情况下，出现了合作剩余，假设共有 2 个单位，这样拆迁总收益增加到 4 个的单位，在双方都选择合作的情况下，双方的收益都增加了，最后的纳什均衡博弈解为（合作，合作），支付函数为（2，2）。在这种情况下，城乡博弈由非合作博弈走向和合作博弈。

城乡统筹下的城乡博弈模型告诉我们，若要实现城乡合作博弈，必须有一个可以置信的协议。这个协议就是对农村资产的一系列保障性法规制度和文件。如对农民土地资源的确权，就是形成可置信的一类重要协议。

（三）走向城乡合作的演化博弈分析

演化博弈理论认为现实社会中人们并不可能会像在纳什均衡里那样拥有完全的理性，熟知双方的信息，并对未来收益进行精确计算。实际中通向博弈均衡的道路都是通过不断试错来完成的，类似生物界的演化一样。如果一类非理性行为面临的压力较弱，那么在这个非理性行为面临的压力发生作用之前，其他类型的非理性行为面临的压力可能会使系统跳跃到某个均衡。因此，从城乡二元结构下的非合作博弈向城乡统筹下的合作博弈的转变也不会是一步完成的，而是呈现为一个演化博弈的过程。

城乡失衡的根本原因是长期以来施行的城市偏向的发展政策或者说城乡二元结构体制下的非合作博弈格局。在城市日益繁荣的同时，城乡二元结构在不少地方成为城乡居民收入差距存在并可能继续扩大的根本原因。

新中国60多年的建设、改革和发展历程正是以城乡关系为主线并予以逐步推进和向前演化。每一次重大改革代表着一次城乡关系的重大调整，其间伴随着城乡二元结构体制的形成、松动到逐步破除。毛泽东同志在《关于正确处理人民内部矛盾的问题》中指出“矛盾着的对立的双方互相斗争的结果，无不在一定条件下互相转化。在这里，条件是重要的。没有一定的条件，斗争着的双方都不会转化”[1]。这种互相转化的过程就构成了博弈演化的过程。

回顾城乡发展的过去，城乡关系在不同的历史条件下主要发生过三次演化博弈。第一次是20世纪50年代对小农经济的农业社会主义改造，形成了适应于赶超型发展战略和计划经济的城乡二元结构体制，农民通过粮食剪刀差工业化提供原始积累。

第二次是改革开放后以粮食等农产品市场的放开，特别是取消统购统销，提高农产品价格，使城乡收入差距迅速缩小。北京郊区的城乡收入比到1984年曾一度缩小为1.04的水平。但是，由于城乡二元体制的存在，如城乡统一要素市场发育的滞缓的情况下农村资源得不到合理有效的价值评估、劳动力市场分割等等，城乡收入差距在20世纪80年代中后期开始扩大。

第三次城乡关系演化博弈，是在城市化加快的历史条件下，按照科学发展观要求，提出了一系列重农思想，核心是实施了城乡统筹方略，转变经济发展方式。这次城乡关系演化过程面临着复杂的形势，各地经济发展不均衡，城乡统筹的内容也有显著的差别，转变经济发展方式的方式也不尽相同。

可见，每一次城乡关系的演化过程，都是与国家实施的城市偏向政策相关，这种城乡关系在一定程度上也代表了国家与农民的关系。其演化过程的本质是国家与农民之间利益关系的调整，而利益关系的变化首先取决于生产力的发展水平，这是城乡关系演化的根本条件，恰恰也成为工业化和城市化发展历史阶段的反映。

以城乡博弈视角来解读城乡关系，用意是更强调在新的历史时期农村权利与农村的繁荣主要不是寄希望于从外界获取，而应努力

[1] 引自《毛主席的四篇哲学论文》，人民出版社1965年。

从农村内部发展出力量，形成内生性发展，从而形成城乡合作博弈的格局。从城乡博弈视角出发探索城乡共同繁荣的目标诉求，可以让我们更清楚深刻地看到新时期通过促成城乡合作博弈、通过转变农村发展方式、通过发展集体经济，来促进农民增收、实现共同富裕的具体的现实路径。

二、建立城乡合作博弈格局面临历史机遇

当前，北京已经具备了工业大力反哺农业，城市大力支持农村的经济实力，为城乡合作博弈格局的形成提供了重要基础。从城市建设看，城市总规划、新城规划已经完成，轨道交通、城市路网、供水等骨干基础设施布局规划已基本完成，新的城市发展格局已经形成。从农村发展看，新农村建设以来，农村面貌发生较大变化，自我发展能力明显增强，奥运会后全市建设和发展重心进一步向郊区转移，农村地区迎来了加速发展的良机。建立城乡合作博弈格局，实现城乡共享融合发展成为必然趋势。

（一）北京郊区经济发展进入新的历史阶段

1. 北京郊区在整体上已处于上中等发达水平

世界银行将世界经济体按年人均国民收入（GNI）分为低、中、高 3 组，并每年公布调整的标准。根据 2010 年 8 月的最新标准，人均 GNI 在 996 ～ 12 195 美元之间时处于中等发达国家水平。其中 3946 ～ 12 195 美元之间为上中等收入水平[1]。2008 年 13 个郊区县人

[1]　郑秉文：《“中等收入陷阱”与中国发展道路——基于国际经验教训的视角》，《中国人口科学》2011 年第 1 期。

均 GDP 达到了 6500 美元[1]，北京郊区就已经在总体上进入上中等收入经济体的发展阶段。2009 年，全市人均 GDP 达到 10 070 美元，已经提前完成了《北京市总体规划》2020 年目标。2010 年，全市人均 GDP 达到 10 890 美元[2]，不断向发达经济体水平迈进。

2. 北京郊区工业化进入技术集约化阶段

纽约、伦敦、巴黎、东京等国际大都市制造业都经历了向中心城集中、再分散和在郊区再集中的过程。2010 年 1—5 月 10 个远郊区县规模以上工业总产值增长 33.7%，远高于全市平均 19.6% 的增长水平。2008 年，郊区三次产业产值结构为 1.8∶26.8∶71.4。根据钱纳里的划分方法，郊区工业化正在由高加工度化阶段向“技术集约化”阶段（即人均收入 4960 ～ 9300 美元，一产比重小于 10%，二产比重维持在峰值水平）过渡，属于工业化的中期向后期推进阶段。

3. 北京郊区城镇化处于快速发展区间

北京市 2009 年的城镇化率达到 85%，但外来常住人口 509.2 万人，占了总人口 1755 万人中的 29%，由此推高了北京的城镇化率，这从反向上说明了北京郊区城镇化滞后的现实状况。而且这些外来常住人口在郊区分布不均衡，大多居住于近郊区，朝阳、海淀、丰台三个区就占了 50.7%。在这种情况下，远郊区城镇化潜力更为巨大。2009 年，10 个远郊区县的平均城镇化率[3]仅为 64.8%（全国 2009 年为 46.6%），且发展十分不平衡。城市功能发展新区的城镇化率为 69%，生态涵养区的城镇化率仅有 53.4%，部分区县如密云和延庆两

[1] 假设人均 GDP 等于人均 GNI，国民总收入（GNI）等于国内生产总值（GDP）加上来自国外的净要素收入。前者为收入概念，后者为生产概念。

[2] 按近期 1 美元 =6.47 人民币元汇率计算。

[3] 计算方法是假设农业户籍人口即农村常住人口，用各相关区县非农业户籍人口比各相关区县常住人口所得。段内下面几个城镇化率计算方法相同。

县刚刚超过 40%，总体上远郊区处于城市化曲线的高速上升区间。如图 1-1 所示。

4. 北京郊区农村经济体制改革进入制度创新的密集期

到 2014 年底，全市累计完成集体经济产权制度改革单位达 3882 个，其中村级 3863 个，乡镇级 19 个，村级完成比例 97.1%，乡镇级完成比例 9.7%。随着产权制度改革完成村的迅速增多，改制后的股权管理、法人治理结构的健全完善、农村集体资产产权重组、无股份村民的增多导致的集体股权增资扩股、农村产权交易市场发育、集体资产上市等已经成为亟待解决的一系列新问题，农村经济体制改革的复杂性在深度和广度进一步发展，由此势必导致一系列的制度创新。如何建立城乡合作博弈的体制框架是一个亟待解决的问题。

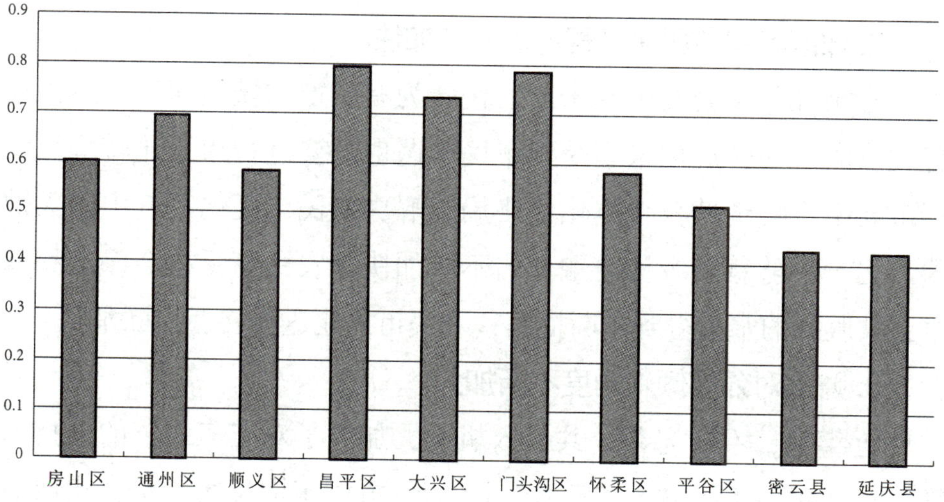

数据来源：《北京统计年鉴 2010》，中国统计出版社。

图 1-1 各远郊区县城镇化率比较

（二）郊区经济战略地位不断凸显

建设世界城市为当前北京郊区提供了重大的历史性机遇，也使郊区经济发展的战略地位日益凸显，“十二五”时期郊区经济将会迈上一个新的台阶，城市发展日益倚重郊区发展，由此为城乡合作博弈过程中实现城市资源向农村的转移提供了动力牵引。

1. 农村地区作为城市发展的战略腹地日益凸显

北京市人口分布不均衡，中心城区人口密度达到 22 549 人 / 平方公里，而远郊区县的延庆县仅 144 人 / 平方公里，是中心城区的 0.6%。随着世界城市建设步伐的加快，中心城区的产业和功能势必寻求新的发展空间，郊区的战略地位将日益突出。据北京市经信委估算，再经过 5 ～ 10 年的努力，到 2020 年，将实现全市规划工业总量翻两番，达到 4 万亿元，势必带动郊区各类生产性服务业发展，未来郊区将形成若干个规模性的现代制造业和服务业中心。

2. 郊区农民市民化进程将进一步加快

未来几年将会有七八十万农民转为有资产的城镇居民，过去还有大量的农民转居后未享受到市民待遇也需要进行市民化转型。北京市要率先实现城乡一体化新格局，解决农民市民化是其中的关键因素之一。随着城乡社会融合的不断加快，农民享受社会保障和基本公共服务的水平得到不断提高，农民市民化进程将会不断加快。

3. 财政对郊区倾斜力度不断加大

近年来，不断完善公共投入机制，加大了对“三农”的支持力度。2009 年，市级财政“三农”投入比 2005 年增长 2.54 倍，市政府固定资产投资投向郊区的比例保持在 50% 以上；市对区县年让渡财力 212 亿元。居民养老保险、老年补助等政策基本实现城乡统一，城乡一体化的医疗保障制度正在加快建立，城乡公共服务均等化机制初步形成。实施共同致富行动计划，加快低收入农户增收致富。支持生态涵养区的发展，完善生态林补偿机制，扩大政府购买公益就业岗位的范围，建立了6万多农民组成的护林员、水管员、公路养护员队伍，实现山区由“靠山吃山”向“养山就业”的转变。

（三）郊区发展面临新的历史任务

促进城乡合作博弈，需要着眼于建设“人文北京、科技北京、绿色北京”全局，在建设世界城市的高度上，突出郊区经济的创新驱动、内生增长，农业就是要加快高端化，农村就是加快城镇化，农民就是要加快市民化。

1. 探索新型城镇化道路

推进中国特色首都特点的新型城镇化是北京建设世界城市的内在动力，是率先实现城乡合作博弈新格局的基本途径，应成为促成城乡合作博弈的总的抓手。

首先，要重视资源要素在小城镇与新农村社区等农村地区本地的集聚。

其次，要发挥扩大内需引擎的作用。郊区有270多万农村人口，按每增加一个城镇人口带动10万元城镇固定资产投资计划，如果有100万农民转为市民，就会有1000亿元的投资空间。

再次，要推进基本公共服务均等化。北京市财政实力相对较强，建设世界城市，走新型城镇化道路，要在更高的水平上破除社保、教育、医疗、社会管理等二元体制，加快农民市民化进程，加快城乡一体化进程。

最后，要加强社区集体经济组织的支撑。乡村两级社区集体经济组织是实现农民共同富裕的重要保障，是实现农民带着资产进城的组织依托，是加快乡村联动，推动人口、土地、资金等资源要素在城镇的聚集的重要推动力。

2. 加快产业高端化

产业高端化就是突出科技支撑，由粗放式的投入驱动向内涵式的创新驱动转型，是乡村形成内生增长，进行城乡博弈的关键。未来郊区农村的一产、二产、三产都要在高端发展上下工夫。

首先，加快农业的高端化。一是发展技术密集型农业。籽种农业、精品农业、设施农业是郊区农业转变发展方式的重要方向。要着力加快农产品加工业品牌建设。二是根据社会性需要来挖掘农业新价值。农业和农地是一个相对独立的空间，需要有系统的理念进行经营和管理。三是壮大农业产业组织体系，向全产业链方向推进。龙头企业、专业协会与专业合作社等是农产品营销的主要载体。要积极发挥社区合作组织的综合服务功能。要加强农业科技推广服务体系建设。农产品行销流通体系建设要由农超对接逐渐转向农业合作社办超市。

其次，加快农村第二产业的高端化。一是加快技术创新步伐。发挥地域科技资源优势，加快工业产业升级，提高加工制造业的增值程度和技术含量，大力发展现代制造业、高新技术产业和都市型工业。二是推进产业集聚。要重视小城镇在承载中心城产业和集聚当地产业的双重支撑作用。把农村工业化和城市郊区化紧密结合起来，以重点镇为基点，通过产业集聚发挥“1+1>2”的规模效益。三是淘汰落后产能。退出那些和城市功能定位不和谐的高污染、高投入、高能耗项目。

再次，是加快农村第三产业的高端化。一是提升郊区的生态服务价值，促进郊区生态服务业发展。加快乡村旅游业的产业升级。

按照沟域经济的发展理念，进行科学的区域规划，细化乡村旅游业的不同业态，积极推动产业融合。二是推动生产性服务业在郊区的大发展。要提升文化创意产业、物流业、会展业等重点行业的发展水平。此外，近郊地区的物业服务业也面临着结构调整，逐步升级和进一步规范的问题。

3. 加快体制机制创新

通过体制创新，改进资源配置，提高要素利用效率。首先是土地要素利用效率的提升。建立土地集约利用的体制机制。统筹协调解决农民上楼、产业发展和资金平衡，核心是保障农民为主体地位，保护农民进行土地开发的积极性。寻找科学的土地开发建设模式。开发商主导的城市建设造成大量遗留问题，低端的“瓦片经济”升级是必然趋势。征地拆迁补偿要协调各方面利益。要切实保障农民的利益主体地位。

其次是劳动要素利用效率的提升。“减少农民，富裕农民”是提升劳动生产效率的基本途径。要千方百计促进农民非农就业转移。特别是重点小城镇，要发挥解决当地农民就业问题的重要作用。激发郊区农民的创业热情。要加快农民转居，提高社保与民生保障水平。

再次是资本要素利用效率的提升。现在北京郊区乡村集体资产3400亿，是农民增收致富的重要依托。其中，乡镇有1400亿，平均每个乡镇7个多亿，如果这些资产都能够得到很好经营并参与到农民收益分配当中，就能大幅提高农民财产性收入。

4. 加快生态环境建设

未来北京将建成世界城市，成为世界交流的重要城市，要更加重视生态环境建设。一要进一步加强生态环境建设，加大公共财政的支持力度。按照《北京城市总体规划》修编的要求，优先关注生态环境的建设和保护，进一步加大投入，创新建设与管护体制机制，提高资源的节约与利用效率。二要正确处理城市化与资源环境之间的矛盾。充分考虑资源环境承载力，全面推进土地、水、能源的节约和合理利用。三要健全激励和约束机制，树立绿色、低碳发展理念，加快构建资源节约、环境友好的生产方式和消费模式，实现人口的合理布局。四要推进生态产业化运作。以节能减排为重点，大力发展绿色经济、循环经济、低碳经济，促进经济社会发展与人口资源环境相协调，走可持续发展之路。

三、城乡合作博弈格局面临的挑战

在看到北京郊区城乡发展面临着重大机遇的同时，还要清醒地认识到当前实现城乡合作博弈面临的新的矛盾和问题。

（一）农村发展与分化问题

城乡关系是在城市化进程中的一种特殊的动态的区域关系，包括城与乡之间的区域关系，也包括农村地区内部的区域关系。城乡收入差距不仅包括城乡之间的收入差距，还包括农村地区内部的收入差距。在城市越来越繁荣的背景下，由于城乡二元结构体制的制约，农村发展显得十分滞后。同时，农村内部的分化也十分剧烈。

城市化背景下的农村分化显著。农村发展是一个多维度的问题，包括人均收入的增长，也包括村集体积累的增长，也包括人口的变化。能集聚更多人口的村往往是发展更有潜力的地区，如镇区范围内的村，或城乡结合部地区的村往往属于这类情形。但大部分农村地区将转化为人口流出区，农村发展出现内部的分化。

据北京市房山区2006年的调查[1]，韩村河、司马台和窦店3个村的集体经济收入占全区的40.8%，全区一半以上的村庄基本靠各种扶持资金勉强运转，村集体经济空壳现象十分严重。随着村庄之间收入差距的拉大，农村地区内部的非均衡发展趋势不断加剧。而“十一五”提出的新农村建设，其初衷正是为了缩小城乡差距和农村地区内部差距。

其中，人口不断流出的衰落村的发展问题是当前农村发展的重点。这些村处于逐渐衰落的发展轨道之上。解决这些村的发展问题，需要通过产权制度改革理清各类财产关系，打破村与村之间的人为界限，促进要素和资源在更大范围内进行合理配置。实现要素重新组合的关键是对掌握着村里最重要资源要素土地的村集体经济组织进行重构，寻找到集体经济在市场经济条件下新的实现形式。不同分化方向的村集体经济组织应有不同的实现形式。

因此，通过城乡合作博弈破解农村发展问题，关键是突破村际之间资源缺乏流动，各自为战的格局，形成跨村、跨地区的资源整合和区域联合，带动落后农村地区的发展。

（二）农民增收问题

农民增收历来是三农工作的一个核心。1998年，江泽民同志在《开创农业和农村工作新局面》中指出“增加农民收入是一个带有全局性的问题，不仅直接关系到农民小康，还直接关系到开拓农村市场、扩大国内需求、带动工业和整个国民经济的增长”[2]。北京郊区农民增收问题，主要表现在三个方面：一是城乡之间收入相对差距仍处

[1]　聂玉藻：坚持农村基本经营制度，发展壮大集体经济，《北京调研》，2008年第5期。
[2]　《江泽民文选》第二卷，第216页，人民出版社2006年。

于高位；二是绝对差距持续上升；三是农村地区内部差距十分显著。

1. 城乡收入相对差距仍处于高位

人们通常用农民收入的年度增长率或城乡收入比（农村为 1）等指标来衡量农民收入的变化情况。城乡收入比越大，表明农村与城市的收入差距越大，反之亦然。

如图 1-2 所示，自改革开放以来北京市城乡收入比经历了先下降后快速上升再逐渐下降的过程。整体上看，呈现出威廉姆森倒“U”型曲线的左半段情形。到 1984 年，城乡收入比由 1978 年的 1.625 下降到 1.044，城乡相对差距几乎为 1，然后上升到 2006 年的 2.318，达到顶点。随后逐渐下降，到 2010 年，已经下降到了 2.192。但始终未下降到 1984 年的最低点水平，也没有回归到 1978 年改革初的水平，基本与 2001 年的 2.195 的水平持平。当然，这种下降的趋势在曲线的形态上已经基本形成，城乡收入相对差距的状况还将得到逐步的改善。

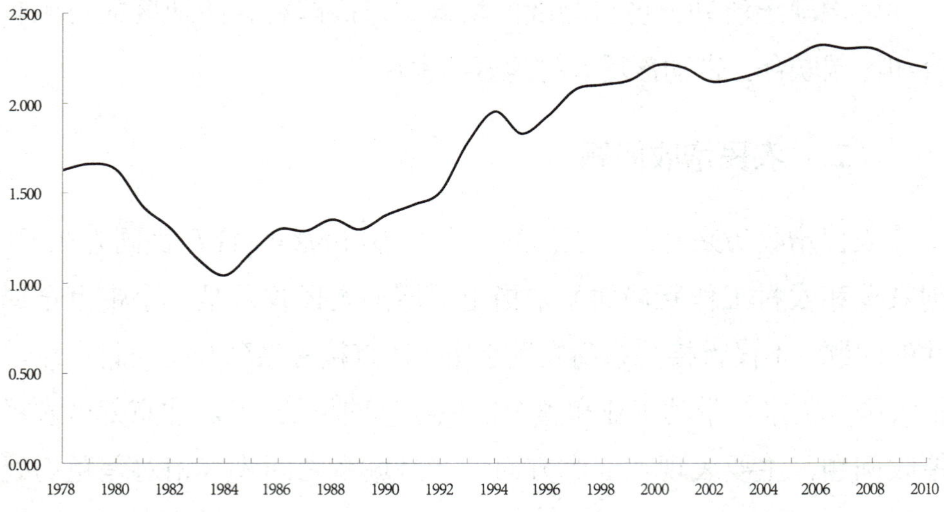

数据来源：《北京统计年鉴 2010》，中国统计出版社。

图 1-2 北京市城乡收入比变化情况

城乡收入增长速度的比较发现，农村收入增长具有明显的阶段性，如图 1-3 所示。改革开放初，增长速度显著快于城市。从 1981—1984 年，连续 4 年以高于城市 10 个百分点以上的速度快速增长。到 1985 年之后，绝大多数年份农民收入增长慢于城市居民。2009 年和 2010 年,农民收入增长速度明显加快,超出城市居民达 2—4 个百分点。这也解释了为什么近年来城乡收入相对差距逐渐缩小的原因。

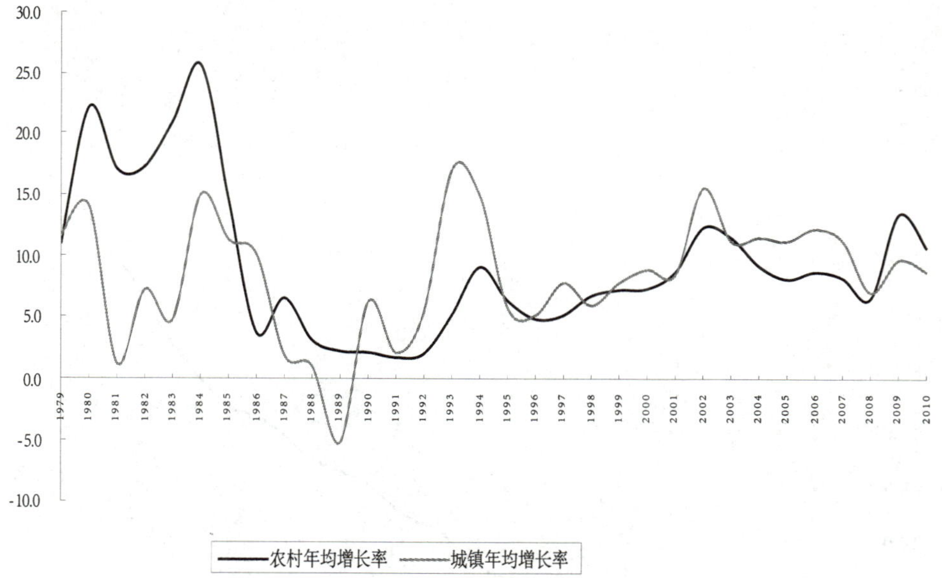

数据来源：《北京统计年鉴 2010》，中国统计出版社。

图 1-3 农村人均纯收入与城市人均可支配收入增长率比较

2. 绝对差距持续扩大

城乡相对差距的缩小并不能代表绝对差距也跟着缩小。

如图 1-4 所示，城乡绝对差距不仅没有缩小，反而呈现了更为快速的上升态势，从1984年的29.5元迅速上升到2010年的15 811元。城乡收入差距很大一部分来自转移性收入的差异。2010年，北京市农民的人均转移性收入是1800多元，市民是8400多元，两者比例接近1/5。据测算，若到2020年实现城乡绝对收入均等，农民收入的年均增速应在17.2% ~ 19.3%。而近十年来，农民收入增长率的平均水平仅9.1%，如不能尽快提高农民收入的增长速度，城乡之间的收入绝对差距还会进一步扩大。

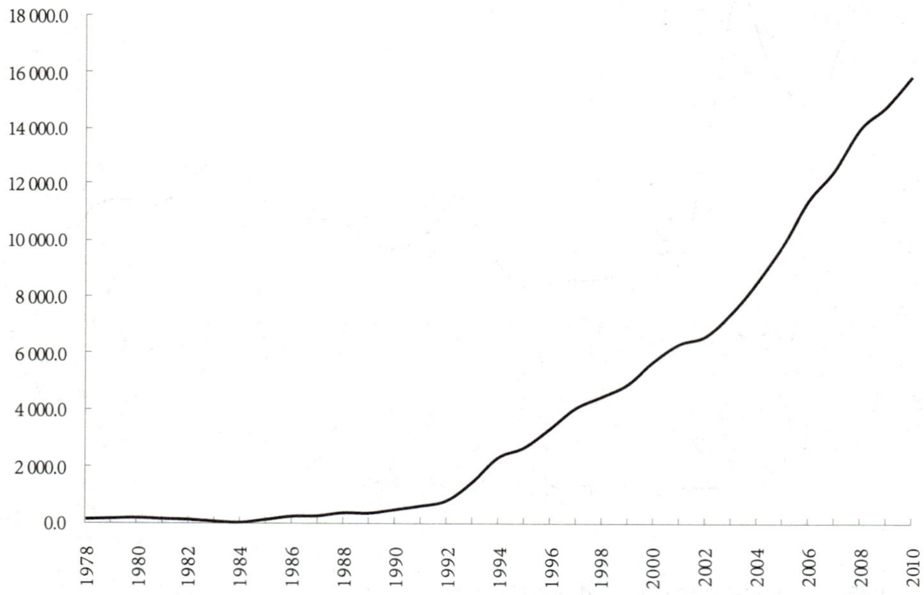

数据来源：《北京统计年鉴2010》，中国统计出版社。

图1–4 农村人均纯收入与城市人均可支配收入绝对差距比较

3. 农村地区内部收入差距持续扩大

当前，我市农民人均收入水平较高，位于全国第二，但高收入户与低收入户之间差距很大，平均数掩盖了低收入。北京农村地区工业化和城市化水平高于全国大部分地区，不均等水平应该在威廉姆森倒“U”形曲线的右下端，即应该明显低于全国平均水平，但实际观察发现北京农村地区不均等水平明显高于全国大部分省区。

数据显示，2008年，北京市农村地区内部的基尼系数为0.231，高于陕西、贵州、广西、四川等15个省区的基尼系数。2010年第一季度，北京郊区占农户总数20%的相对低收入户人均现金收入1230元，只有全体农民平均现金收入的27%。因此，千方百计促进农民增收应该是下一步农民增收工作的重点。

（三）农村稳定与权益保护问题

中国是世界第一人口大国，坚持稳定压倒一切历来是中国特色社会主义的一个重要特征和基本策略。北京又是超大城市，集聚了大量的外来人口，建设世界城市必须要关注郊区农村稳定问题。当前影响农村稳定的因素大多都会涉及农民和村集体的资产处置问题，特别是农民的土地征占、租赁等，严重的还引发了农民上访事件。可见，农民权益保护和维护农村稳定是一个硬币的两面，维护农村稳定需要从维护农民权益入手。

1. 农民利益受到公权力的侵害

城市发展规划要从城市整体利益出发，统筹考虑城乡利益分配和资源配置方式，不能只考虑单一政策目标。例如，北京城市绿隔地区，近几年建设步伐加快，大量的宅基地及农民房屋拆迁，一些位于绿隔地区的农民长期依赖的瓦片经济丧失，失地农民就业难问题日益突出。加之商品房开发超量、回迁房规模不足、旧村拆迁资金匮乏等，严重影响了绿隔地区农民的利益和农村发展与稳定。目前，北京有数百个绿化隔离地区新村建设进展缓慢，在等待政府新的政策安排。这些问题集中表现在以下几个方面。

一是农民转移就业滞后，集体经济解决就业能力下降。规划为绿地后，原来的集体产业项目受到影响。绿化项目解决就业能力有限，规划产业用地建设项目进展缓慢，农民就业安置十分困难。

二是农民市民化滞后。以朝阳区为例，绿隔地区涉及 15 个乡，在绿隔规划范围内的农业人口 8.58 万人，现仍有 7.89 万人没有实现转居。

三是资金难以平衡。部分乡村新村建设资金不平衡，旧村全部拆除难以实现。一些空置多年的农民自住房不能上市销售，资金缺口难以弥补。转居社保成本也是一个重要的问题。这些构成了农民市民化的资金门槛。

四是集体资产运作面临着多重限制。如绿隔建设采取占地形式进行开发，土地没有转为国有，交园林绿化行政主管部门，仍属农村土地集体性质，但是在土地使用上主要限于绿化建设。由于绿地土地权属不明确，致使各乡在 2% ～ 3% 绿色产业项目申请过程中的手续无法办理。

五是社会管理体制建设滞后。特别是大量外来人口的涌入造成了严重的人口倒挂现象，社会秩序混乱，使当地社会管理面临着复杂的局势。

2. 农民利益受到少数利益群体的侵害

干部经济的发生和发展是与当前政社不分的体制机制密切相连的。

首先，村党支部、村委会与村集体经济组织之间职能混淆，越俎代庖。一些地方的村干部依靠特殊的政治地位，一言堂现象严重，用村务决策程序替代农村集体经济组织的决策程序，对农村集体的土地、资金等稀缺要素资源进行垄断控制，农民利益难以得到有效保护。一些地方社区机制下的互助合作演变为个人的强权。由于村务不公开，群众缺少参与监督村务的有效途径，导致一些干部工作随意，决策失误，损害了群众利益，也使以权谋私、贪污受贿等违法犯罪行为有机可乘。

其次，由于村民没有发言权，民主权利得不到尊重，很容易对干部产生怀疑和误解，从而引发干群矛盾。

此外，北京郊区农村劳动力文化水平相对较低，劳动技能单一，缺乏对资源资产的管理能力，在一些地方助长了干部经济势力的发展，进一步恶化了干群矛盾。

随着改革开放的深入和农村经济的发展，农民的思想观念以及参与经济和社会事务的意识大大增强。面对这种情况，如果村干部缺乏群众观念，不注意发扬民主，采取强迫命令的方法处理问题，就很容易激化矛盾，形成不安定因素。

3. 农民利益受到市场力量的侵夺

市场经济条件下，农户分散经营格局不改变，就容易受社会大资本控制。特别是在农村集体经济薄弱地区，农户组织化低，无力抵抗来自市场力量的竞争，只能被动听命于市场的力量。如菜农缺乏定价权，往往是地头价，利润被中间商大量攫取。

目前，北京市农业生产仍未完全摆脱小、散、低状况，农业规模化组织化程度低，农民缺乏定价权。如规模以下生猪生产占近1/3，经营20亩以下耕地的种粮农户及企业比重达71.31%。加入合作组织的农户占一产农户比重较低，与国外80%的水平还有一定差距。

（四）传统城市化转型滞后问题

传统城市化道路积累了许多矛盾和问题。其中，在产业结构、外来人口以及城乡结合部发展等三个方面表现更为突出。

1. 产业结构升级滞后，产业发展集聚力较弱

产业的升级换代是城市化的内在要求，正是在产生了新的增长点之后，才会吸引资金和劳动力向该地集聚，形成城市化的基础条件。因此，低端产业的顺利退出就成为城市化进程中的一个必然要求。

而现实情况是当前产业结构升级严重滞后，缺乏明确统一的区域发展规划布局。郊区的城镇体系规划和农民就业基地建设，大都缺乏明确的定位，分散建设，各自为战，与城市整体发展缺乏衔接，造成发展比较缓慢，土地利用效率低，难以形成规模。

首先，农业产业链条有待进一步拓展。2009 年北京市农业劳均产值不到 0.8 万美元，而日本、韩国 2002 年的劳均产值就高达 5.7 万美元和 1.9 万美元。一部分具有农业资源的乡镇，缺乏有效连接城市，辐射农村的产业组织体系，农产品加工业、民俗旅游业、文体休闲业等产业的链条有待进一步延伸和整合，促进产业间融合。山区乡镇在乡村旅游发展过程中缺乏规模性的产业项目带动，一些地方产业布局比较混乱，缺乏统一规划。

其次，二三产业也存在类似问题。如在城乡结合部地区各类物业服务业也明显存在产业升级滞后的严重问题。城乡结合部地区存在大量的缺乏规范管理的“瓦片经济”，像东升科技园那样的高端物业服务业尚不多见。小城镇产业园区建设缺乏高端产业集群培育。产业园区规模小，难以吸引重量级企业入驻。

再次，在产业规划方面地域特点不突出，各个区县或乡镇存在各自为站的规划倾向，仅从自身区位和资源特点出发，缺乏有效的整体配合和统筹。

2. 外来人口权益保障问题突出

北京市外来人口大多集中在城乡结合部或城市近郊地区，仅朝阳、海淀、丰台三个区就集中了 50.3% 的外来常住人口。

根据北京市第六次人口普查公报数据[1]，截至 2010 年底，全市常住人口为 1961.2 万人，同 2000 年第五次全国人口普查相比，十年间共增加 604.3 万人，增长 44.5%。平均每年增加 60.4 万人，年平均增长率为 3.8%。全市常住人口中，外省市来京人员为 704.5 万人，占常住人口的 35.9%。根据农研中心 2010 年在城乡结合部地区 26 个村的调查，外来流动人口达 76 868 人，是户籍村民的 2.82 倍。外来流动人口已经成为郊区经济社会发展的重要力量。但外来流动人口的权益长期受到忽视，突出表现在以下几个方面。

一是外来流动人口面临着社会保障的缺失。长期以来，城镇养老、医疗等社会保障与城镇户籍制度捆绑在一起的，绝大部分以农民工为主体的外来流动人口难以获得北京市城镇户籍也就不能享受城镇社会保障。

二是外来流动人口居住权益的缺失。外来流动人口大多居住在城乡结合部地区，在城乡结合部城市化建设中，外来流动人口的居住权益基本上被忽视。如大望京村的拆迁安置补偿明显保障了当地村民的居住权益，而该村的数万外来流动人口只能卷起铺盖向附近或更远的村庄安营扎寨。

[1] 北京市第六次全国人口普查网，“北京市 2010 年第六次全国人口普查主要数据公报”，北京市第六次全国人口普查领导小组办公室、北京市统计局、国家统计局北京调查总队，2011 年 5 月 5 日，http://www.bjstats.gov.cn/rkpc_6/pcsj/201105/t20110506_201580.htm。

三是外来流动人口享受教育、医疗卫生、社保、就业等基本公共服务权益的缺失。外来流动人口没有平等享有等基本公共服务，他们大都置身于基本公共服务体系之外。目前北京市超过 40 万名流动儿童在京接受义务教育阶段的学习，其中 68% 的孩子在公办中小学，在经审批的正规打工子弟学校就读的学生达 5.2 万人左右，其余孩子就是在未经审批的打工子弟学校就读。

3. 城乡结合部地区成为城乡一体化推进的难点区域

城乡结合部地区集中了城乡二元体制下的规划建设、产业发展、社会管理等方面的突出问题，是矛盾的集中区和凸显区。在城市化过程中，城乡结合部地区形成了一批在房地产开发过程中被遗留下来的“城中村”。这些“城中村”大都是被房地产开发商舍弃或啃不动的“硬骨头”。这些“城中村”改造项目被长期拖延搁置，不仅严重影响了群众生活改善和区域经济发展，也积累了很多社会矛盾，是城乡结合部地区各类矛盾和问题的汇集点，突出表现在以下几个方面。

一是人口大量集中，私搭乱建严重。城乡结合部地区经济发展活跃，且租住农民房比较便宜，加快了该区域人口聚集。同时，违章建设现象越演越烈。城乡结合部地区出租房屋、店铺收入利润高，且需求量大，造成私搭乱建成风，屡禁不止。城乡结合部地区的农村大都存在违章建设，有的村甚至家家户户都有违章建筑。农户违章自建房屋少的几十平方米，多的达到几百平方米。从楼层看，低的在二三层，高的达到四五层甚至六层以上。如 2000 年前，塔院村农民住房全部是平房，建筑面积 7 万多平方米，到 2010 年已经有 90% 的住房盖成三四层小楼，建筑面积增加到 27 万平方米。在此期间，企业建筑也不断加层和扩张，面积从 20 多万平方米增加到 50 多万平方米。

二是环境卫生脏乱。由于城乡结合部所处位置的特殊性，城乡结合部的环卫工作，属城区辖地的，由市政环卫所负责，属村委会辖地的，由村委会或各自然村负责，但在城区与各村交界之处，则往往成为“三不管”的盲点，卫生死角大量存在。在这些缺乏管理的地方，生活垃圾、商业垃圾、工厂废弃物、建筑垃圾乱倒、偷倒的现象严重，有的地区垃圾倒了又清、清了又倒，有的垃圾长期无人清理、堆积如山。

三是基础设施建设滞后，安全隐患突出。“城中村”内建筑密度大，且建筑结构、材料和施工均无质量保证，住户私拉电线，使用煤火取暖做饭，违章建设占压地下管线等安全隐患大量存在。

四是社会管理体制建设滞后。随着农民生产、生活以及思维方式不断向城市居民转变，历史传统习惯的影响以及外来人口的大量涌入，社会管理面临着复杂的局势。

四、城乡合作博弈的实现路径及对策思路

构建城乡合作博弈格局，推进城乡协调发展仍面临着严峻的形势，需要统筹考虑，重点突破，特别是要明确新时期推进城乡合作博弈的几个关键点。

（一）转变农村发展方式是城乡合作博弈的基本路径

城乡合作博弈的一个深刻内涵是实现农村的发展权，让农村形成内生增长的动力和体制机制，这就需要首先转变农村的经济发展方式，实现农村的内生发展。马克思在《资本论》里较早地提出了两种规模扩大的再生产方式，“如果生产场所扩大了，就是在外延

上扩大；如果生产效率提高了，就是在内涵上扩大”[1]。苏联经济学家在20世纪60年代提出了增长方式的概念，在“九五计划”（1971—1975）确定经济工作的重点是实现增长方式从外延为主到内涵为主的转变。但是，直到1991年苏联解体也未能实现[2]。

党的十七届五中全会指出加快转变经济发展方式是我国经济社会领域的一场深刻变革，必须贯穿经济社会发展全过程和各领域。农村地区转变经济发展方式，既是农村产业的高端化，又是农村经济体制改革的深化，也是最大程度增加农民收入，保障农民利益，其核心就是实现“两个飞跃”。即新时期实现农村发展方式转变就是努力实现第一个飞跃向第二个飞跃的转变。

1990年，小平同志在谈论农业问题时指出：“中国社会主义农业的改革和发展，从长远的观点看，要有两个飞跃。第一个飞跃，是废除人民公社，实行家庭联产承包为主的责任制。这是一个很大的前进，要长期坚持不变。第二个飞跃，是适应科学种田和生产社会化的需要，发展适度规模经营，发展集体经济。这是又一个很大的前进，当然是很长的过程。”[3]

后来，他在审阅十四大报告稿后进一步指出：“农村经济最终还是要实现集体化和集约化。有的地区农民已经提出集约化问题了。……现在土地是公有的。要提高机械化程度，利用科学技术发展成果，一家一户是做不到的。特别是高科技成果的应用，有的要超过村的界线，甚至超过区的界线。仅靠双手劳动，仅是一家一户的耕作，不向集体化集约化经济发展，农业现代化的实现是不可能的。”

---

[1] 马克思，《资本论》第2卷，人民出版社1972，第192页。

[2] 吴敬琏，《中国增长模式抉择》（增订版），上海远东出版社2010年第3版，第10页。

[3] 《邓小平文选》第3卷，人民出版社，1993年，第355页。

时间已经过去了二十多年，特别是在一些经济相对发达的农村地区，实行规模经营和集体经济的条件已经日趋成熟。因此，转变农村经济发展方式基本路径就是从第一次飞跃适时完成向第二次飞跃的转型。小岗模式改革开放初解决了农民的温饱，成为当时改革的一面旗帜，却没有能适时进行第二次飞跃，在一个相当长的时期内没有能实现农民的共同富裕的最终目标。最近几年来小岗村重走集体合作路，经济发展有了迅速的转机。以华西、大寨、九星、南街、韩村河等为代表，社会主义市场经济条件下的新型集体经济更充分地展示了农民走上共同富裕的金光大道。

转变农村发展方式，实现两个飞跃，关键在科技和体制支撑。首先是依靠科技进步，优化产业实现产业升级和高端化。如种业发展就是一个高度知识密集型产业，需要高端要素的引入。浙江省近年来不断加快发展高效生态农业，粮食生产功能区和现代农业园区建设全面启动。浙江省亩均产出高于全国 83%。在农业产业体系上提出了“两头在内，两头在外”的发展思路：“种子种苗在内、加工在内和基地在外、市场销售在外”，加快农业加工业向总部基地方向发展。加快农业领域的科技进步应该成为未来转变农村经济发展方式的一个重要内容。

另外，就是加强转变农村经济发展方式的体制支撑，探索集体经济在市场经济条件下的实现形式。2005 年，密云县石城镇的石塘路村成立了旅游合作社，刚成立时股东入股股金每股 200 元，2010 年进行了一次扩股，每股达到了 6000 元。这是农民财产性收入增加的一个典型案例。近年来，通过产权制度改革，我们农民的财产性收入有了明显的增加。

（二）壮大农村新型集体经济是城乡合作博弈的关键支撑

坚持走城乡合作博弈道路，就是要发展新型农村集体经济，把城乡共同繁荣作为政治方向来始终不渝地遵循和坚持。中国特色社会主义的农村阵地能否坚固，关键就在于农村集体经济能否有大的发展，农民是否实现了共同富裕。要把增加农民收入，缩小城乡之间的收入差距，特别是增加低收入户的收入，缩小农村地区内部的收入差距，作为我们坚持共同富裕的政治方向的总的抓手。

近年来，随着郊区工业化、城镇化进程推进，农村集体资产规模不断壮大。2009 年底，农村集体资产总额达到 2972.4 亿元。其中，村级集体资产总额达 1604.7 亿元，村均 4020 万元；乡镇级集体资产 1367.7 亿元，镇均 7.1 亿元。此外，还拥有大量的土地、林地、水面等资源性资产。这些集体资产是实现城乡合作博弈的重要依托，提高这些资产的效率和经营的效益，对于壮大集体经济，促进城乡合作与融合具有重要的现实意义。为此，须注意以下几个问题。

一是深入推进政社分开。关键环节是理顺村党支部、村委会和村合作社之间的关系，防止村务决策程序代替村集体经济组织决策程序。乡镇级集体经济组织要结合自身实际，建立科学决策程序，健全市场主体地位。按照社区性合作性质，将传统的社区机制在市场经济条件下找到新的实现形式，并成为市场提高配置资源公平效率的微观支撑。

二是建立现代产权制度。按照“归属清晰，权责明确，保护严格，流转顺畅”的要求，建立农村集体经济的现代产权制度，明确社区合作组织成员的所有者地位，为市场公平有效配置资源创造微观制度条件。对于改制后的新增资产要积极探索组织成员的共享机制，因地制宜探索股权比例调整、二次量化、增资扩股等，维护社区集体组织的可持续发展和长久稳定。

三是完善法人治理结构，形成民主决策，民主监督的体制机制。改制完成后，法人治理结构建设的任务凸显出来。法人治理结构的完善不在于建立多少个“会”，关键是形成科学有效的委托—代理机制，规避代理人的机会主义行为。

四是加大培训力度。让社区合作组织成员形成现代企业经营管理的理念，提高组织成员的专业技能和各项知识储备。还要注意加强经管系统的集体经济管理人员培训，提高执法执行力。

五是加强政府代表公共利益的监督。要加快建立以制度管理、产权管理、财务管理和市场管理为主要内容的农村集体资产的监督指导服务体系，为市场公平有效配置农村资源提供有力保障。实施制度管理，重点是建立健全农村三资管理制度、民主决策和民主管理制度、农村干部的廉洁自律制度和新农村建设资金专项管理制度。在产权的重组、产权交易以及产权的乡镇统筹等方面加强产权管理。加强财务管理和审计监督，推广在线审计，加强内部审计和直接审计。加强要素产权市场交易管理。要探索通过产权交易网的形式对各类产权进行统筹管理。要在乡镇层次探索建立乡镇集体资产交易机构，搭建市场交易平台。要加快建立市—区县—乡镇等集体资产管理工作体系，并逐步向农村集体资产监督管理委员会方向过渡。

（三）农民市民化是城乡合作博弈的目标诉求

农民市民化是一个多层面的概念，不单单是外来农民工的市民化。它不仅指非农转移农民群体，也指未发生非农转移仍然务农农民群体的市民化。非农转移的农民的市民化既包括本地农民工，也包括外地农民工。而本地农民工既有当地非农转移就业的，也有外出非农转移就业的。

总体看，推进农民市民化主要有两层含义：一是实现农民的城市化空间转移，在城市市民待遇；二是留在农村地区从事农业的农民也能够在基本公共服务方面享受到市民同等的待遇。把农民市民化作为实现城乡合作博弈的总的目标反映了当前经济社会结构转型的客观要求。拉美的中等收入国家由于没有能顺利完成这样一个转型，城市里出现了大量的贫民窟，结果掉进了“中等收入陷阱”。而目前推进农民市民化面临着巨大的资金成本压力[1]。

预计到2030年北京市农民工数量将达到1000万人左右。仅解决社会保障问题（按10万元/人支付水平），就需要1万亿元。如果每年能够投入100个亿，仅社保一项就需要100年才能解决这些农民工的社会保障问题。在政府财力不能消化市民化成本的情况下，需要把农民集体资产的作用考虑进来，让农民带着集体资产产权进城，从而推进农民市民化[2]。

20世纪90年代初，北京市石景山区的八角村在全市率先进行“留资产安置”的探索与实践[3]，通过货币补偿、实物补偿、增值返还，八角村集体经济发展有了更强的动能，为农民市民化提供了坚实的组织依托。这方面的经验还有村企产权合作开发、农民宅基地产权置换、乡级产权联合下的乡域统筹发展等，这些做法的一条基本经验是依托集体经济组织降低了农民市民化的成本门槛，加快农民市民化步伐。

总之，城乡博弈要在城乡合作的思路和框架下，转变农村经济发展方式，壮大农村集体经济，以集体经济组织为依托实现农民带

[1] 简新华，黄锟，2008：《中国工业化和城市化进程中的农民工问题研究》，人民出版社10月第一版。

[2] 王晨、左林，2011：“成都户改：农民带产权进城”，《改革内参》2011年第一期。

[3] 黄中廷，2009：“改革集体土地征用办法，给农民留下发展空间——关于征用八角村土地改革补偿方式的调查报告”，摘自王瑞华、黄中廷主编《光辉的历程》，2009年1月第一版。根据实地调研情况整理。

着资产进城，最终完成城乡融合发展，实现城乡共同繁荣的历史任务。

参考文献

[1] 迟福林．中国：历史转型的十二五 [M]. 北京：中国经济出版社，2011.

[2] 马克思．资本论：第 2 卷 [M]. 北京：人民出版社，1972.

[3] 黄中廷．改革集体土地征用办法，给农民留下发展空间——关于征用八角村土地改革补偿方式的调查报告 [A]. 见：王瑞华，黄中廷．光辉的历程 [M]. 北京：中国农业科学技术出版社，2009.

[4] 简新华，黄锟．中国工业化和城市化进程中的农民工问题研究 [M]. 北京：人民出版社，2008.

[5]A. 迪克西特，S. 斯克斯．策略博弈 [M]. 北京：中国人民大学出版社，2009.

[6] 王晨，左林．成都户改：农民带产权进城 [J]. 改革内参，2011（1）.

[7] 吴敬琏．中国增长模式抉择：增订版 [M]. 上海：上海远东出版社，2010.

[8] 张维迎．博弈论与信息经济学 [M]. 北京：生活·读书·新知三联书店，1996.

[9] 郑秉文．“中等收入陷阱”与中国发展道路——基于国际经验教训的视角 [J]. 中国人口科学，2011（1）.

[10]Zhao Yaohui.Labor Migration and Earnings Differences: The Case of Rural China[J].Economic Development and Cultural Change,1999,47(4)：767—782.

执笔人：郭光磊

第二章　北京市城乡一体化发展进程研究

北京是最早开展城乡一体化研究的地区之一，也是最早提出以城乡一体化的思路指导开展郊区农村工作的地区之一。我们从理论研究、政策实践、实际成效等方面对北京的城乡一体化进程进行简要回顾与总结。

一、北京市城乡一体化的理论研究进程

城乡一体化的概念是在中国农村改革实践中形成的。1983 年国务院农村发展研究中心城郊发展战略课题组首次提出城乡一体化问题。[1] 苏南地区 1983 年最先使用城乡一体化概念，这源于农业部在江苏无锡开展的农村现代化建设试点。[2]

城乡一体化概念的产生与我国改革开放后乡镇企业兴起、小城镇发展、乡村城市化、实行市管县体制有着密切的关系。[3]1986 年，京、津、沪、烟、苏、锡、常等城市政府正式把城乡一体化作为全市经济、社会发展的战略思想和指导方针，反映了城乡一体化是城乡改革不

---

[1] 包永江编著《中国城郊发展研究》，中国经济出版社 1991 年 5 月第 1 版，第 39 页。

[2] 王景新《村域经济转型与乡村现代化——上海农村改革 30 年调研报告》，载《现代经济探索》2008 年第 2 期。

[3] 张雨林《论城乡一体化》，载《社会学研究》1988 年第 5 期。

断深化的必然归宿和城郊经济形成、发展到一定阶段的必然结果。[1]

城乡二元结构和城乡一体化都是20世纪80年代由我国最优秀的政策理论研究者在农村改革伟大实践中提出的具有中国本土特色的重要社会科学概念，也是我国农村研究中最具有理论独创性的重要概念。破除城乡二元结构、推进城乡一体化已成为我国改革发展的基本政策取向。这从一个方面反映了20世纪80年代我国农村研究者的理论水平。

北京作为经济发达地区，与上海、天津等发达地区一道，较早地提出了城乡一体化的思想观点，[2]开展了城乡一体化的理论研究。对城乡一体化研究具有较大影响的研究机构主要有北京市农研中心、北京市社科院、北京联合大学北京学研究基地、北京现代化研究中心等。

（一）北京市农研中心的研究

北京市农研中心不仅在北京，而且在全国都率先开展城乡一体化的研究，产生了较大的社会影响。到目前为止，北京市农研中心对城乡一体化的研究可分为三个阶段。

1. 第一个阶段

从20世纪80年代中期到21世纪初。从1986年起，北京几乎与上海、天津同时，提出以城乡一体化的战略思想指导郊区经济工作。[3]

---

[1] 包永江编著《中国城郊发展研究》，中国经济出版社1991年5月第1版，第39页。

[2] 参见中共上海市郊区工作委员会、中共上海市委党史研究室编《上海城乡一体化建设》，上海人民出版社2002年10月第1版；包永江编著《天津市、郊经济发展一体化研究》，天津人民出版社1996年8月第1版。

[3] 在1986年召开的上海市农村工作会议上，上海市正式确定以城乡一体化作为郊区工作的指导方针。参见石忆邵《城乡一体化理论与实践：回眸与评析》，载《城市规划汇刊》2003年第1期。

从此，一些专家学者开始城乡一体化方面的研究。

特别值得一提的是，1996 年，北京市主管农业的副市长段强要求北京市农研中心研究北京郊区的城市化与城乡一体化问题，北京市政府给北京市农研中心下达了“北京郊区乡村城市化和城乡一体化”的研究课题。这被认为是我国最早的城乡一体化课题组。[1]

北京市农研中心与北京市社科院城市问题研究所、中国人民大学区域经济研究所、北京市农科院综合所、北京市统计局组成的课题组，对郊区城市化和城乡一体化进行了持续数年的研究，取得了一大批研究成果。其实代表性成果主要有：赵树枫主编，陈光庭、张强等编著《世界乡村城市化和城乡一体化》（《城市问题》杂志社 1998 年 3 月版）；赵树枫、陈光庭、张强主编《北京郊区城市化探索》（首都师范大学出版社 2001 年 9 月第 1 版）。

上述研究成果形成的主要观点有：

（1）城乡一体化是城市化发展的高级阶段。

（2）把握城乡一体化的内涵要注意五个方面：一是城乡一体化

[1] 王景新认为北京市农研中心 1996 年成立的“北京市郊区乡村城市化”是我国最早的城乡一体化研究课题组。参见王景新《村域经济转型与乡村现代化——上海农村改革 30 年调研报告》，载《现代经济探索》2008 年第 2 期。另参见王景新、李长江、曹荣庆等著《明日中国：走向城乡一体化》，中国经济出版社 2005 年 1 月第 1 版，第 20—21 页。据笔者看到的文献，在北京之前，其他地方也有城乡一体化研究的课题组，例如：1985 年 9 月，上海社会科学院部门经济研究所在上海市科委会同农委、规划委委托华东化工学院研究的基础上承担的《上海县 1984—2000 年经济、科技发展总体规划研究》课题，就明确提出以城乡一体化为原则，参见谢自奋、夏顺康主编《城乡一体化的前景——上海市上海县经济、科技发展总体研究》，上海社会科学院出版 1987 年 6 月第 1 版；城乡一体化课题组《上海城乡一体化研究综合报告》，载《上海农村经济》1991 年第 2 期；上海《宝山城乡一体化研究》课题组《宝山城乡一体化研究综合报告》，载《宝山年鉴 1992》，上海科学普及出版社 1992 年 12 月第 1 版第 32—36 页；《城乡一体化发展》课题组《关于城乡一体化发展问题的研究》，载《陕西农村改革与发展》，陕西人民教育出版社 1992 年 9 月第 1 版，第 69—96 页；《城乡一体化》课题组《城乡经济整合中的几个问题》，载《农业经济》，1992 年第 1 期。笔者揣测，上述城乡一体化课题组可能只是学者根据研究兴趣组织的，不一定是政府下达的研究课题。参见石忆邵《城乡一体化理论与实践：回眸与评析》，载《城市规划汇刊》2003 年第 1 期。

发生在生产力水平或城市化水平相当高的时期；二是城乡一体化是一个渐进的过程，而不是结果；三是城乡一体化是双向的，不是单向的；四是城乡一体化要包括物质文明和精神文明两方面；五是不能把城乡一体化看成缩小甚至消灭城乡差距的过程，城乡差别是永恒的。

（3）要达到城乡一体化的目标，至少要在五个方面下功夫：一是加速农业现代化建设，农业现代化是城乡一体化实现的可靠保证；二是促进城乡经济一体化进程快速发展；三是加强基础设施现代化建设；四是提高城乡生活质量；五是实现城乡生态环境的融合。

（4）城乡融合是城乡一体化的目标，21 世纪是城乡一体化的世纪。

2. 第二个阶段

从 2002 年到 2007 年。2002 年党的十六大正式提出“统筹城乡经济社会发展”以后，北京市农研中心围绕统筹城乡发展开展相关调查和研究。[1]

这期间具有代表性的研究主要有张强主持的北京市哲学社会科学规划重点项目“北京市城乡一体化发展研究”，其最终成果是：张强主编《乡村与城市融合发展的选择——北京市城乡一体化发展研究》（中国农业出版社 2006 年 7 月第 1 版），该书对北京市城乡一体化发展作了比较系统的研究，认为就大城市而言，城乡经济社会发展带有较高起点、较高特征，特别是东部沿海长三角、珠三角、京津等较发达地区，应当率先打破城乡二元结构，走向城乡一体化。

该书的主要观点有：

[1] 有关统筹城乡发展以及城乡一体化方面的零散研究，参见张文茂、苏慧编著《北京郊区现代化问题研究》，中央文献出版社 2008 年 4 月第 1 版。

(1) 城乡一体化是发达地区统筹城乡经济社会发展的具体内容或实现形式，统筹城乡发展是城乡一体化的根本途径。

(2) 城乡一体化是侧重于制度创新意义上的城市化概念，城市化是城乡一体化的前提，城乡一体化是城市化的发展目标，是城乡关系的前进方向和最终目标。城乡一体化既是作为过程、也是作为目标和结果，贯穿在城市化之中。

(3) 城乡一体化的内涵：城市一体化是一种经济社会或目标；城市一体化是城乡关系的发展道路或指导思想，工业化和城市化是实现城乡一体化的主要途径；城市一体化是一个综合性的社会演进过程；城市一体化不是城乡一样化，不是消灭城乡之间的一切差别。

(4) 城乡一体化的内容包括空间规划布局一体化、产业发展一体化、基础设施建设一体化、社会事业和社会保障一体化生态环境保护和建设一体化、资源配置一体化、社会管理一体化。

(5) 北京市推进城乡一体化要解决的根本问题是缩小城乡生活条件差距问题，要解决的核心问题是农民问题，加快发展进程的关键问题是城市功能向郊区延伸或扩散的问题，要解决的薄弱环节是制度创新问题。

(6) 以首都圈的视野考虑北京市城乡一体化发展。

(7) 确定了北京市城乡一体化发展的指标体系，包括经济现代化、社会现代化、城市现代化三个方面15项具体指标。

3. 第三个阶段

从2007年以来。2007年党的十七大正式提出“形成城乡经济社会发展一体化新格局”，城乡一体化成为解决“三农”问题的重要指导思想。2008年北京市委十届五次全会通过《中共北京市委关于率先形成城乡经济社会发展一体化新格局的意见》，明确提出了北京要率先形成城乡一体化新格局的目标要求。从此，城乡一体化的研究不断得到拓展和深化。这一时期北京市农研中心有关城乡一体化的研究成果主要体现在两个方面。

一是围绕新型城镇化和城乡一体化进行战略研究。自 2010 年以来，北京市农研中心主任郭光磊明确提出对城镇化问题开展持续研究，每年突出一个主题进行集中研究，已经取得一大批有影响的研究成果，具有代表性的研究成果主要有：

（1）2010 年开展的《北京市城乡结合部经济社会问题研究》。该研究明确提出了“走以人为本的新型城市化道路”的重要结论，对新型城市化的内涵作了新的探索，认为新型城市化是空间布局合理的城市化、是维护农民权益的城市化、是善待外来人口的城市化、是产业结构优化的城市化、是生态环境友好的城市化、是发展民主法治的城市化。

（2）2011 年开展的《新型城市化发展路径比较研究》。该研究通过考察对比北京、天津、上海、重庆、成都、广州六大城市在推进城市化和城乡一体化中的基本做法和经验，总结提炼出推进新型城市化的主要任务，即要把加强制度供给作为新型城市化的基础工程，把依法改革创新作为新型城市化的基本方式，把深化土地制度改革作为新型城市化的关键环节，把推进农村产权改革作为新型城市化的重大任务，把实现农民市民化作为城市化的战略目标。

（3）2012 年开展的《北京市新型城市化中农民土地权益发展研究》《北京市城乡一体化进程中乡镇统筹发展方式研究》《促进首都农村集体建设用地有序流转及高效集约利用研究》。这些研究主要聚焦在城市化和城乡一体化中的土地制度改革创新上，以图维护和发展农民的财产权利。

(4) 2013 年开展的《北京市二道绿隔地区发展问题研究》。这是根据林克庆副市长的指示和要求，由北京市农研中心与北京市城市规划设计研究院组成联合调研组，对北京市第二道绿化隔离带地区的经济社会生态等问题进行了深入研究，重点围绕破解城乡二元土地制度与生产社会化之间的矛盾，提出二道绿隔地区发展的总体思路、实现路径与近期政策。在前期调研成果基础上，全市启动 6 个乡镇城乡统筹实施规划试点工作。

2010 年至 2013 年，已公开出版的研究成果主要有：郭光磊主编《北京城乡一体化发展的研究与思考 2009》（中国农业出版社 2010 年 6 月第 1 版），郭光磊主编《城与乡：在博弈中共享繁荣——北京市农村经济研究中心 2010 年研究报告》（上、下）（中国农业科学技术出版社 2011 年 8 月第 1 版），郭光磊主编《城乡统筹发展的改革思维——北京市农村经济研究中心 2011 年研究报告》（上、下）(中国农业出版社 2012 年 7 月第 1 版)，郭光磊主编《城乡发展一体：探索与创新——北京市农村经济研究中心 2012 年研究报告》(上、下)（中国农业出版社 2013 年 5 月第 1 版），郭光磊等著《北京市新型城镇化问题研究》(上、下) (中国社会科学出版社 2013 年 3 月第 1 版)。

二是围绕城乡一体化的总目标开展相关专题研究。城乡一体化涉及的内容非常多，需要开展相关专题研究。

例如，2009 年至 2011 年，北京市农村经济研究中心研究员张英洪主持完成北京市哲学社会科学“十一五”规划课题《城乡一体化新格局中农民土地权益和身份平等权利实现方式研究》，该研究以保障和实现农民权利为主线，提出破除城乡二元制度，维护农民的土地财产权和农民的身份平等权利。该研究还提出从违法式改革走向立法式改革的重大命题。

2010年，张英洪发表《城乡一体化的根本：破除双重二元结构》，提出我国各大中城市中存在动态二元结构和静态二元结构叠加在一起的双重二元结构。

2010年，张英洪等人开展了《北京城镇居民基本医疗保险与“新农合”制度整合研究》，将基本公共服务一体化问题纳入了城乡一体化研究之中，改变了北京市农研中心长期侧重于经济研究的局面。

2011年，张英洪开展了《北京市城乡基本公共服务均等化研究》，首次对北京市城乡基本公共服务均等化问题进行了系统研究。

2012年张英洪开展了《北京市新型城市化中农民土地权益发展研究》、《城乡一体化背景中北京户籍制度改革研究》、《北京市增加农民财产性收入研究》、《北京市城乡基本公共服务达到中等发达国家水平研究》，分别对城乡一体化中的土地制度、户籍制度、农民财产性收入、基本公共服务等专题进行了研究。

2013年张英洪开展了《北京市城乡发展一体化进程研究》《北京市实现农民工市民化研究》等研究课题。特别是《北京市城乡发展一体化进程研究》对北京市城乡发展一体化进程作了系统总结，拓展了对城乡一体化的新认识，划分了狭义城乡一体化与广义城乡一体化，对2007至2012年北京市城乡发展一体化发展水平进行了量化监测，以更加开阔的视野提出了推进城乡发展一体化的政策建议。

上述研究成果除了北京市农研中心每年出版的年度调研报告外，还体现在张英洪的专著《建设人人共享的现代公共服务之都——北京市城乡基本公共服务均等化研究》（知识产权出版社2011年7月第1版）、《认真对待农民权利》（中国社会出版社2011年9月第1版）、《北京市城乡基本公共服务发展研究》（中国政法大学出版社 2013 年 5 月第 1 版）等著作中。

北京市农研中心的其他研究人员，也就城乡一体化中的产业布局、都市农业发展、集体建设用地乡镇统筹、集体经济产权制度改革、农民收入、新型农村社区建设、生态文明建设、农村金融、农村经管体系建设等方面开展了专题研究。此外，2010 年，北京市农研中心《北京农村经济》编辑部举办了北京郊区城乡一体化建设征文活动，出版了由陈水乡主编的《北京郊区城乡一体化建设征文集》（中国农业出版社 2010 年 12 月第 1 版）。近些年来，北京市农研中心对城乡一体化的研究不断向纵深推进。

（二）北京市社会科学院的研究

北京市社会科学院是开展北京城乡一体化研究的重要基地。北京市社会科学院城市问题研究所挑起了城乡一体化研究的重任。到目前为止，该所开展的城乡一体化方面的研究主要有以下几个方面。

一是 20 世纪 90 年代与北京市农研中心联合开展北京郊区乡村城市化和城乡一体化的研究。以陈光庭研究员为代表的北京市社会科学院城市问题研究所积极参与北京郊区乡村城市化和城乡一体化的研究，取得了丰硕成果。上文对此已作了介绍。陈光庭研究员还发表了相关研究论文。[1]

二是 2002 年党的十六大后开展北京城乡统筹协调发展研究。由黄序主编的《北京城乡统筹协调发展研究》（中国建材工业出版社 2004 年 7 月第 1 版）一书代表了北京城乡统筹发展研究的新成果。

[1] 参见陈光庭《北京城市化发展趋势及郊区应采取的对策》，载《城市问题》1996 年第 6 期；陈光庭《世界城市化发展趋向及中国城市化道路》，载《开放导报》1999 年第 11 期；陈光庭《城乡一体化与乡村城市化双轨制探讨》，载《规划师》2002 年第 10 期；陈光庭《城乡一体化——中国特色的城镇化道路》，载《当代北京研究》2008 年第 1 期。

该书第一编主要讨论了人口、经济与城市的协调发展问题；第二编主要研究乡村城镇化和城乡一体化；第三编研究以户籍制度改革为核心的政府管理体制创新和社区管理问题。该书的一个重要观点，就是主张在我国大城市区实行乡村城镇化和城乡一体化双轨制，一是要冲破城乡户籍壁垒，二是要全面推行城乡一体化社会保障制度，三是要让乡镇企业在城乡一体中再造辉煌，四是加大政府对城乡一体化的支持，五是要在乡村城镇化中珍惜土地。[1]

三是从2006年至2010年开展首都（北京）城乡发展报告蓝皮书连续研究出版。从2006年开始，以黄序为代表的北京市社科院城市所持续研究和定期出版北京城乡发展报告蓝皮书。2007年1月由社会科学文献出版社出版了第一本城乡发展报告蓝皮书——黄序主编《2007：中国首都城乡发展报告》，此后更名为黄序主编《北京城乡发展报告》，到2011年4月出版了2010年度的北京城乡发展报告（2010—2011），该蓝皮书持续5年后因主编黄序的退休而中止。北京城乡发展报告虽然没有集中研究城乡一体化问题，但在不同层面上涉及到城乡一体化的研究。

北京市社会科学院除了城市问题研究所开展研究和出版《北京城乡发展报告》蓝皮书外，社会学研究所每年开展研究和出版的《北京社会发展报告》蓝皮书、管理研究所每年开展研究和出版的《北京公共服务发展报告》蓝皮书，从不同方面涉及北京城乡一体化的研究。

（三）北京联合大学北京学研究基地的研究

在北京市社科院中止北京城乡发展报告的研究和出版工作后，

[1] 黄序主编《北京城乡统筹协调发展研究》，中国建材工业出版社2004年7月第1版，第137—150页。

北京联合大学北京学研究基地自2012年起开始连续研究和出版北京城乡一体化方面的发展报告蓝皮书，由张宝秀、黄序任主编、社会科学文献出版社定期出版的《中国城乡一体化发展报告·北京卷》已出版了2012年版和2013年版。[1]

该蓝皮书是北京第一部按年度研究分析北京城乡一体化发展进展情况的著作，书中的总报告主要介绍上一年度北京城乡一体化建设的新进展，此外的一些专题研究报告涉及北京城乡一体化发展的诸多方面。该蓝皮书对于了解和掌握每年北京城乡一体化发展的新情况具有很好的参考价值。

（四）北京现代化研究中心的研究

北京现代化研究中心主要开展北京现代化的研究，定期出版北京现代化报告。北京的城乡一体化也成为该中心研究的重要内容。李永进、张士运主编《北京城乡一体化进程评价研究——北京现代化报告2009》（北京科学技术出版社2009年12月第1版）一书，是目前为止有关北京城乡一体化最系统的研究成果。该书考察了城乡一体化的理论、国内外城乡一体化实践经验，对北京城乡一体化现状及形成机理进行了分析，确定了城乡一体化水平评价指标体系，对2005—2007年北京城乡一体化进行了量化评价，最后提出了北京城乡一体化建设目标、模式选择和对策建议。该研究确定的北京城乡一体化评价指标体系中的一级指标5个，即城乡功能一体化、基础设施一体化、政府服务一体化、城乡产业一体化、城乡居民生活一体化，二级指标15个，三级指标22个。经过测算，2005年、2006年、

[1] 张宝秀、黄序任主编《中国城乡一体化发展报告·北京卷（2011—2012）》，社会科学文献出版社2012年8月第1版；张宝秀、黄序任主编《中国城乡一体化发展报告·北京卷（2011—2012）》，社会科学文献出版社2013年6月第1版。

2007 年，北京市城乡一体化综合实现程度分别为 73.16%、73.29%、74.43%。[1]

李永进、张士运编著的《北京现代化报告 2010—2011：北京城乡一体化建设体制机制研究》（北京科学技术出版社 2011 年 12 月第 1 版）一书，对北京城乡一体化中的城乡结合部发展、土地制度建设、人口迁移制度、农村工业化和产业发展、社会保障、农村组织建设与管理、户籍制度改革及新农村建设、金融体系建设、基本公共服务均等化、投资体制等方面作了比较系统的研究和分析。

除了上述单位对北京城乡一体化进行持续研究外，北京农学院作为北京新农村建设研究基地，自 2007 年开始研究和出版《北京新农村建设研究报告》，该院华玉武、史亚军等人编著的《北京城乡一体化发展研究》（中国农业出版社 2010 年 7 月第 1 版），对北京城乡一体化问题做了相关研究，构建了北京城乡一体化评价指标体系，从经济一体化、社会一体化、生活一体化、环境生态一体化、人口一体化、空间一体化六个方面设置了 28 项具体评价指标。[2]

北京市统计局从经济发展、社会发展、生活质量、公共服务、环境与设施、社会管理六个方面设置了 30 项具体指标，并对 2011 年北京市城乡一体化水平进行了监测，认为 2011 年北京市城乡一体化综合实现程度为 85%。[3]

[1]　参见李永进、张士运主编《北京城乡一体化进程评价研究——北京现代化报告 2009》，北京科学技术出版社 2009 年 12 月第 1 版，第 180—192 页。

[2]　华玉武、史亚军等编著《北京城乡一体化发展研究》，中国农业出版社 2010 年 7 月第 1 版，第 159 页。

[3]　《北京市城乡经济社会发展一体化评价指标体系及 2011 年监测报告》，载北京市统计局、国家统计局北京调查总队《统计报告》2013 年 1 号，2013 年 1 月 5 日。

二、北京市城乡一体化的政策实践进程

改革以来，北京市城乡一体化的政策实践进程可以分为以下三个时期。

（一）城乡一体化的提出与探索时期（20 世纪 80 年代中期到 2002 年）

20 世纪 80 年代中期，一些大中城市相继宣布实行城乡一体化的方针。北京城乡一体化的最初进程是以城市工业支援农村为起点、以乡镇企业发展为脉络逐步发展起来的，[1] 其目的在于解决郊区“一个不足”（经济总量不足）、“三个滞后”（基础设施滞后、发展水平滞后、体制改革滞后）的矛盾。

1986 年 1 月，上海市在农村工作会议上正式提出城乡一体化的指导思想。同年，天津市农村工作会议也正式宣布实施城乡一体化的方针。1986 年，北京市农口领导就以城乡一体化的思路指导郊区农口工作。北京市提出郊区农村经济已经具备城乡协调的客观条件，应把城乡一体化作为发展郊区农村经济的基本指导思想，从城乡一体化的高度把农村建设同城市发展联结起来，变城乡分割为城乡融合，走城乡结合、协调发展的道路，构建城乡一体化产业结构体系、城镇结构体系和生态环境体系。[2]

1988 年，北京市政府农林办主任白有光在全市农口横向联合工作会议上作了《工农携手，团结协作，促进城乡一体化》的工作报告，

[1] 邵继华《北京郊区经济城乡一体化的发展历程》，载《北京党史研究》1997 年第 5 期。

[2] 张强主编《乡村与城市融合的选择——北京市城乡一体化发展研究》，中国农业出版社 2006 年 7 月第 1 版，第 56 页。

在报告中指出："过去我国搞工业化是在城乡严格分割下进行的，建国初期以至60年代基本上依靠工农产品不等价交换，从农业积累工业化的原始资本，而农村则处于工业化之外，只是搞农业生产，如搞工业就是资本主义，这就是所谓国家工业化的'二元结构'。""乡镇企业的发展就是对二元结构的突破，其必然引起城乡关系、工农关系的重新调整。""现在看来，很需要从全局出发，即从城乡一体化的高度出发来重新确定乡镇企业的定位。"[1]

1991年北京市委六届十二次全会通过的《关于贯彻〈中共中央关于进一步加强农业和农村工作的决定〉的意见》，提出"加快城乡一体化步伐"的内容，实行城乡统一规划，逐步建立城乡互补的经济体系，建立城乡统一的生态体系，发展以城带乡的科教文卫体系和城乡协调的城镇建设体系，逐步缩小城乡差别。

应该说，北京与上海、天津等大城市和一些经济发达地区率先提出以城乡一体化思想指导郊区农村工作，这具有很大的前瞻性，体现了城郊经济发展对传统城乡二元体制的挑战，发展方向是正确的。特别是20世纪80年代北京市城乡一体化的思想认识和相关政策，对于促进乡镇企业的发展产生了积极作用。但由于受制于国家层面的城乡二元结构，20世纪80年代开始提出的城乡一体化并没有从根本上改变和动摇城乡二元结构，城乡一体化发展的成效也不明显。在总体上，北京与全国一样，仍然在城乡二元结构的大框架之中谋求发展。

（二）统筹城乡发展的提出与推进时期（2002年到2008年）

虽然城乡二元结构、城乡一体化早在20世纪80年代就提出来了，

[1] 白有光著《论京郊农村经济》，中国农业出版社1996年5月第1版，第392—393页。邵继华《北京郊区经济城乡一体化的发展历程》，载《北京党史研究》1997年第5期。

上海、北京、天津以及江苏等经济发达地区也提出了城乡一体化的工作要求，但是在党和国家层面则长期没有正式提出破除城乡二元结构问题，因而在总体上，全国以及其他地区的城乡二元结构没有实质性的突破，城乡一体化的发展也没有实质性的进展。

直到2002年11月党的十六大首次承认我国“城乡二元经济结构还没有改变”，首次提出要“统筹城乡经济社会发展”的重大战略思想之后，统筹城乡发展才开始成为全国上上下下解决“三农”问题的基本指导思想。

2003年10月党的十六届三中全会通过的《中共中央关于完善社会主义市场经济体制若干重大问题的决定》提出坚持以人为本，树立全面、协调、可持续的发展观，将统筹发展理念拓展为统筹城乡发展、统筹区域发展、统筹经济社会发展、统筹人与自然和谐发展、统筹国内发展和对外开放，建立有利于改变城乡二元经济结构的体制。[1] 从此以后，全国解决“三农”问题的基本思路走上了统筹城乡发展、推进城乡一体化的道路上来。

2002年北京市第九次党代会提出：“加快城乡结合部和绿化隔离地区的建设，进一步优化首都城乡经济结构和布局，促进城乡一体化。”

2003年2月北京市郊区工作会议的基调就是贯彻十六大精神，统筹城乡发展，推进城乡一体化，加速郊区发展。统筹城乡发展最根本的就是打破城乡分割的二元体制，推动城乡资源的合理流动，实现城乡两个积极性的充分发挥。会议提出解放思想，大胆创新，按照城乡一体化的思路推进郊区快速发展。会议认为，当前郊区工作中解放思想的重点，就是牢固树立统筹城乡经济社会

[1] 《十四大以来重要文献选编》(上)，中央文献出版社2011年6月第1版，第465页。

发展、全面推进城乡一体化的思想观念，创新发展方式和发展模式，建立新型的领导体制和工作格局。

第一，树立城乡一体化的思想观念和思维方式。全市各级干部都要克服工农分离、城乡脱节的发展观念，树立城乡一体化的思想观念和思维模式。市委、市政府各职能部门要按照城乡一体化的要求去实现自己的职能，既要抓城区，也要抓郊区。

第二，创新城乡一体化的发展道路。

第三，建立城乡一体化的领导体制和推进机制。[1] 可以说，2003 年召开的北京市郊区工作会议，是在党的十六大精神指引下，真正开始统筹城乡发展、推进城乡一体化的崭新起点。以此为开端，北京市统筹城乡发展、推进城乡一体化进入了真正具有实质意义的新时期。这一时期，北京市在统筹城乡发展、推进城乡一体化上主要有以下几方面的政策和做法。

一是北京市委、市政府带头确立城乡统筹发展的新观念。加快郊区农村基础设施建设，仅靠农村自身是不行的，靠农口一个部门也势单力薄。长期以来形成的城乡分割的二元管理体制形成的思维定势，使政府众多职能部门的工作重点集中在城区，把郊区农村的工作只看成是农口的事。

为了形成城乡统筹、部门联动的良好工作机制，市委、市政府以城乡统筹发展的新观念推动政府职能部门观念的大转变。在各种会议上和不同场合，市委、市政府领导反复强调：市政府绝对不是一个只管城市的政府，市政府各部门也不是只管市区的工作部门，我们面对的是全体市民，不是只管城市里的人，不能只见城市不见农村。“三农”工作是各部门工作职责的重要部分，各个部门对解

[1] 《北京农村年鉴 2004》，2004 年 10 月第 1 版，第 14—39 页。

决“三农”问题均负有不可推卸的责任。

市政府主要领导甚至要求：哪个部门认为自己的工作与“三农”问题有关，提出要办的几件实事，有一页纸的汇报材料就够了；哪个部门认为自己的职能与“三农”问题无关，要写出详细的汇报理由，少于5000字不行。

二是北京市政府各部门统一开展农村“春季调研”活动，推动政府职能部门向郊区农村延伸。在北京市委、市政府领导的大力推动下，从2005年开始，北京市政府各委办局集中开展大规模的农村“春季调研”活动，各职能部门根据自身职能，查找与农村工作需求的实际差距，有针对性地拿出具体的措施，将各自的公共服务职能向农村延伸，以体现城乡一体化对政府各职能部门转变职能的新要求。

通过2005年调研活动，各部门加深了对“政府各职能部门不只是城市的职能部门”的认识，从而进一步增强了统筹城乡发展的意识，并从统筹城乡发展的要求来转变职能，将各自的公共服务工作重点向农村延伸。仅2005年之内，各职能部门起草或出台了近40项关于支持“三农”工作的政策意见或实施方案。

2005年“春季调研”活动的结果最后形成了53项可操作项目，其中涉及解决农民问题的14项，涉及解决农业问题的10项，涉及解决农村问题的29项。这些项目很多涉及农村的基础设施和公共服务建设。

从2006年开始，北京市政府将各职能部门通过“春季调研”所确定的项目纳入社会主义新农村建设“折子工程”，项目手册发到各乡镇，并在《北京日报》上向社会公示，欢迎广大群众与媒体监督。2006年列入社会主义新农村建设“折子工程”的项目108项，2007年103项，2008年130项。通过几年的努力，北京市政府各职能部门已基本形成了城乡统筹发展的共识与工作机制。

三是加大对郊区农村基础设施和公共服务的投入。长期以来，政府投资的重点在城市，而地域广大、人口众多的农村地区的投入比例却明显偏低。在统筹城乡发展中，北京市委、市政府明确要求政府投入要向郊区倾斜，政府向农村的投入比例逐年增大。北京市政府固定资产投资用于城区与郊区的比例，2003 年为 80∶20；2004 年调整为 60∶40；2005 年为 50∶50，城乡投资比例首次实现对等；2006 年为 48∶52，北京市政府对郊区的投资首次超过城区。

在《关于加快村庄基础设施和公共服务设施建设的意见》中，北京市委、市政府进一步明确规定市、区县、乡镇三级政府应建立公共财政共同投资新农村建设的机制，重点在“多予”上下功夫；北京市财政继续实行政府投入向郊区倾斜，“十一五”期间，政府固定资产投资用于郊区的比例不低于 50%；全市新增教育、卫生、文化、体育、计划生育等公共服务事业经费用于郊区县以下的比例不低于 70%。

北京市各职能部门在上一年度投入向农村倾斜的基础上，增量资金应主要用于新农村建设。

几年来，北京市财政用于农村基础设施和公共服务建设的资金投入力度不断加大。

2005 年来，累计投入 10.07 亿元，连续三年每年实施 30 万农民安全饮水工程，到 2008 年，全市农民安全饮水目标全面实现，比《北京市农民安全饮水“十一五”规划》确定的时间表提前两年。在镇、村建立 622 处污水处理设施，全市农村污水处理率已达 27%，郊区垃圾无害化处理率达到 76%。

连续三年每年安排10万户农户进行卫生户厕改造，在乡镇政府所在地、民俗旅游村、国道沿线，新建、改建卫生公厕1000余座。

在“十五”期末已实现“村村通油路”的基础上，三年累计新修通往自然村的公路497条、总计1003公里。

北京市财政还连续三年安排3.3亿元资金专用于农村综合环境整治。

市政府用于郊区的固定资产投资几年来一直保持两位数的增长势头。2006年以来，北京市财政对“三农”的投入资金分别为78.8亿元、96.78亿元、171.2亿元；北京市发展改革委投向乡村两级的基础设施建设资金，2006年为16亿元、2007年为18.9亿元、2008年为20亿元。

四是推进社会主义新农村建设。2006年3月，北京市委、市政府出台了《关于统筹城乡经济社会发展，推进社会主义新农村建设的意见》，突出了“统筹城乡发展”这一基本要求。在配套文件中又制定《关于加快村庄基础设施和公共服务设施建设的意见》，对统筹城乡基础设施和公共服务建设做出了具体部署和安排。

同时，北京市政府还编制了《北京市“十一五”时期新农村建设发展规划》、《北京市“十一五”时期基础设施发展规划》等，进一步强化了全市统筹城乡基础设施和公共服务建设。

2006年，北京市委、市政府成立了有35个职能部门参加的新农村建设领导小组，建立了“部门联动、政策集成、资金整合、资源聚集”的城乡统筹工作机制。北京市新农村建设领导小组下设综合办公室，综合办公室设在市农委。北京市农委在农村基础设施和公共服务建设上，更好地承担起统筹协调、搭建平台的职责，对市委、市政府确定的“部门联动”工作机制发挥了积极的推动作用。

2006年初，北京市确定了80个新农村建设试点村分布在近郊和远郊13个区县，各区县在市级试点村的基础上，又根据实际情况选择了一些区县级试点村，共400个。2006年8月，北京市政府在新农村建设中开始实施“让农村亮起来、让农民暖起来、让农业资源循环起来”三项工程，大力推广太阳能、沼气、秸杆气化、生物质成型燃料等可再生能源的示范应用，以及水资源的示范利用。[1]北京农村的基础设施从此开始得到了根本的改观。

（三）率先形成城乡一体化新格局的提出与构建时期（2008年以来）

2008年12月，中共北京市委十届五次全会通过的《中共北京市委关于率先形成城乡经济社会一体化新格局的意见》，对推进北京城乡一体化发展作了明确和全面的部署安排。

该《意见》认为，以成功举办2008年奥运会、残奥会为标志，北京已进入从中等发达城市向发达城市迈进的新阶段，必须进一步加快农村改革发展，着力破除城乡二元结构，率先形成城乡经济社会一体化新格局。这是新形势下贯彻落实“四个全面”战略布局的重大举措，是建设繁荣、文明、和谐、宜居的首善之区，努力使首都各项工作走在全国前列的必然要求。

为实现率先形成城乡经济社会一体化新格局的目标，该《意见》还提出具体的“三个率先”，即“在全国率先建立起以工促农、以城带乡长效机制，率先在统筹城乡规划、产业布局、基础设施建设、公共服务一体化等方面取得突破，率先构建起新型的工农、城乡关系，

[1] 张文茂、张英洪《北京统筹城乡基础设施和公共服务建设的基本经验与启示》，载郭光磊主编《北京城乡一体化发展的研究与思考 2009》，中国农业出版社2010年6月第1版，第12—21页。

促进公共资源在城乡之间均衡配置，促进生产要素在城乡之间自由流动，促进城乡经济社会发展融合互动、优势互补、互利共赢。”

围绕率先形成城乡经济社会一体化新格局这一根本要求，到2020年，北京农村改革发展的基本目标任务是：建立完善城乡一体的社会保障体系，城乡社会保障制度实现并轨，农村社会保障水平大幅度提高；实现城乡教育、文化、卫生等基本公共服务均等化，农村基础设施的社会事业取得长足进步；都市型现代农业体系日臻成熟，环境友好型实体经济全面发展，农村经济实力显著增强，农民人均纯收入比2008年翻一番；生态质量和人居环境显著改善，生态服务功能显著增强，农村基层组织建设、民主法制建设切实得到加强，农村和谐社会建设取得显著成效。

2009年北京市人均GDP为10 138.8美元，首次突破1万美元大关，达到中等发达国家水平。这说明北京形成城乡一体化新格局中的物质条件更加成熟。

2010年11月30日，中共北京市委十届八次全会通过《中共北京市委关于制定北京市国民经济和社会发展第十二个五年规划的建议》，强调了城乡一体化的基本要求，在“十二五”时期推动首都科学发展的主要任务中，《建议》明确提出了“两个率先”的目标，即率先形成创新驱动的发展格局、率先形成城乡经济社会发展一体化新格局。

此后制定的北京市“十二五”规则纲要以及专项规划，都贯穿了城乡一体化的基本要求。2011年1月21日北京市第十三届人民代表大会第四次会议讨论通过的《北京市国民经济和社会发展第十二个五年规划纲要》，按照“两个率先”的要求，进一步明确了城乡一体化发展的具体目标。

此外，北京市还制定了一系列有关城乡一体化发展的市级专题，例如：《北京市“十二五”时期社会公共服务发展规划》《北京市“十二五”时期社会保障发展规划》《北京市“十二五”时期社会建设规划北京市“十二五”时期教育改革和发展规划》《北京市“十二五”时期卫生发展改革规划》《北京市“十二五”时期体育发展改革规划》等，特别是首次制定了城乡一体化规划——《北京市“十二五”时期城乡经济社会发展一体化发展规划》。

根据北京市政府2011年12月印发的《北京市“十二五”时期城乡经济社会发展一体化发展规划》，是按照《北京市国民经济和社会发展第十二个五年规划纲要》的要求，从统筹城乡发展的战略高度出发，综合与协调各专业规划的关系，从空间、土地、产业、人口、生态各层面落实率先形成城乡经济社会发展一体化新格局的任务。该规划解决的特定问题是：在城乡一体化进程中如何将解决农业、农村、农民问题的各项规划措施统筹起来，形成配套协调的规划集成和政策集成，达到缩小城乡差距、推进社会公平的目标。

“十二五”时期，北京城乡一体化发展的重点任务是推进城乡规划布局、产业发展、设施建设、公共服务、就业保障、社会管理等一体化，总体目标是：到2015年，都市型现代农业结构进一步优化，生态服务价值明显增长；农民增收速度总体高于城镇居民，相对低收入农户增收速度高于农村居民收入平均增长水平；城镇化和新农村建设步伐全面加快，力争有三分之一左右的农民转为城镇居民，城乡基础设施和公共服务差距明显缩小，城乡就业与社会保障体系全面接轨，城乡社会管理实现基本统一，率先形成城乡经济社会发展一体化新格局。

到2020年，都市型现代农业体系基本成熟；农村居民人均纯收入比2010年翻一番；实现城乡就业、社会保障、社会管理一体化，城乡教育、文化、卫生等基本公共服务均等化；农村生态质量和人居环境显著改善，民主法制建设切实加强，和谐村镇建设取得显著成效，城乡经济社会发展一体化格局进一步巩固，并达到较高水平。

2012年11月党的十八大提出“城乡发展一体化是解决问题的根本途径”。2013年11月党的十八届三中全会通过的《中共中央关于全面深化改革若干重大问题的决定》提出了全面深化改革的战略任务。2014年1月13日，中共北京市委十届四次会议通过了《中共北京市委关于认真学习贯彻党的十八届三中全会精神全面深化改革的决定》，再次强调要率先形成城乡一体化发展新格局，并提出更加具体的改革任务。

三、北京市城乡一体化的实际成效进程

北京推进城乡一体化的成效体现在很多方面，尤其是最近十年来，北京在推进城乡一体化进程中，取得了实实在在的成效，这些成效体现在思想观念和工作方式的转变上，体现在城乡二元体制的改革上，体现在对农村财政投入的增加上，体现在对郊区生态文明价值的重新认识上，等等。限于篇幅，本研究仅从增加农民收入、加大农村基础设施投入、推进城乡基本公共服务均等化等方面入手考察城乡一体化发展的新成效。

（一）增加了农民收入

农民收入是衡量城乡一体化发展水平的重要指标。在城乡一体化进程中，由于免除农业税、对种粮农民给予直接补贴、鼓励农民

转移就业、免除义务教育阶段的学杂费、在新农村建设中加大农村基础设施投入以及建立覆盖农民的“新农合”“新农保”等政策措施的实施，农民负担有了明显减轻，农民收入得到了较快增长。

根据北京市统计局数据，2008 年北京农村居民人均纯收入首次突破 1 万元，达到 10 747 元。这比城镇居民收入 2000 年突破 1 万元晚了 8 年。2013 年，全市城镇居民人均可支配收入 40 321 元，比上年增长 10.6%；扣除价格因素后，实际增长 7.1%。农村居民人均纯收入 18 337 元，比上年增长 11.3%，扣除价格因素后，实际增长 7.7%。从 2009 年起，农村居民人均纯收入增速 5 年高于城镇居民收入增速。城乡居民收入差距维持在 2 ～ 2.5 倍。

在城市化和城乡一体化进程中，农民收入结构也发生了很大变化。我们以 2013 年农民收入结构为例，农民工资性收入占总收入的 65.6%，这说明农民从事非农生产获得的收入已成为农民收入的大头。这是城市化和城乡一体化的直接结果。农民的家庭经营性收入只占总收入的 4.5%，同时比上年下降了 36.8%，说明农民从事农业生产获得的收入已经微乎其微，也说明从事农业的比较效益过低。农民的转移性收入占总收入的 18.8%，比上年增长了 32.6%，这说明国家对农业的补贴以及建立“新农保”对农民收入具有重要影响。农民的财产性收入占比达 11%，这远比全国的高，说明增加农民的财性收入是深化农村改革、推进城市化和城乡一体化的重要内容。

（二）加大了农村基础设施投入

2005 年中央提出新农村建设以来，北京市委、市政府明显加大了对农村基础设施和公共服务设施的投入，较快地改变了农村生产生活环境。在加大对京郊农村的各项投入建设中，推进新农村“五项基础设施”和“三起来”工程建设（简称“五＋三”工程）具有重要的标志性意义。

2006年以来，北京市委、市政府在新农村建设中，通过建立“部门联动、政策集成、资金聚焦、资源整合”的工作推进机制，连续实施了农村街坊路硬化、安全饮水、污水处理、垃圾处理、厕所改造的“五项基础设施”建设和“亮起来、暖起来、循环起来”的“三起来”工程建设。2006—2008年，北京市委、市政府选取399个村庄开展“五＋三”工程建设试点。2008年，北京市政府在试点的基础上，分别制定了《北京市新农村“五项基础设施”建设规划（2009—2012年）》和《北京市新农村“三起来”工程建设规划（2009—2012年）》，并明确把“五＋三”工程列入北京市政府为民办实事和折子工程任务。

为落实中央“保增长、保民生、保稳定”目标和拉动农村投资增长的新要求，北京市委、市政府提出了全面提速新农村“五项基础设施”建设，要求新农村“五项基础设施”建设四年任务两年完成。

到2010年底，覆盖全市所有村庄的“五项基础设施”建设任务全面完成，“三起来”工程建设全面推进，“五＋三”工程建设主要成果惠及京郊3399个村庄（城乡结合部规划拆迁和移民搬迁556个村未实施此项工程），300多万郊区农民从中受益。“五＋三”工程的实施使北京郊区农村基础设施建设发生了由表及里的根本性变化，是一项促进城乡经济社会发展一体化新格局的普惠制民生工程，是几十年来加强京郊农村基础设施建设最为显著的重大举措。

2010年12月，北京市新农村建设领导小组综合办公室（简称新农办）会同市发改委、市规划委、市财政局、市城乡建设委、市交通委、市市政市容委、市水务局、市园林绿化局（首绿办）、市爱卫会、市农业局等各相关部门组成检查组，用一个月时间，对全市13个郊区县五年来实施新农村“五+三”工程的村庄进行全面抽查检查，共抽查359个村庄，占全市实施“五+三”工程村庄的10%。

检查的主要任务是村庄规划、街坊路硬化与绿化、老化供水管网改造、一户一表、污水处理、垃圾分类、户厕改造、公厕建设、太阳能路灯、太阳能公共浴室、既有住房节能改造、新建抗震民居、秸秆气化站、沼气集中供气站、户用沼气、雨洪利用等工程的建设、完成、运行情况，以及工程资金安排和投入的使用情况。

通过抽查检查的359个村庄，五年来新农村“五+三”工程累计完成投资29.6亿元，249万农村居民直接或间接参与了工程建设，村庄全部编制完成村庄规划，在规划的指导下，新农村“五项基础设施”工程建设任务全面完成，“三起来”工程全面推开。

累计完成街坊路硬化1009.96万平方米，街坊路绿化331.027万平方米，改造老化供水管网3192.1公里，完成一户一表9.3万个，实施污水处理工程84处，改造户厕8.7万座，新建公厕699座，为17.7万农户配置了垃圾分类容器。在全市农村地区更换节能路灯10 712盏，安装太阳能路灯20 423盏，新建节能抗震民居1118户，实施既有住房节能改造8206户，实施地热采暖270户；建设太阳能公共浴室113座，建设大中型秸秆气化、沼气集中供气系统187处，建设户用沼气池960户，建设雨洪利用工程43处，建设粪污治理工程47处。

抽查的359个村庄，“十一五”期间新农村“五项基础设施建设”建设全面完成，“三起来”工程全面展开，各项工程完成率100%，项目资金到位率100%，优秀率为89%，良好率为9%，其余为质量一般，经过调查民意测验百姓满意度 90%，设施使用和管理基本良好。

截至 2010 年底，北京郊区新农村建设“五项基础设施”建设已全部超额完成，“三起来”工程全面推进。“五＋三”工程累积投入资金近 213 亿元，其中市级 190 亿、区县乡镇两级及农民自筹 23 亿，全市 3414 个村基础设施全部覆盖。

在“五项基础设施”建设情况方面，全市郊区农村硬化街坊路 7521 万平方米，绿化美化道路 3982.6 万平方米，改造老化供水管网 14 253 公里，为农户安装计量水表 98 万块，全面解决农村安全饮水问题，建设污水处理设施 818 处，改造户厕 73 余万座，建设农村公厕 6464 座。

在“三起来”工程建设情况方面，全市郊区农村更换村内直管荧光灯 13 万余只，安装节能路灯 13 万余盏，安装太阳能路灯 16.9 万余盏（含市科委 10 000 盏），配合市发改委为我市农村地区更换户用节能灯 1100 余万只；建设太阳公共浴室 900 余座（含市发改委 570 余座、市科委 10 座），新建抗震节能民居 1.5 万余户（市科委 267 户，市民政局优抚 2000 余户），实施农宅改造 4 万余户（市科委 400 户，市民政局 1 万余户），安装卫生节能吊炕 39 万余铺，安装生物质炉具 5 万余套，安装太阳灶 1200 余台，太阳能热水器 12.8 万台，实施地热采暖示范 1400 余户；新建、扩建大中型沼气秸秆气集中供气工程 250 余处（市发改委 40 处，市科委、环保局示范项目 10 余处），建设户用沼气池 8710 余户，建设生物质燃料加工厂 22 处（市园林局 5 处），建设雨洪利用工程 800 处，建设粪污治理工程 727 处。[1]

截至 2012 年底，《北京市新农村建设“三起来”工程建设规划

[1] 参见北京市农村工作委员会村镇处《北京市推进新农村“五项基础设施”和“三起来”工程建设（“五＋三”工程）检查验收及总体工作情况的报告》，2010 年 12 月。

（2009—2012）》全面完成，市、区（县）两级财政共投入110多亿元，其中市级53亿元（包括抗震节能34亿元、“三起来”转移支付资金17.8亿元、水务专项转移支付资金1.6亿元）、区（县）匹配资金60多亿元。通过“三起来”工程建设，北京郊区农村所有村内街道及村内公共活动场所基本实现了绿色照明，农民生产生活条件得到了进一步改善。[1]

（三）推进了城乡基本公共服务均等化

自2005年10月11日党的十六届五中全会通过的《中共中央关于制定国民经济和社会发展第十一个五年规划的建议》首次提出“公共服务均等化”的重大命题以来，加快实现基本公共服务均等化，为全体社会成员提供基本而有保障的公共产品和公共服务，就成为破除城乡二元结构、促进城乡一体化的重大任务，成为新时期我国实现发展成果由人民共享的重大公共政策。

北京市是我国的首都，作为“大城市、小农村”和全国首善之区，有条件、有责任、有能力率先实现城乡基本公共服务均等化的目标。

2011年6月3日，中共北京市委十届九次全会通过《关于加强和创新社会管理全面推进社会建设的意见》，提出“十二五”时期北京的基本公共服务水平居全国前列并达到中等发达国家水平，人人享有社会保障、享受基本公共服务，城乡基本公共服务均等化程度明显提高。

最近十年来，北京市加快统筹城乡发展，加大对农村基础设施、

[1] 参见北京市农村工作委员会村镇处《北京市新农村“三起来”工程建设评估报告》，载《京郊调研》2013年第6期。

教育、医疗、社会保障等最薄弱、最迫切领域的投入力度，加快城乡制度接轨步伐，在使广大农民享有学有所教、劳有所得、病有所医、老有所养、住有所居等基本公共服务方面取得了很大成效。限于篇幅，我们仅从劳动就业制度、教育制度、社会保障制度等方面回顾考察城乡一体化发展的成效。[1]

1. 城乡劳动就业一体化成效

从2003年开始，北京市进入统筹城乡就业的新时期。[2] 十多年来，北京市不断完善城镇促进就业政策体系和公共就业服务体系，并逐步向农村延伸，基本形成了城乡一体化就业新格局。北京市城乡一体化劳动就业政策制度的发展可分为四个阶段。

一是2003年起，北京市开始实行统筹城乡就业政策。2003年，北京市劳动和社会保障局、北京市农委下发《北京市加强农村富余劳动力就业工作的意见》（京劳社就发〔2003〕29号），对农村富余劳动力就业工作做了新规定，主要是建立了农村富余劳动力就业登记制度，加强了就业服务体系建设，建立了农村富余劳动力就业服务制度，坚持多渠道、多层次、多形式安排农村富余劳动力就业，实行农村劳动力招聘备案制度，建立个人流动就业手册。

二是自2006年起，北京市加快了统筹城乡就业步伐。2006年北京市政府下发《北京市人民政府贯彻落实国务院关于进一步加强就业再就业工作文件的通知》（京政发〔2006〕4号），北京市进一步加大统筹城乡就业力度，主要是调整完善了农村劳动力转移就业登

[1] 有关北京市城乡基本公共服务均等化的研究，参见张英洪等著《北京市城乡基本公共服务发展研究》，中国政法大学出版社2013年5月第1版。

[2] 2003年之前，北京市就业工作重心主要是配合国企改革实施再就业工程，促进企业下岗职工和失业人员再就业。截至2002年底，全市1067户再就业服务中心全部撤销，累计接收的30.03万名下岗职工全部实现再就业。

记制度，将农村劳动力转移就业纳入全市公共就业服务的范围；实施了“四项”促进农村劳动力转移就业的政策；[1] 加快推动乡镇、村级就业服务组织建设。到2007年，全市所有行政村全部建立了就业服务站，形成了“三级管理、四级服务”的公共就业服务体系。

三是自2008年起，北京市提出并推进城乡就业一体化。2008年北京市政府办公厅印发《北京市人民政府办公厅转发市劳动保障局关于促进农村劳动力转移就业工作指导意见的通知》（京政发〔2008〕57号），提出了促进农村劳动力转移就业的政策扶持、区域合作、就业服务等八项意见，加快推进城乡就业一体化发展。

四是自2013年起，北京市推进城乡统一的促进就业格局。2013年4月1日，北京市人力社保局、北京市财政局联合印发《关于印发〈用人单位岗位补贴和社会保险补贴管理办法〉的通知》（京人社就发〔2012〕308号）正式实施。该办法在鼓励用人单位招用劳动力就业方面，彻底实现了城乡统一。

北京市在推进城乡劳动就业一体化政策实际效果上，一是建立健全了城乡就业管理制度，实现了就业促进管理制度的城乡全覆盖。建立了城乡统一的就业失业管理制度，将城市化建设地区的农民纳入城镇促进就业帮扶范围，享受与城镇失业人员完全一致的促进就业政策和服务。

---

[1] 一是对开办劳务派遣等就业服务实体，组织农村劳动力转移就业的，由区县就业再就业资金给予一定的启动资金支持。二是对招用因绿化隔离地区建设、资源枯竭、矿山关闭或受到保护性限制导致闲置的农村劳动力和享受农村低保待遇劳动力的用人单位，由市、区县两级就业再就业资金给予一次性岗位补贴，区县补贴金额由各区县按照每人不低于200元的标准自行确定，在此基础上，市就业再就业资金再按照每人200元的标准给予补贴。三是建立培训与就业挂钩的培训补贴制度，市支农资金、市就业再就业资金分别为参加转移培训的农村劳动力提供每人100元的一次性培训和技能鉴定补贴，各区县按照不低于1：1的比例提供相应的配套资金。四是要求有条件的区县、乡镇及村级组织制定本地区促进农村劳动力转移就业的扶持政策，引导鼓励农村劳动力通过多种方式实现就业。

二是形成了城乡一体的促进就业政策体系。目前，北京市促进就业政策，覆盖城乡，初步建立了城乡平等的就业制度。

三是完善了城乡一体的公共就业服务体系。全市 326 个街道（乡镇）全部建立了社保所，所有社区（村）建立了就业服务站，配备了 1 万多名工作人员和专兼职协管员。

四是健全了城乡就业均衡发展机制。到 2011 年，全市共有 16 个区县、170 个街乡建立起城乡“手拉手”就业协作关系，累计帮助 8 万多名农村劳动力实现了跨地区转移就业。全市就业结构持续优化，三次产业就业人员比重由 2003 年的 8.9∶32.1∶59 转变为 2012 年的 5.5∶20.5∶74，第一产业就业比重下降 3.4 个百分点，第三产业上升 15 个百分点。

2. 城乡基础教育一体化成效

2012 年，北京 10 个远郊区县的中小学占全市中小学总数的 52%；在校生人数占全市中小学在校生总人数的 41%。近些年来，北京市在推进城乡基础教育一体化上取得了很大成效。

2008 年，北京市政府颁布《实施中华人民共和国义务教育法办法》，提出建立义务教育经费保障机制，保证义务教育制度的实施，取消接受义务教育学生的学费、杂费，逐步实行免费提供教科书制度。将义务教育全面纳入财政保障范围，在财政预算中单列义务教育经费，以保证义务教育财政拨款的增长比例高于财政经常性收入的增长比例，保证按照在校生人数平均的义务教育费用逐步增长，保证教职工工资和学生人均公用经费逐步增长，并将新增教育经费主要用于农村学校和城镇地区薄弱学校，教育费附加主要用于实施义务教育。

2011 年 3 月，北京市政府与教育部签订了关于推进义务教育均衡发展的备忘录，承诺不断加大市级政府对义务教育的统筹和引导力度，增加对经济不发达区（县）教育投入规模；各级财政优先保障义务教育均衡发展的经费需求，特别保障残疾儿童义务教育经费投入，切实改善特殊教育学校办学条件；在城市规划和建设中将义务教育学校建设列为重要基础性设施，优先规划，合理布局，确保质量；为来京务工人员随迁子女免费接受义务教育提供条件，在公办学校就读比例逐年增长；确保残疾儿童少年接受义务教育。

2012 年 7 月，北京市政府与各区县政府签署了推进义务教育均衡发展责任书，明确各区县实现义务教育基本均衡的时间，到 2015 年底，全市所有区县实现义务教育达到基本均衡的目标。北京市城乡基础教育一体化的成效主要体现在以下三个方面：

一是城乡基础教育普及水平不断提高，城乡居民受教育机会逐步扩大。“十一五”期间，北京市各级各类教育入学率进一步提高，0—3 岁婴幼儿接受早期教育率达到 90%，学前三年毛入园率达到 90% 以上，义务教育毛入学率和高中阶段教育毛入学率继续保持在 100% 和 98% 以上，教育普及水平已超过中等发达国家同期平均水平。

在义务教育方面，北京市从 2006 年 9 月 1 日起，对农村义务教育阶段学生实行“两免一补”，惠及 28.9 万名农村义务教育阶段的学生。从 2007 年秋季开学起，北京市对在城八区公办义务教育学校就读的有本市户籍的学生免收杂费，其中本市农村户籍学生免交教科书费。自 2010 年秋季开学起，北京市对城八区公办中小学义务教育阶段本市户籍学生、全市公办中小学义务教育阶段非本市户籍学生、民办学校义务教育阶段学生、已经政府批准办学的打工子弟学校义务教育阶段学生免收教科书费。进入“十二五”后，北京市继续加大对义务教育，特别是农村义务教育的投入，通过农村义务教育工程的实施，使每年新增教育经费的70%用于农村教育。

在学前教育方面，北京市提出了新的学前教育目标，在2011—2015年内，北京市将投入50亿元，新建300所、扩建300所幼儿园，增加学位7.5万个。2011年，北京市把学前教育发展列入国民经济整体发展规划，制定《北京市学前教育三年行动计划（2011—2013年）》，实施学前教育三年行动计划。三年内规划建设和改造769所幼儿园，使全市幼儿园总数达到1530所左右，全市公办性质幼儿园比例达到65%以上。2013年，北京市继续加大学前教育投入，计划增加幼儿园学位3万个，将户籍儿童学前三年入园率提高到9%，将常住适龄儿童学前三年入园率提高到90%以上，使“入园难”问题得到根本缓解。

二是城乡教育差距逐步缩小，弱势人群受教育权利得到保障。近年来，北京市的义务教育普及率保持在99%以上，农村地区的小学入学率、巩固率均达到100%，毕业合格率99.5%，远郊初中校的入学率、巩固率和中考及格率均达到97%以上。

北京市按照“小学就近入学，初中相对集中”的原则，“十五”期间共撤并规模小、效益低的村小和乡以下初中600余所，进入“十一五”以来，每年调整撤并农村中小学60所，在县城和重点乡镇建设了一批高标准、规范化的中小学，优化了教育资源的配置，提高了办学质量。

到2012年，北京市农村小学从1999年的1121所减少到269所，农村初中从1999年的175所调整到69所。

农村中小学信息技术建设超出全市平均水平，实现了多种形式的远程教育和网络教育北京市对农村中小学的设备配置、校园网建设、干部教师培训等给予优先重点支持，“十五”期间对中小学信息化投入的8亿元中有6亿元投入到远郊区县，为10个远郊区县的中小学校建设校园网近千个，配备教师用计算机3万台，学生机5万台。目前，北京市所有远郊区县均开通了远程教育站点和信息技术中心。

三是外来务工人员随迁子女就学环境显著改善。北京对来京务工人员随迁子女接受义务教育做出了明确规划，并将其纳入北京市公共财政体系保障范畴，市级财政每年投入10余亿元，保障随迁子女接受义务教育的权利。截至2012年底，北京市义务教育阶段来京务工人员子女共有52.9万人，其中83.6%在公办中小学就读。随迁子女在接受教育、参加团队组织、评优选先方面，与本市学生同等对待，并全部免除了学费、杂费和课本费。

3. 城乡社会保障一体化成效

北京市城乡社会保障一体化进程走在全国前列，取得了明显成效。

一是城乡医疗保险制度一体化建设不断取得新成效。

第一，北京市在建立城镇职工医疗保险和新型农村医疗保险的基础上，在全国率先建立了城乡居民基本医疗保险制度，构建了覆盖全体城乡居民的基本医疗保险体系。

2007年6月7日，北京市政府印发《关于建立北京市城镇无医疗保障老年人和学生儿童大病医疗保险制度实施意见的通知》（京政发〔2007〕11号），在全国率先建立了城镇居民“一老一小”大病医疗保险制度。“一老”指的是北京市城镇无医疗保障的老年人，“一小”指的是北京市城镇没有医疗保障的学生、儿童。

2008年6月6日，北京市政府发布《关于建立北京市城镇劳动年龄内无业居民大病医疗保险制度的实施意见》（京政发〔2008〕24

号），正式建立“无业居民”大病医疗保险制度。“无业居民”大病医疗保险的参保范围是具有北京市非农业户籍、在劳动年龄内未纳入城镇职工基本医疗保险范围、男年满16周岁不满60周岁、女年满16周岁不满50周岁的城镇居民。

2010年12月3日，北京市政府发布《关于印发北京市城镇居民基本医疗保险办法的通知》（京政发〔2010〕38号），对城镇居民大病医疗保险进行整合，自2011年1月1日起实行。新的城镇居民医保制度实现了门诊报销统一、财政补助统一、基金管理统一、经办管理统一、持卡就医统一。

第二，北京新型农村合作医疗制度实现了全覆盖，筹资标准和待遇不断提高。到2004年8月，北京市13个涉农区县全部实行了“新农合”制度。

2009年实施了“新的四统一”基本医疗卫生制度，即全市统一规范“特殊病种”门诊补偿范围、统一试行乡镇卫生院“零起付”补偿政策、统一住院补偿“封顶线”18万元、统一推行“出院即报和随诊随报”。

2010年，全市13个涉农区县中有11个区县的人均筹资标准均为520元，海淀区为670元；朝阳区最高，达到720元。朝阳、海淀人均筹资分别达到759元和755元。到2012年，北京市新农合最低筹资标准提高到640元，相当于2004年人均筹资107元的6倍，各级财政补助资金在筹资中所占比例从47.8%上升到86.4%，农民个人出资在筹资中所占比例从52.2%下降到13.6%，贫困人口全部由财政出资参合，农民参合率已达97.7%。

第三，北京市公费医疗并入城乡职工医疗保险。2009年，北京市在平谷区开展公费医疗并入城镇职工医疗保险试点。2010年北京市全面启动公费医疗改革，全市16个区县率先进行了区县级公费医疗的并轨。到2010年底，北京区县级约45万公费医疗人员并入职工医疗保险。

从2012年1月1日起，北京市级公费医疗人员全部并入职工医保。这一政策涉及市属公务员、事业单位、公立医院、高校教职工22万人。并入医保后，原享受公费医疗人员与城镇职工一样缴纳医保费，持社保卡就医。目前中央级约33万公费医疗人员尚未正式改革，这是北京市公费医疗下一步的改革目标。

二是城乡养老保障制度实现了统一并轨。

2007年12月29日，北京市政府印发《北京市城乡无社会保障老年居民养老保障办法》，规定年满60周岁以上的城乡无保障老年人，每月可领取200元福利性养老金。该办法自2008年1月1日起实行。这是全国第一个统筹城乡、标准一致的福利性养老保障制度。

2009年，又将城乡55至59岁的女性无保障老年居民也纳入到老年保障制度范围。2008年，北京市建立实施了新型农村养老保险制度（简称“新农保”制度），确立了个人账户与基础养老金相结合的制度模式，基础养老金由市区两级财政进行补贴，每人每月280元。在缴费方式上，实行弹性缴费标准，最低缴费标准为本区县上年农民人均纯收入的10%，最低缴费标准以上部分由农民根据经济承受能力自愿选择。同时，建立了与城保的衔接机制，农民转为城镇居民参加企业职工基本养老保险时，农保缴费年限可以折算为城保缴费年限。

2008年12月20日，北京市政府印发《北京市城乡居民养老保险办法》，自2009年1月1日起施行，在全国率先实现了养老保障制度的城乡全覆盖和一体化。新的城乡居民养老保险制度，打破了城乡户籍界限，将符合参保条件的本市城镇和农村居民统一纳入到城乡居民养老保险制度体系，实现了“五统一”，即统一的保险制度、统一的缴费标准、统一的保险待遇、统一的衔接办法、统一的基金管理。城乡居民养老保险制度的建立，标志着北京市形成了“职工＋居民”两大养老保障体系，在全国率先实现了“人人享有养老保障”的目标。

截至2012年底，北京市养老保障制度已覆盖城乡居民1548.9万人。其中，职工基本养老保险参保人数达到1206.4万人；城乡居民养老保险参保人数达到177.3万人；享受福利养老金待遇人数为54.4万人。2011年，北京市建立了城乡居民养老保险基础养老金和福利养老金待遇调整机制，截至2013年底，基础养老金已由280元提高到390元，福利养老金由200元提高到310元。

三是建立了覆盖城乡的最低生活保障制度。北京市自1996年开始建立城市居民最低生活保障制度。2005年7月13日，北京市政府批转市民政局《关于建立本市城市居民最低生活保障标准调整机制的意见》，建立城市低保标准动态调整机制。2002年4月27日，北京市政府批转市民政局《关于建立和实施农村居民最低生活保障制度意见》，决定从2002年度起建立并实施农村居民最低生活保障制度。2006年4月25日，北京市政府批转市民政局《关于建立本市农村居民最低生活保障标准调整机制的意见》，建立农村低保动态调整机制。此后，全市城乡低保标准逐年进行了调整。目前，朝阳、海淀、丰台三个区已经实现了低保待遇的城乡并轨。预计2014年，北京市城乡低保标准将实现城乡统一。

（说明：本章系《北京市城乡发展一体化进程研究》总报告的节选部分）

本章课题组成员

负责人：郭光磊　张秋锦

组　长：张英洪

成　员：童　伟　万　军　孟素洁　战冬娟　周立今　张国锋

赵金望　齐振家　石晓冬　徐勤政　柴浩放　刘妮娜

张　颜

执笔人：张英洪

第三章 城乡一体化背景中北京户籍制度改革研究

20世纪50年代我国建立的户籍制度，构成了城乡二元体制的基础和核心。在市场化、工业化和城市化进程中，农村人口向城市迁移和集中是经济社会发展的普遍现象。但在城乡二元户籍制度不变的情况下，迁入城市的农业户籍人口不能随着城市化进程而实现市民化，由此造成了一系列经济社会问题。

改革开放以来，户籍制度改革在不断推进，尤其是中小城市和小城镇的落户政策逐步放宽。近年来，上海、广州、深圳、重庆、成都等特大城市也纷纷推出户籍制度改革政策。目前，全国已有20多个省市区开始实行城乡统一登记的居民户口制度。

长期以来，北京是户籍控制最严的城市。在近些年来全国各地的户籍改革进程中，北京对户籍制度的改革却显得相当谨慎，虽然北京也有一些户籍制度改革的举措，但总体上看还没有户籍制度改革的总体规划和政策设计。2008年北京市提出率先形成城乡经济社会一体化新格局的目标任务。但如果没有户籍制度的改革，城乡一体化是不可能真正实现的。

北京市的户籍制度改革主要涉及两个基本方面，一是拥有北京市户籍的城乡户籍制度改革，二是没有北京市户籍的外地来京人员的户籍制度改革。这两个方面的全面改革，才是真正的符合城乡一体化发展要求的户籍制度改革。我们就是以城乡一体化发展为背景，着眼于全面的户籍制度改革这个目标，来探讨北京市户籍制度改革问题。

一、北京市户籍制度改革历程与现状

北京是我国的首都，具有得天独厚的优势与吸引力。人口向北京的流动与集中具有必然性与合理性。新中国成立初期，北京市的外来流动人口大约在10万人以内。随着社会经济的发展以及政治局势的稳定，北京市流动人口在不断增长，1956年达到19万人，1958年和1959年分别达到27万人和28万人。

1958年《中华人民共和国户口登记条例》的颁布，标志着我国城乡二元户籍管理体制正式形成。从此，北京开始实行严格的户籍管理制度。一方面，在北京行政区域内，划分了农业户口与非农业户口，严格限制农业户口转为非农业户口；另一方面，严格限制外省市人口进京落户。

在20世纪60年代，北京市在精简城市职工的同时，采取了强化城市户籍管理、限制农村人口进京等政策，使得20世纪60年代初期流动人口数量降至低谷，大约在8万人左右。到“文革”结束，北京市流动人口仅17万人。改革开放之后，北京市流动人口开始急剧增多，尤其是在1995年之后迅速增长。

随着市场化、城市化的不断发展，北京户籍人口的流动性也迅速增大。但北京农业户口转为非农业户口的条件限制以及人户分离现象越来越突出。2010年，北京市常住人口为1961.2368万人，在全市常住人口中，外省市来京常住人口为704.5万人，占常住人口的35.9%。2010年，北京市年末户籍人口为1257.8万人，其中农业人口268.3万人，非农业人口989.5万人。

表 3-1 北京市人口情况（1978—2010） 单位：万人

项目 年度	常住人口				户籍人口		
	总数	常住外来人口	城镇人口	乡村人口	总数	非农业人口	农业人口
1978	871.5	21.8	497.0	392.5	849.7	467.0	382.6
1979	897.1	26.5	510.3	386.8	870.6	495.2	375.4
1980	904.3	18.6	521.1	383.2	885.7	510.4	375.3
1981	919.2	18.4	533.3	385.9	900.8	522.6	378.2
1982	935.0	17.2	544.0	391.0	917.8	534.0	383.8
1983	950.0	16.8	557.0	393.0	933.2	547.1	386.0
1984	965.0	19.8	570.0	395.0	945.2	558.1	387.0
1985	981.0	23.1	586.0	395.0	957.9	572.5	385.4
1986	1028.0	56.8	621.0	407.0	971.2	586.8	384.4
1987	1047.0	59.0	637.0	410.0	988.0	601.0	387.0
1988	1061.0	59.8	650.0	411.0	1001.2	614.3	387.0
1989	1075.0	53.9	644.0	411.0	1021.1	630.6	390.5
1990	1086.0	53.8	798.0	288.0	1032.2	640.2	392.1
1991	1094.0	54.5	808.0	286.0	1039.5	648.4	391.2
1992	1102.0	57.1	819.0	283.0	1044.9	656.3	388.6
1993	1112.0	60.8	831.0	281.0	1051.2	668.7	382.5
1994	1125.0	63.2	846.0	279.0	1061.8	683.8	377.9
1995	1251.1	180.8	946.2	304.9	1070.3	696.9	373.5
1996	1259.4	181.7	957.9	301.5	1077.7	709.7	368.0
1997	1240.0	154.5	948.3	291.7	1085.5	722.7	362.9
1998	1245.6	154.1	957.7	287.9	1091.5	733.6	357.8
1999	1257.2	157.4	971.7	285.5	1099.8	747.2	352.6
2000	1363.6	256.1	1057.4	306.2	1107.5	760.7	346.8
2001	1385.1	262.8	1081.2	303.9	1122.3	780.2	342.2
2002	1423.2	286.9	1118.0	305.2	1136.3	806.9	329.4
2003	1456.4	307.6	1151.3	305.1	1148.8	830.8	318.0
2004	1492.7	329.8	1187.2	305.5	1162.9	854.7	308.2
2005	1538.0	357.3	1286.1	251.9	1180.7	880.2	300.5
2006	1581.1	383.4	1333.3	247.7	1197.6	905.4	292.2
2007	1633.0	419.7	1379.9	253.1	1213.3	929.0	284.3
2008	1695.0	465.1	1439.1	255.9	1229.9	950.7	279.2
2009	1755.0	509.2	1491.8	263.2	1245.8	971.9	273.9
2010	1961.9	704.7	1686.4	275.5	1257.8	989.5	268.3

资料来源：《北京统计年鉴 2011》。

1978年以来，随着市场化改革的推进，大量农村人口进入城市务工就业，人口流动日益频繁。在此背景下，我国长期实行的城乡二元户籍制度开始逐渐松动，户籍制度改革也逐步提上改革日程。北京市也进行了一些户籍制度，主要体现在以下几个方面。

（一）推行小城镇户籍制度改革

1992年底，按照党的十四届三中全会关于逐步改革小城镇户籍管理制度的精神，公安部在调查研究的基础上，提出了小城镇户籍管理制度改革的试点方案。1997年6月国务院正式批转公安部《关于推进小城镇户籍管理制度改革意见的通知》（国发〔2001〕6号），在全国部署开展为期两年的小城镇户籍管理制度改革试点工作。

试点期间，全国共有54万人办理了小城镇户口。在总结改革试点经验的基础上，公安部报请国务院于2001年下发了《关于推进小城镇户籍管理制度改革意见》，明确规定从2001年10月1日开始，凡在县级市市区、县人民政府驻地镇及其他建制镇有合法固定住所、稳定职业或生活来源的人员及与其共同居住生活的直系亲属，均可根据本人意愿办理城镇常住户口。已在小城镇办理的蓝印户口、地方城镇居民户口、自理口粮户口等，符合上述条件的，统一登记为城镇常住户口。对办理小城镇常住户口的人员，不再实行计划指标管理。

在全国小城镇户籍管理制度的改革进程中，北京市也出台了一系列政策。1997年7月19日，北京市政府办公厅批转实施《北京市郊区小城镇建设试点城镇户口管理试行办法》（京政办发〔1997〕41号），开始实行小城镇户籍制度改革试点，对试点城镇的迁入人口实行总量控制，并纳入本市人口增长计划和规划。具体规模由市公安局每年会同市政府农林办公室和市计划、规划等部门提出，报经市人民政府批准后，由区、县人民政府组织实施，并将具体指标计划落实到各试点城镇。

1997年12月31日，北京市政府办公厅又颁布了《北京市郊区小城镇建设试点城镇户籍管理试行办法实施细则》（京政办发〔1997〕74号），具体规定了小城镇建设试点城镇户籍管理的细则。对迁入试点城镇人口实行指标、政策双重控制原则，纳入本市人口增长计划和规划管理。

2000年12月，北京市委、市政府印发《关于进一步加快郊区小城镇建设推进农村城市化进程的意见》（京政发〔2000〕30号），规定从2001年起，凡在本市卫星城、中心镇镇区内有合法固定住所、稳定职业或生活来源的本市农民，均可根据本人意愿转为城镇户口。已登记为小城镇常住户口的人员，享有同本市城镇居民同等的权利，并履行同等义务。2001年2月15日，北京市政府办公厅发布《关于确定本市郊区中心镇的通知》（京政办发〔2001〕8号），正式确定33个中心镇。

2002年9月28日，北京市政府批转市公安局《关于推进小城镇户籍管理制度的意见》（京政发〔2002〕25号），规定在本市14个卫星城和33个中心镇的规划区范围内，有合法固定住所、稳定职业或生活来源的人员及其他共同居住生活的直系亲属，凡持有本市农业户口的，均可根据本人意愿办理城镇常住户口。对经批准在小城镇落户的人员，可保留其承包土地的经营权，也允许依法转让。

2009年6月30日，北京市人民政府办公厅印发《关于本市重点小城镇建设有关工作的通知》（京政办发〔2009〕37号），将北京市重点小城镇由2001年确定的33个调整为42个。

表 3-2　北京市 33 个中心镇和 42 个重点小城镇分布情况

项目 地区	2001 年确定的 33 个中心镇	2009 年确定的 42 个重点小城镇
通州区	宋庄镇、马驹桥镇、永乐店镇、漷县镇	漷县镇、台湖镇、西集镇、永乐店镇
大兴区	榆垡镇、西红门镇、庞各庄镇、采育镇	采育镇、庞各庄镇、安定镇、榆垡镇、魏善庄镇
房山区	窦店镇、长沟镇、琉璃河镇、韩村河镇	韩村河镇、窦店镇、琉璃河镇、长沟镇、河北镇、
门头沟区	斋堂镇、潭柘寺镇	斋堂镇、潭柘寺镇、军庄镇
昌平区	小汤山镇、北七家镇、阳坊镇	小汤山镇、阳坊镇、南口镇、北七家镇、十三陵镇
延庆县	永宁镇、康庄镇、旧县镇	康庄镇、永宁镇、八达岭镇、旧县镇
怀柔区	杨宋镇、汤河口镇	桥梓镇、怀北镇、汤河口镇
密云县	太师屯镇、溪翁庄镇、十里堡镇	溪翁庄镇、太师屯镇、西田各庄镇、古北口镇、巨各庄镇、穆家峪镇
平谷区	峪口镇、马坊镇	金海湖镇、峪口镇、马坊镇
顺义区	杨镇、后沙峪镇、北小营镇、高丽营镇	高丽营镇、杨镇、赵全营镇、李遂镇
丰台区	王佐乡	—
海淀区	温泉镇	—

（二）实行引进人才落户政策

北京作为国家首都，需要在严格的户籍制度结构中打开一条引进高层次人才的制度通道，这条通道就是引进人才落户政策。1999 年 6 月 24 日，北京市人事局出台《北京市引进人才和办理〈北京市工作寄住证〉暂行办法》（京人发〔1999〕38 号），对引进的人才办理“工作寄住证”。持工作寄住证者，不再办理户口暂住证，在购房、子女入托、入中小学等方面享受北京市市民待遇。持工作寄住证满 3 年者经批准可办理进京户口手续。

表 3-3 1999 年北京市引进人才申请工作寄住证条件

项目	条件
45 周岁以下且身体健康者，可办理人才引进手续	（一）具有本科及以上学历且取得高级专业技术职称的专业技术人员和管理人员； （二）在国内外获得硕士及以上学位的专业技术人员和管理人员。
35 周岁以下且身体健康者，可申请办理工作寄住证	（一）具有学士学位且成绩突出者； （二）具有中级专业技术职称的业务骨干； （三）在国外获得学士学位并取得一定研究成果的留学人员

此后，北京先后出台了一系列有关引进人才和投资兴业人员落户政策。2000 年 5 月，北京市政府出台《北京市鼓励留学人员来京创业工作的若干规定》（京政发〔2000〕19 号）。北京市为了招揽留学人员来京创业，在户籍制度上做了很多优惠规定。如留学人员来京创业、工作，不受其出国前户籍所在地限制，凭用人单位证明或者工商执照可向市人事局申请领取北京市（留学人员）工作寄住证。

另外还规定，持中国护照的留学人员来京创业、工作要求取得北京市常住户口的，凭北京市（留学人员）工作寄住证，由市公安局按有关规定办理入户手续。在京入户留学人员，其配偶及 18 岁以下子女可以随迁，不交纳超生子女费；身边无子女的，可随迁一个已工作的子女。

来京创业、工作的留学人员的子女入托及义务教育阶段入学，由其居住地所在区、县教育行政管理部门安排并为其办理入学、转学手续，不收取政府规定以外的任何费用；已在国外高校就读的子女，可申请到北京地区高校插班学习；参加研究生全国统一考试的，同等条件下本市高等院校可优先录取。

2001 年 11 月 27 日，北京市人事局颁布《关于印发〈北京市鼓励留学人员来京创业工作的若干规定〉实施办法的通知》（京人发〔2001〕123号），具体规定了对留学人员来京创业工作的各种实施办法。

2001年9月，北京市政府办公厅发布《关于印发外地来京投资开办私营企业人员办理北京市常住户口试行办法》（京政办发〔2001〕73号），该文件规定可以申请办理本市常住户口的外地来京人员，主要包括个人独资企业的负责人、合伙企业的一名合伙事务执行人、公司制的私营企业以及其他组织形式私营企业的法定代表人。上述人员的配偶和一名未成年子女可以申请办理本市常住户口。持工作居住证满3年的，可申请办理人才引进手续。户籍上的优惠政策为私营企业人员来京投资解决了后顾之忧。

2003年6月，北京市政府办公厅批转市人事局《关于实施北京市工作居住证制度的若干意见》（京政办发〔2003〕29号），主要目的是吸引并鼓励各类优秀人才来京创业和工作，加速首都人才战略的实施。

表3-4　优秀人才来京创业、工作的条件和待遇

条件	（一）具有2年以上工作经历并取得学士（含）以上学位的人才； （二）具有中级（含）以上专业技术职称或相当资格、资质的人才； （三）对首都经济和社会发展做出突出贡献及特殊领域、特殊行业的紧缺急需人才。
待遇	（一）其子女在京入托、入中小学就读，免收借读管理费； （二）可在本市行政区域内购买商品房、批准上市的已购公房和存量房；按有关规定购买经济适用住房； （三）按照公安部的有关规定，对符合条件的，可在本市办理因私出国商务手续； （四）可申请办理驾驶证或临时驾驶证以及机动车注册登记手续； （五）可在本市创办企业，可以企业法定代表人身份申请认定高新技术成果转化项目和科技项目资助； （六）可列入本市人才培养计划，并可参加本市有关人才、专家奖励项目的评选； （七）可参加本市专业技术职务的任职资格评定（考试）、执业（职业）资格考试、执业（职业）资格注册登记； （八）可参加本市基本养老保险、城镇职工基本医疗保险，并可按有关规定在本市缴存和使用住房公积金。

2002年，按照人才政策办理进京户口10 145人，占全市户籍人口增长的8.15%。从统计数据看，人才引进表现为“一高三低”，即非北京生源的毕业生所占比重高、来京投资创办企业人员比重低、留学回国在京创业人员比重低、高级专业人才比重低。

表3-5　2002年北京人才引进情况

引进人才类型	数量（人）	比例（%）
非北京生源毕业生	7400	72.94
外地来京开办私营企业人员	35	0.34
持中国护照的留学人员来京创业者	434	4.28
高新技术企业等研发机构引进人才	2276	22.44
合计	10 145	100

数据来源：冯晓英《深化户籍制度改革与北京人口管理》，载《前线》，2004（5）。

2005年11月22日，北京市委、市政府印发《关于引导和鼓励高校毕业生面向基层就业的实施意见》（京办发〔2005〕32号），鼓励北京生源高校毕业生到西部地区和艰苦边远地区基层单位工作。北京生源高校毕业生自愿报名到西部地区和艰苦边远地区基层单位工作的，户口关系可保留在北京市。

2007年5月，北京市规划委向社会公布《北京市“十一五”时期重点新城发展实施规划》，规划提出将制定有利于吸引高素质人才及具有较高文化基础的年轻劳动力人口的各项优惠政策。例如在新城产业重点发展区实行宽松的人才吸引政策，对于北京地区高校、科研机构获得学士及学士以上学位的应届毕业生，只要受聘于新城的高新技术企业或现代制造业企业，可直接办理北京常住户口，不受进京指标限制等。

2010年7月，北京市人力社保局发布《2010年北京市引进国内人才专项工作计划》，该计划共提出835个国内高层次人才需求岗位。在户籍政策上也做了详细规定，对于最终录取的户籍地不属本市的人选，可按照备用人单位意愿直接申请引进，配偶及子女可随调随迁；也可在试用期满再申请引进，试用期间可直接办理北京市工作居住证，申请引进时可不受持证时间限制。此外，部分单位也自主制定了一些吸引高层次人才的鼓励政策，例如给予住房补贴、周转用房、科研经费支持等。

2010年8月，北京市政府公布《首都中长期人才发展规划纲要（2010—2020年）》，首次明确提出为适应京津冀一体化发展要求，北京市将逐步推行京津地区互认的高层次人才户籍自由流动制度，无论是涉及高端人才的子女入学还是医疗社保，都将享受当地市民同等待遇。北京市将逐步制定具有国际竞争力的海外人才吸引政策，完善人才薪酬、税收、社会保障、医疗、住房和子女入学等配套政策，这会有效刺激人才户籍自由流动，推动人口合理分布。

2011年6月，政协北京市第十一届委员会常务委员会第二十四会议审议通过了《关于加快首都经济发展方式转变若干问题的建议》，提出以科技贡献、专业技能、在京时间等指标为考核项，计算非京籍人才的“积分”，积分达标即可落户北京。“积分落户制度”可以根据不同机构特点，完善现有人才评价体系。根据重点扶持的战略性新兴产业实际，制定引进高层次人才和急需技能人才的分类评价标准。人才“积分”落户制度，可在进京指标日趋缩进的人口调控大背景下，形成客观、量化、透明、公开的人才落户制度。

自1999年在高新技术产业实施人才引进政策以来，北京市围绕战略性新兴产业发展，相继引进国内外各类高层次人才3.5万人，有力促进了首都科技创新、技术改造、产业升级，弥补了部分学科、产业高端人才的短缺状况，进一步增强了首都人才队伍的升级和活力，已经成为推动首都经济社会平稳健康发展的重要力量。但近几年来，北京市人才落户的标准越来越高，从开始的本科生可以落户留京，到规定研究生才可以留京，以及限定一些所谓急需专业人才才能留京，这些户籍限制政策在一定程度上影响了北京市人才队伍的发展壮大。

2011年1月21日，北京市第十三届人民代表大会第四次会议讨论通过《北京市国民经济和社会发展第十二个五年规划纲要》，提出要完善户籍管理制度，坚持控制总量、优化结构，在严格执行准入政策同时，实行户籍指标调控。合理配置进京户籍指标，优先解决好符合首都发展需要的专业管理和技术人才的落户需求。

（三）逐步放宽“投靠落户”和“农转非”政策

在城乡二元户籍管理制度中，被改变农民身份的人口在统计时被称为“农转非”，就是“农业人口转为非农人口”的简称。北京市“农转非”渠道主要有：土地部门通过办理建设征地“农转非”；公安部门通过小城镇户籍改革试点和居民投靠“农转非”；劳动部门从农招工和技校招生“农转非”；教育部门从农村招收大中专学生“农转非”；人事部门对机关事业单位职工和干部家属“农转非”等。[1]

1. 投靠落户“农转非”

投靠落户“农转非”政策主要是针对北京市农业户籍人口落户北京的政策。2001年2月26日，北京市政府办公厅批转市公安局《关于解决当前户口管理工作中几个突出问题的意见》（京政办发〔2001〕14号），就婴儿随父落户、夫妻投靠落户、老人投靠子女落户等情况

[1] 杨玉林、杨志红《关注特殊群体——“农转非”》，载《北京观察》2005（1）。

放宽了“进京落户”有关年龄和时间等标准。

表 3-6　2001 年北京市投靠落户政策

投靠落户人群	适用条件
婴儿随父落户	（一）外省市妇女和本市居民结婚，1998 年 7 月 22 日以后生育的婴儿，要求随父落户的，按学龄前儿童优先解决的原则，凡满 5 周岁的儿童，可以随父落户。 （二）外省市妇女和本市居民结婚，1998 年 7 月 22 日以前出生的婴儿，要求随父落户的，分期分批逐步解决。凡满 5 周岁不满 6 周岁的学龄前儿童可以随父落户；已满 6 周岁的可以申请随母投父落户。 （三）外省市妇女和本市居民结婚，违反本市计划生育政策生育的婴儿不予解决在京落户问题。
夫妻投靠落户	夫妻分居的，外地一方年满 45 周岁，且结婚已满 10 年，可以投靠在京一方落户。
老人投靠子女落户	男性超过 65 周岁，女性超过 60 周岁，身边无子女，并且其他城市也无子女的，可以投靠在京子女落户。

2003 年 2 月 28 日，北京市公安局印发《关于为本市部分农业人口转为非农业人口的实施方案》，放宽了两类人员的“农转非”政策。一是小孩父母均为本市农业户口或小孩母亲为农业户口，父亲为非农业户口的，2003 年 1 月 1 日以后出生的小孩，办理出生登记时，可在其母亲或父亲户口所在地自愿登记非农业户口。二是有本市农业户口的高等职业教育学校、中等专业学校、技工学校及经市教育部门批准的职业高中在校生，可自愿转为非农业户口。

2007 年 4 月 6 日，北京市公安局发布《户政管理工作便民利民服务措施》（京公人管字〔2007〕311 号），取消小城镇户口登记期满后市内迁移的审批制度；放宽未成年人随父亲在京入户条件；放宽本市人员“农转非”条件，本市农业户口人员要求夫妻投靠“农转非”的，不再受申请人必须年满 30 周岁的年龄限制；本市农业户口人员要求父母投靠子女“农转非”的，不再受申请人男性年满55周岁、女性年满50周岁的年龄限制；本市农业户口人员在城镇地区购房取得合法固定住所，经本人申请即可“农转非”并迁移户口。新规定实行后，北京农业户口人员夫妻投靠农转非、父母投靠子女农转非，年龄限制全部取消。农民只要在城镇购房，取得了合法固定住所并居住，即可到住房所在地派出所提出落户申请。

2008年11月，北京市公安局人口管理处发布消息，推出第一批6项户政管理便民新措施，其中4类人群办理北京户口可简化手续。这四类人包括：婴幼儿随父申报户口；境外出生子女申报户口；未成年人投靠父母户口进京；夫妻互相投靠户口进京。

2. 招工和入学“农转非”

1999年6月24日，《北京市劳动和社会保障局关于做好市属工业企业部分原技校毕业生招工农转非工作的通知》发布，对招工农转非的企业范围和条件做出了规定。

表3-7　1999年北京市招工农转非范围和条件

招工农转非企业范围	（一）市属局、总公司所属的国有工业企业。 （二）停产、半停产企业，严重亏损企业，以及经市、区县政府批准停产整顿企业，不得列入招工农转非工作范围。
招工农转非条件	（一）按照招生简章，由市劳动局技工学校招生办公室的批准录取的农不转非学生，1996年7月以前毕业，具有本市农业户口的技校毕业生。 （二）分配到企业后，未曾提出过调离。 （三）按有关规定办理了招用农民合同制工人手续，且与企业签订3年以上劳动合同的。 （四）在企业生产一线岗位工作或从事技术工作的骨干。 （五）转非后自愿与企业签订5年以上的劳动合同的。 （六）身体健康。

2000年2月15日，《北京市劳动和社会保障局关于做好1999

年度部分行业招工农转非工作的通知》(京劳社发〔2000〕32号)公布，对1999年度继续在煤矿、建筑、纺织、农牧等行业的一线艰苦岗位、脏累差工种、技术工种的农民合同制工人中办理择优招工农转非。

在入学农转非方面，北京市出台了一系列政策文件。2001年6月，北京市公安局印发《关于高等学校及普通中等专业学校录取本市新生不办理户口迁移的规定》。根据规定，北京地区高等学校录取具有本市户口的新生，入学后不再办理户口迁移手续，农业户口学生携带招生办下发的“农转非证明”及户口簿在户口所在地办理农转非手续。

2003年5月7日，《北京市关于高等学校及中等职业学校农业户口学生转为非农业户口学生的实施办法》中规定，持本市农业户口的新生，可自愿申请办理“农转非”手续。

2003年6月22日，《北京市劳动和社会保障局关于做好技工学校学生农转非工作的通知》，通知对技工学校在校学生农转非做了安排，支持各技工学校应于6月16日前，将农转非的有关规定通知到所有符合条件的学生。自愿转非的学生要由本人及家长(或监护人)填写《北京市中等职业学校在校学生农转非申请书》连同户口簿一并交到所在学校。所在学校经核对后，填写统一样式的“北京市××××年技工学校录取(农转非)新生名单”(备注栏填写“办理农转非证明”上的编码)、“北京市中等职业学校在校学生办理农转非证明”，并加盖学校公章。

(四) 实施征地“农转居”政策

因城市化征占农村土地的，按规定可以将农村居民转为城市居民，简称“农转居”。自20世纪70年代开始，北京近郊就有征地“农转居”，只是规模不大，涉及面小。20世纪80年代以来，随着北京城市建设速度加快，“农转居”规模不断扩大。[1]1983年8月29日，北京市政府颁布《北京市建设征地农转工劳动工资暂行处理办法》（京政发〔1983〕132号），明确“谁征地，谁安置”的原则。被征地单位农转工的人员，需具备下列条件：男年满16周岁至59周岁，女年满16周岁至49周岁（均不含在校学生），从事农副业生产劳动、身体健康。

1993年10月6日，北京市政府发布《北京市建设征地农转工人员安置办法》（1993年第16号令），规定因国家重点工程建设和国家机关、军事单位、城市企事业单位进行建设征用农村集体所有土地，被征地单位的土地被全部征用或者部分被征用后剩余的耕地按农业人口平均不足5分地，造成的农村多余劳动力，经市人民政府批准，由农业户口转为非农业户口。农转工人员必须符合下列条件：（一）男年满16周岁不满59周岁，女年满16周岁不满49周岁（以市人民政府批准征地之日为准）；（二）身体健康，转工后能够在工作岗位上坚持正常工作的。

2004年5月21日，北京市政府印发《北京市建设征地补偿安置办法》（148号令），规定征用农民集体所有土地的，相应的农村村民应当同时转为非农业户口，应当转为非农业户口的农村村民数量，按照被征用的土地数量除以征地前被征地农村集体经济组织或者该村人均土地数量计算。应当转为非农业户口的农村村民人口年龄结构应当与该农村集体经济组织的人口年龄结构一致。

因城市绿化隔离带建设也涉及“农转居”政策，例如，1994年1月，北京市政府批转首都规划委办公室《关于实施市区规划绿化隔离地区绿化的请示》（京政发〔1994〕7号），提

[1] 《北京“农转非”政策研究》，载http://www.bjpopss.gov.cn/bjpssweb/n10524c48.aspx

出对绿隔建设地区农民实行“转居不转工”，即农村劳动力就地在乡镇企业中安排而不转到国有企业，其人员在生活及子女就业、升学方面享受的政策与城市居民相同。2000 年 3 月，北京市政府印发《关于加快本市绿化隔离地区建设的意见》（京政发〔2000〕12 号），规定在新村建设和绿化任务全部完成、以绿色产业为主的经济发展格局已经形成的地区的农民，其农业户口可转为城镇居民户口。

2002 年 12 月 1 日，北京石景山区 15 535 农业户口一次性整建制转为城镇居民。石景山区整建制转居后，原农村集体经济组织仍可继续拥有集体土地的所有权、使用权；农转居人员可按政策直接纳入社会保险，由集体经济组织及个人按政策缴纳保险费，今后国家征地时，征地款应首先用于抵顶已垫付缴纳的保险费，符合城市低保标准的人员享受城市低保待遇；保留农村集体经济组织，成为农民转居后就业的主要载体。

2010 年 7 月 15 日，北京市社会主义新农村建设领导小组综合办公室等 8 个机构联合发布《关于加快推进本市农转非工作的通知》，提出到该年 8 月 30 日前，各区县报送市 148 号令实施后本区县农业转非指标落实情况进度表和书面总结材料，从 9 月份起，每月 5 日前各区县向市新农办报送北京市农转非月报表。

2010 年，北京市实施 50 个城乡结合部重点村城市化改造，坚持 2004 年市政府 148 号令确定的“逢征必转”的原则。2011 年 9 月 19 日，北京市人民政府印发《关于城乡结合部地区 50 个重点村整建制农转居有关工作的意见》（京政发〔2011〕55 号），对城乡结合部 50 个重点村农业户籍人员和未加入城镇职工社会保险的人员全部转为城镇居民。

表 3-8 2004 年北京实施 148 号令以来至 2012 年 6 月农转居情况

单位：（面积）公顷、（指标）人

区县	批复征地面积	批准农转非指标	2011 年底前已完成指标	2012 年 6 月底实际完成历史遗留指标情况	期末应转未转指标
合计	35 457.9027	256 522	146 337	22 592	88 070
朝阳区	3494.65	30 643	9422	8	21 213
丰台区	1724.07	14 082	3552	1106	9424
海淀区	2719.01	18 200	15 952	584	1664
门头沟区	318.12	1949	2230	196	—
房山区	3091.50	25 218	16 536	3032	5650
通州区	5413.83	37 539	10 440	3779	23 320
顺义区	5595.82	42 685	38 663	1585	2437
昌平区	2613.98	13 313	10 119	1258	1936
大兴区	6659.21	58 301	33 897	10 309	14 095
平谷区	1166.98	5545	2016	235	3294
怀柔区	857.55	4449	2229	500	1720
密云县	1085.41	3161	1260	0	1901
延庆县	717.78	1437	21	0	1416

资料来源：北京市社会主义新农村建设领导小组综合办公室编《新农村简报》特刊第 20 期，2012 年 7 月 18 日。

（五）外地农民工户籍政策

1986 年 1 月 1 日，北京市人民政府出台了《北京市人民政府关于暂住人口户口管理的规定》，对北京市行政区域以外的来京暂住人员实行暂住证管理。北京市正式开始实施流动人口暂住证制度。1994 年，北京市暂住人口首次突破 100 万人，达到 102.6 万人。

从 1995 年 7 月 15 日起，北京市户籍管理开始执行《外地来京人员户籍管理规定》（北京市政府第 11 号令），办理《暂住证》的暂住人口拟居住时间由 3 个月缩短至 1 个月，申请期限由来京后 15 日内减至 3 日内。需要办理暂住证的对象是“年满 16 周岁，在本市暂住时间拟超过 1 个月的或者拟在本市从事务工、经商等活动的外地来京人员”。暂住证是外地来京人员在本市临时居住的合法证明，对未取得《暂住证》的外地来京人员，任何单位和个人不得向其出租房屋或者提供经营场所。

单位：万人

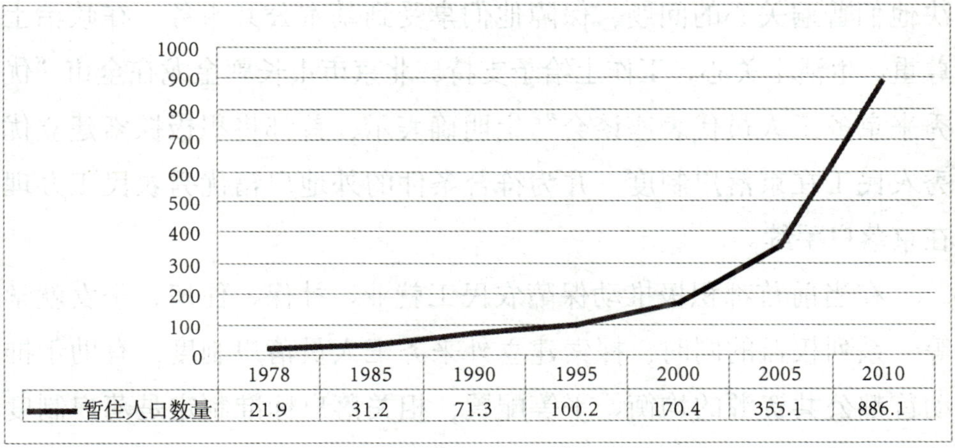

资料来源：《北京统计年鉴 2011》。

图 3-1 北京市暂住人口数量情况表

1995 年 4 月 14 日，北京市人大常委会通过了《北京市外地来京务工经商人员管理条例》。条例规定，如外来务工经商人员未取得暂住证，工商行政管理机关不予办理营业执照等。2005 年 3 月 25 日，北京市第十二届人大常委会第十九次会议决定废止《北京市外地来京务工经商人员管理条例》，主要原因是“作为市地方性法规的《条例》，其主要内容已与国家的有关政策和《行政许可法》的规定不符”。

2001 年 10 月 1 日起，北京开始实施《关于外地来京投资开办私营企业人员办理北京市常住户口试行办法》（京政办发〔2001〕73号），允许符合一定条件的外地来京人员申请办理北京市常住户口。

2009年12月11日，53名农民工被授予北京市首批优秀农民工称号，其中30人为外地来京农民工。外地农民工如获得全国劳模称号，或取得高级工、高级技师职称的，根据本人意愿，可以在北京落户。

2011年10月11日，北京市市委书记刘淇在“优秀来京务工人员代表座谈会”上表示，要把来京务工人员作为北京的新市民，解决他们普遍关心的问题，保障他们享受到基本公共服务，在政治上尊重、生活上关心、工作上给予支持。北京市市长郭金龙在全市“优秀来京务工人员代表座谈会”上明确表示，首都将积极探索建立优秀农民工在京落户制度，并为符合条件的外地户籍优秀农民工办理在京落户手续。

在当前首都积极推动保障农民工就业、社保、住房、子女就学等一系列权益的同时，探索建立外来务工人员落户制度，有助于推动首都公共资源的均衡、平等配置；相关落户标准制定是落户制度的关键所在。截至2011年8月底，北京全市共登记流动人口746.7万人，其中来京务工人员651.3万人，比例高达87.2%。

2011年11月4日，北京市发改委发布《“十二五”时期体制改革规划》，正式提出将实施“居住证制度”，探索建立流动人口动态信息与管理服务的联动机制。以前的工作居住证只针对高层次人才，当前工作居住证的发放对象将扩大到“有稳定就业居住的流动人口”，只要有固定住所（包括租房），就可以申办居住证。居住证的门槛比工作居住证较低，与办理暂住证类似。但暂住证主要是面向务工人员，而居住证则是面向流动人口。与暂住证不同的是，流动人口凭居住证还可以享受相关的公共服务，相关部门则可以凭居住证来掌握北京的资源和人口等信息。据有关部门表示，北京将于2012年出台和实施居住证制度。

二、北京市户籍制度存在的主要问题

自从20世纪50年代我国建立城乡二元户籍制度以来，北京一直是全国户籍控制最严格的城市。北京虽然从20世纪90年代开始陆续推行了针对本市农业人口的农转非和农转居政策以及针对外来人口的人才引进、投靠落后等政策，但这并没有从根本上动摇城乡户籍制度。

近年来，北京市从加大城乡统筹力度、适当放松外地人员落户北京限制和加强对流动人口服务三个方面，对户籍制度进行了调整。但由于北京具有独特的政治地位和优质的社会文化资源，吸引外来人口大量流入，导致北京的人口、资源、环境间的矛盾日益突出，人口总量控制的压力越来越大，户籍制度改革难度很大，北京市户籍制度改革步伐相对国内其他大城市来说已明显落后。

北京市户籍制度主要存在两类结构性的矛盾：一是本市居民中农业户口居民与非农业户口居民之间权益的不平等，形成了静态的二元社会结构。二是本市户籍居民与流动人口之间权益的不平等，形成了动态的二元社会结构。对第一类矛盾，要通过加大统筹城乡发展力度，在适当的时候，取消农业户口和非农业户口的二元户口性质划分，统一城乡户口登记制度解决。对第二类矛盾，可以适当放宽进京落户标准，对在北京有稳定工作、居住满一定年限且有自有住房的人士，允许其落户。

2008年北京提出率先形成城乡一体化新格局的战略任务，2009年又提出建设世界城市的战略目标。而城乡二元户籍制度已经远远不适应城市化和城乡一体化发展的要求。北京市户籍制度存在的问题主要是捆绑在户籍背后的各种福利和权利，对城市化和城乡一体化的影响主要反映在北京城乡居民之间、北京市户籍人口与外来人口之间在基本公共服务上的众多差距，如住房、教育、就业、社会保障等。

（一）北京市长期实行最严格的户籍控制，但并没有达到控制人口规模的预期目标

北京市设置户籍制度的初衷是为了限制人口规模的扩大，将人口规模控制在一定的范围内。但事实上，最严格的户籍制度，并没有达到控制人口增长的目标。

北京市历来重视人口规模控制问题，从新中国建立初期开始，有关方面就对北京市的人口规模、人口迁入等问题提出了明确的控制目标和措施。[1] 第一个五年计划时期，北京市明确提出“必须采取有效措施，控制北京市人口的盲目增加，减少城市人口”的目标。1953 年制定了《北京市第一期城市建设计划要点》，提出“在 20 年左右，人口达到 400 万左右”的指标要求，但就在指标提出当年，人口规模就突破了计划。[2]

改革开放以来，北京市三次修编城市总体规划，三次方案的人口控制指标大体只能管规定时间的三分之一。

第一次，1982 年修编的《北京市总体规划方案》要求“20 年内全市常住人口控制在 1000 万人左右”，但在四年后的 1986 年就突破了 1000 万人的指标要求。

第二次，1991 年修编的《北京城市总体规划方案》要求“到 2010 年，北京市常住人口控制在 1250 万人左右”，这一指标在 5 年后的 1996 年被突破。

第三次，2003 年修编的《北京城市总体规划（2004—2020）》

[1]　黄荣清、段成荣等《北京人口规模控制》，载《人口与经济》2011 年第 3 期。

[2]　国家人口计生委课题组《北京人口“苦恼”与人口规划的基础作用》，载《学习时报》2012 年 2 月 6 日第 4 版。

要求“2020 年北京实际居住人口控制在 1800 万人左右”，这一指标只管了 6 年，至 2009 年底，北京市实际常住人口总数为 1972 万人，其中户籍人口 1245.8 万人，在京居住半年以上的流动人口 726.4 万人。因此，北京市 2009 年的常住人口数量就突破了国务院 2004 年批复的《北京城市总体规划（2004—2020）》所确定的到 2020 年北京市常住人口总量控制在 1800 万人的目标。

根据《北京城市总体规划（2004—2020）》，到 2020 年，北京市总人口规模控制在 1800 万人左右，年均增长率控制在 1.4%，其中户籍人口 1350 万人左右，居住半年以上外来人口将占到 450 万人左右，城镇人口规模控制在 1600 万人左右。也就是说，北京市在人口控制目标上比预期进度提前了 10 年。

表 3-9　北京市人口指标控制情况

年份	人口控制指标	预期控制时间	实际控制时间	指标突破时人口数、年份
1982	1000 万	20 年	4 年	1028 万（1986）
1991	1250 万	20 年	5 年	1259.4 万（1996）
2003	1800 万	17 年	6 年	1972 万（2009）

资料来源：北京市历次《北京城市总体规划》。市政协委员历经数月调研，对北京市的人口问题进行了摸底和分析。2009 年北京人口数据系北京市政协《关于促进首都人口与资源环境协调发展的建议案》中的调研报告数据。

北京市虽然历来实行最严格的户籍控制制度，但却一直没有达到控制人口增长的目标。一方面，北京市常住总人口不断增加，到 2010 年北京市常住人口为 1961.9 万人，比 2000 年北京市人口增加 598.3 万人，增长 43.88%，平均每年增加 59.8 万人。另一方面，北京市流动人口不断增加，成为北京市人口规模扩大的主体。

20 世纪 80 年代末之前，北京市人口规模控制的重点是户籍人口的迁移，主要采取实行严格的迁入审批制度、征收城市人口增容费等限制户籍人口的迁入。20 世纪 80 年代中期开始，外来流动人口成为北京市控制人口规模的重点。1986 年北京市开展第一次流动人口抽样调查时，流动人口只有几十万。到 2000 年北京市流动人口已经达到 256.8 万人，2010 年达到 704.5 万人。流动人口的比重由 2000 年的 18.9% 上升到 2010 年的 35.9%，流动人口平均每年增加 44.8 万人。

近年来，北京因人口压力增大，开始强化“以业控人”“以房管人”“以水控人”，严格户籍准入政策和指标调控。但即便在这种严格的户籍政策下，北京市人口增长的速度仍然没有降下来。

表 3-10　北京市人口增长情况　　单位：万人

	总人口（常住人口）	户籍人口	流动人口
2000 年	1363.6	1107.5	256.8
2010 年	1961.9	1257.8	704.5
2010 年比 2000 年增加人数	598.3	150.3	447.7
年均增长数量	59.8	15.0	44.8
2010 年比 2000 年增长 (%)	43.88	13.57	174

资料来源：《北京统计年鉴 2011》《北京市 2010 年第六次人口普查主要数据公报》。

单位：万人

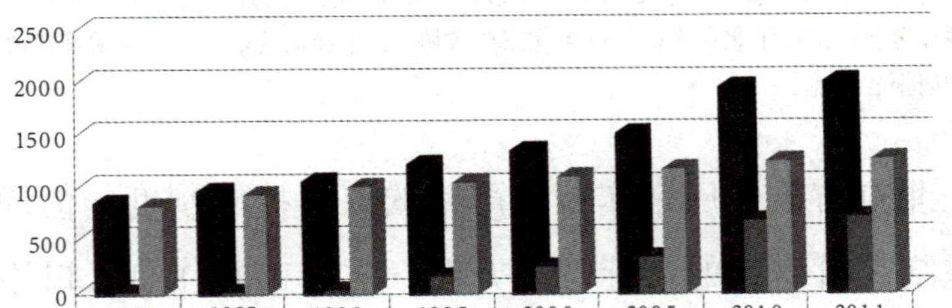

	1978	1985	1990	1995	2000	2005	2010	2011
■ 常住人口	871.5	981	1086	1251.1	1363.6	1538	1961.9	2018.6
■ 常住外来人口	21.8	23.1	53.8	180.8	256.1	357.3	704.7	742.2
■ 户籍人口	849.7	957.9	1032.2	1070.3	1107.53	1180.7	1257.8	1277.9

资料来源：《北京统计年鉴 2011》《北京市 2010 年第六次人口普查主要数据公报》。

图 3-2　北京市历年人口变化情况（1978—2011）

（二）户籍制度延缓了城乡一体化进程

近年来，随着北京市城市化进程和城乡一体化进程的加快，农转居和农转非过程也不断加快，人数不断增多。北京市农转居、农转非的渠道主要有征地农转非、小城镇户口农转非、招生入学农转非等。截止到 2011 年底，北京市共完成农转非 6.7 万人，其中征地转非 45 228 人，目前北京市尚有征地转非应转却未转的指标约 11 万个，2012 年将落实这 11 万人的农转非问题。但是，北京本市户籍的农转居速度远远滞后于上海和广州。

2000 年，北京、上海、广州的农业人口分别为 346.83 万人、335.47 万人、257.85 万人，到 2010 年，北京、上海、广州的农业人口分别减少到 268.3 万人、157.37 万人、82.09 万人，分别减少了 78.53 万人、178.1 万人、175.76 万人。相比之下，北京市农业人口的减少人数还不到上海、广州农业人口减少人数的一半，10 年来北京市农转居、农转非的速度比上海、广州都要慢。

表 3-11　各大城市农业人口变化情况　　单位：万人

指标	2000 年	2010 年	减少人数
北京	346.83	268.3	78.53
上海	335.47	157.37	178.1
广州	257.85	82.09	175.76

资料来源：《北京统计年鉴 2011》《上海统计年鉴 2011》《广州统计年鉴 2011》。

从北京市各区县农转非情况来看，虽然各区县都采取了相关措施推进农转非进程，但实际过程中的转非比例仍不足一半。据统计，朝阳区和顺义区农转非的比例达不到 40%，丰台区、通州区、平谷区和延庆县农转非的比例达不到 30%。

单位：%、人

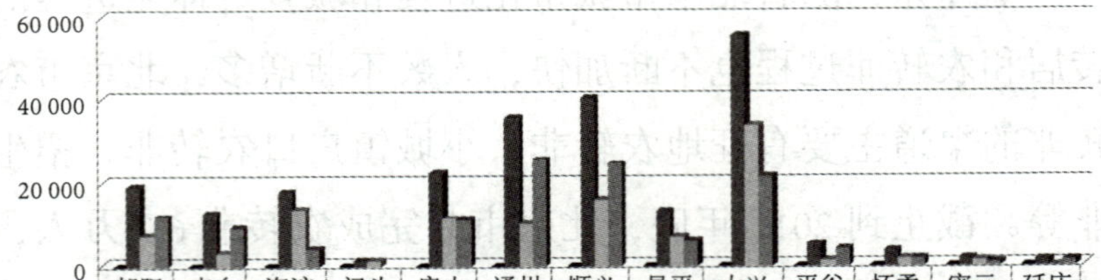

	朝阳区	丰台区	海淀区	门头沟	房山区	通州区	顺义区	昌平区	大兴区	平谷区	怀柔区	密云县	延庆县
■ 已完成转非指标比例	38.2	26.8	76.3	106.9	50.6	28.4	39.1	52.4	61	25.6	53.3	64	1.5
■ 批准的转非指标	19 219	12 511	17 900	1309	22 501	35 694	40 379	12 913	55 542	5321	3671	1745	1377
■ 目前已完成指标	7340	3347	13 653	1399	11 390	10 133	15 784	6769	33 897	1360	1955	1116	21
■ 未完成指标	11 879	9164	4247		11 111	25 561	24 595	6144	21 645	3961	1716	629	1356

资料来源：2011 年一季度全市农转非工作情况通报，新农村简报，第 11 期（特刊）。注：门头沟区完成历史转非指标中 2004 年以前的应转非人数。

图 3-3 北京市郊区征地农转非情况（2004 年 7 月—2011 年 5 月）

2009 年以来，北京市户籍人口以年均 10.7 万人的速度增长，其中很重要的渠道是征地农转居。但农转居的速度远低于北京市城镇化的速度。北京市 2010 年城市建成区面积为 1350 平方公里，比 2000 年的 488 平方公里增长了 175.45%。2010 年与 2000 年相比，全国城市建成区面积增长快于城镇人口增长 32.62 个百分点，北京市城市建成区面积增长快于城镇人口增长 89.49 个百分点。

北京市农民市民化进程严重滞后于农民进入城市的进程。2010 年北京市城镇人口占总人口的比重是 85.96%，而非农人口占户籍总人口的比重是 78.76%，相差了 7.2 个百分点。

表 3-12 全国及各城市建成区面积比较 单位：平方公里

地区	2000 年建成区面积	2010 年建成区面积	2010 年建成区面积比 2000 年增长（%）
全国	22 439.28	40 058	78.52
北京	488	1350（2009 年）	175.45
天津	386	686.7	77.9
上海	550	998.8	81.6
重庆	262	870.2	230.14
成都	231	439（2009 年）	90.04
广州	431	927（2009 年）	115.08

资料来源：《中国统计年鉴（2010 年、2011 年）》。

表 3-13 北京市人口情况 单位：万人

指标	总人口（常住人口）	户籍人口	城镇人口	城镇人口占总人口比例	非农业人口占户籍人口比例
2000	1363.6	1107.5	1052.2	77.16%	68.69%
2010	1961.9	1257.8	1685.9	85.96%	78.67%
2010 年比 2000 年增长 (%)	43.88%	13.57%	60.23%	—	—

资料来源：《北京统计年鉴 2011》《北京市 2010 年第六次人口普查主要数据公报》。

（三）北京户籍制度不利于体现公平原则

随着近年来外来人口的增多，户籍人口和外来人口在教育、就业、医疗、住房和社会保障上的待遇差距越来越明显。北京市外来人口包括外省市农民工、高校毕业生留京人员和外省市非农业户籍人群，对农民工的影响主要表现在住房、就业、社会保障、子女教育等不公平待遇上，对高校毕业生以及外地非京籍户口人群的影响也能体现在购房购车、社会保障等区别对待上。实行最严格的户籍制度，形成了所谓“农民工”“北漂族”“蚁族”等群体和社会问题。

北京市常住外来人口主要是从 2005 年之后迅速增长的，在 5 年时间内增加了 347.4 万人，占总人口的比例也由 23.2% 增长到

35.9%。2011 年，北京市外来人口继续增加到 742.2 万人，比 2010 年末增长了 37.5 万人。外来人口占北京市常住人口的比例已经达到 36.8%，这也决定了外来人口在北京市经济社会发展中的重要地位。

据研究，从地区生产总值贡献来看，外来就业人口的地区生产总值贡献率为 27% ～ 28% 之间；从劳动投入贡献率来看，北京市的劳动投入对经济增长的贡献率是 25.41%，其中 9.62% 是外来人口劳动投入对经济增长的贡献率，占全部劳动投入的 38%。

单位：万人

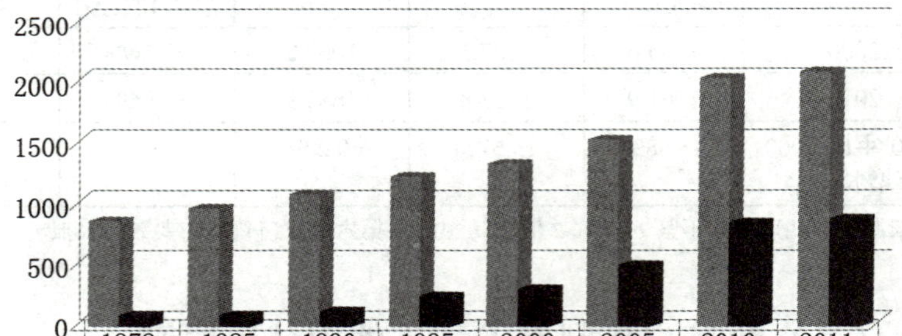

	1978	1985	1990	1995	2000	2005	2010	2011
■常住人口	871.5	981	1086	1251.1	1363.6	1538	1961.9	2018.6
■常住外来人口	21.8	23.1	53.8	180.8	256.1	357.3	704.7	742.2

资料来源：《北京统计年鉴 2011》《北京市 2010 年第六次人口普查主要数据公报》。

图 3-4 北京市常住外来人口情况

在当前城乡社会流动加快过程中，外来人口进入大中城市成为社会发展的趋势，2010 年外来流动人口占全国总人口的比例已经达到了近 20%，这使得城乡动态二元结构不断引发一些经济社会问题。

户籍制度上的限制并不能阻碍外来人口进入到城市中去，也不能减缓对城市资源的压力，如交通，高峰时间乘坐地铁、公交车的乘车人员大部分是流动就业群体。此外、水资源、医疗资源、交通资源等并没有因户籍制度的限制而减少压力。户籍限制的结果只是增加了流动人口的生活成本，使得北京市户籍人口与外来农业户籍、非农业户籍人群在生存权和发展权上遭遇众多人为设置的制度歧视和差距。其中最突出的现象是外来人口长期工作生活在北京，但却没有北京户籍，缺乏归属感和安全感，也缺乏公平感，由此造成的一系列社会问题不容忽视。

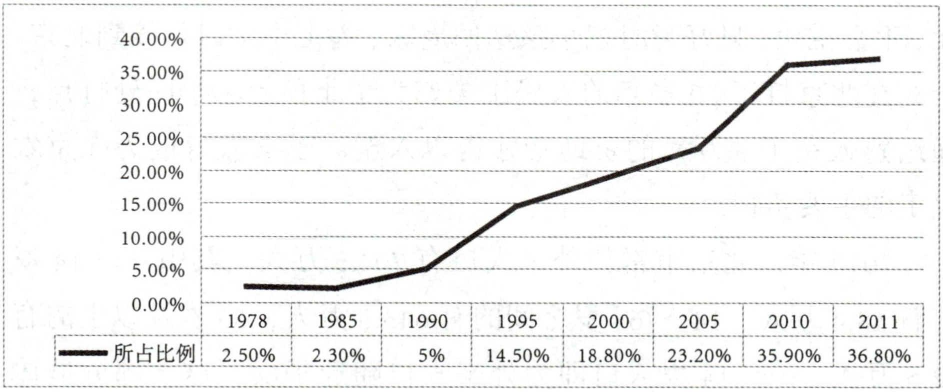

图 3-5　北京市常住外来人口比例情况

表 3-14　2010 年全国主要城市外来流动人口情况　　单位：万人

指标	总人口	流动人口 / 外来人口	流动人口 / 外来人口占总人口的比重
全国	13 397.248 52	26 138.6075	19.51%
北京	1961.2368	704.5	35.9%
上海	2301.9148	897.7	39.00%
天津	1293.8224	299.17	23.12%
深圳	1035.7938	784.76	75.76%
广州	1270.0800	476	37.48%

资料来源：《中国统计年鉴 2011》及各城市 2011 年统计年鉴。

1. 户籍限制对外来人口子女教育的影响

我们在一项针对农民工的调查中发现，有 65% 的农民工坚持留在北京的动机是“为了孩子教育”，他们认为，北京优质的教育资源有利于孩子的成长，特别是希望在北京接受教育能够通过高考转变身份，事实上，有许多农民工通过这样的途径已经把自己的子女送入了大学。

但是他们要付出比京籍户籍人口更高的成本。如一对来自河北围场县的夫妇，把 2 岁的孩子放在幼儿园，10 个月花费了 4 万元，不堪重负，只好暂时把小孩送回老家，等上小学时再接到北京。一对在北京打工 20 多年的农民工夫妇为了小孩上小学四处打点，通过熟人花了 3 万元的赞助费才得以入学。子女教育成为在京农民工的主要负担。

2010 年，北京市常住外来人口有 704.5 万人，其中 0 ～ 14 岁的有 48.4 万人，14 ～ 64 岁之间的有 643.5 万人，65 岁及以上的有 12.6 万人。0 ～ 14 岁人口即为外来人口随迁子女，这一部分群体主要面临的问题是幼儿入学和义务教育问题。14 ～ 64 岁人群即为外来人口的主体，主要面临的是继续教育、就业和住房等问题。

2010 年北京市第六次人口普查数据显示，流动儿童所占比例明显提高，外来学龄儿童数占全市学龄儿童的比例达到 28%，比 2000 年增长了 19.1 个百分点。1997 年北京市外来人口普查时，流动儿童在全部流动人口中所占比例仅为 6.7%，到 2000 年，流动儿童的比例上升到 9.2%，到 2006 年这一比例则大幅上升到 14.2%。与成年流动人口不同，流动儿童在卫生保健和教育等领域有更多的需求。

表 3-15　北京市外来流动儿童（6 ~ 14 岁）数量变化情况

单位：万人

指标	外来学龄儿童数	全市学龄儿童数	外来学龄儿童所占比例
2000 年	11.46	129.8	8.9%
2010 年	24.86	88.8	28%

资料来源：《北京市 2010 年第六次人口普查主要数据公报》。

单位：万人

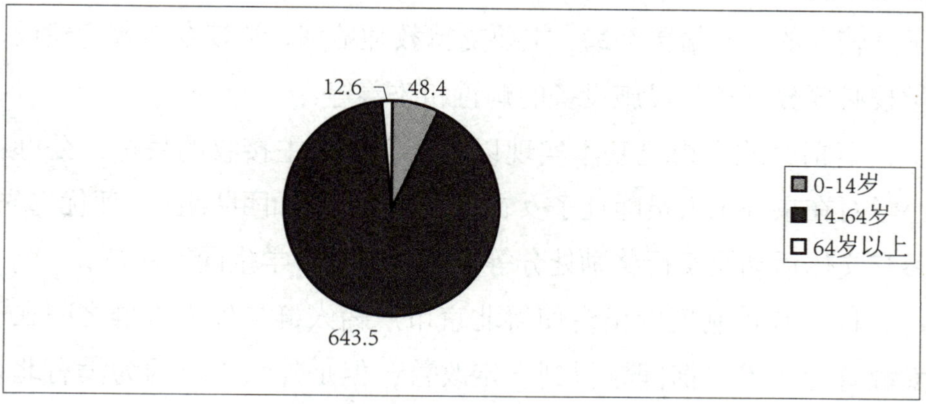

图 3-6　2010 年北京市外来人口的年龄结构

随着外来人口子女数量的增多，北京市政府在政策制度和财政投入上加大对外来人口子女接受义务教务的需求和保障。

2010 年 5 月 6 日，《北京市人民政府关于废止〈北京市中、小学学生学籍管理办法〉等五项规章的决定》出台，提出在免费和就近入学方面，非本市户口将与本市户口享受一样的待遇。另外还提出，9 类无本市正式户口的考生可参加本市中考，并有升学资格。同时，各区县教委公布 2010 年小升初政策，非京籍学生享受同城待遇，可享受派位、推优、特长生选拔等权利。

2010 年 10 月，《北京市中长期教育改革和发展规划纲要》提出以公办学校接收为主，完善来京务工人员随迁子女接受义务教育的保障体制。北京市教委正在实施来京务工人员子女接受义务教育的三年规划方案。

2011 年，北京采取了一系列措施，一是对在京务工人员随迁子女免借读费；二是按照实际在校在京务工人员随迁子女人数给予公用经费定额补助；三是按照每年每生 1000 元的标准，依据公办义务教育学校非本市户籍实际在校学生人数，对接收在京务工人员随迁子女较多的学校给予补助，主要支持教师培训、学校专用教室建设、学校必要教育教学设施设备的购置和改善等。

目前，北京市已基本实现以公办学校为主接收的目标，公办中小学对在京务工人员随迁子女在接受教育、参加团队组织、评优选先、参与文体活动及实行奖励处分等方面，与本市学生同等对待。

以上政策制度的出台使得北京市户籍人群与外来人群之间在子女教育上的不平衡问题得到一定改善，但是外来人口因为没有北京市户口，其在子女教育上仍有很多限制。外来户籍人口子女不能享有与户籍人口子女同等的教育权利，甚至基本的义务教育权益也得不到保障，产生了很多教育公平问题。

虽然在政策制度上说明非京籍户口在免费和就进入学方面享受同城待遇，监护人可携带暂住证、户口本以及户籍所在地开具的证明，才能办借读证。但借读费往往比较高，还需要监护人所需的劳动合同、三险等多种证明。这实际上增加了外来人口子女在北京入学的成本和门槛，外来人口子女在现实中仍然难以真正享受到与户籍人口同等的待遇和权益。

首先在幼儿教育方面，外地户籍幼儿在学前教育机会和质量上均远远落后于北京户籍幼儿。

2010 年，在北京的外省市借读生有 488 520 人，其中在幼儿园借读的有 67 667 人，成为北京市幼儿教育的重要主体。但在实际运行中，外地户籍幼儿与北京户籍幼儿在教育资源上存在很大差异，外地户籍幼儿在学前教育费用支出和学校师资力量上均与北京户籍幼儿存在很大差距。这一方面是受外来人口的经济条件限制，更重要的是受户籍身份的限制，外来人口因为只有暂住证而不能完全享受到北京市民的福利待遇，因此外地户籍人口子女享受教育的福利就远远落后于北京户籍人口子女。

单位：人

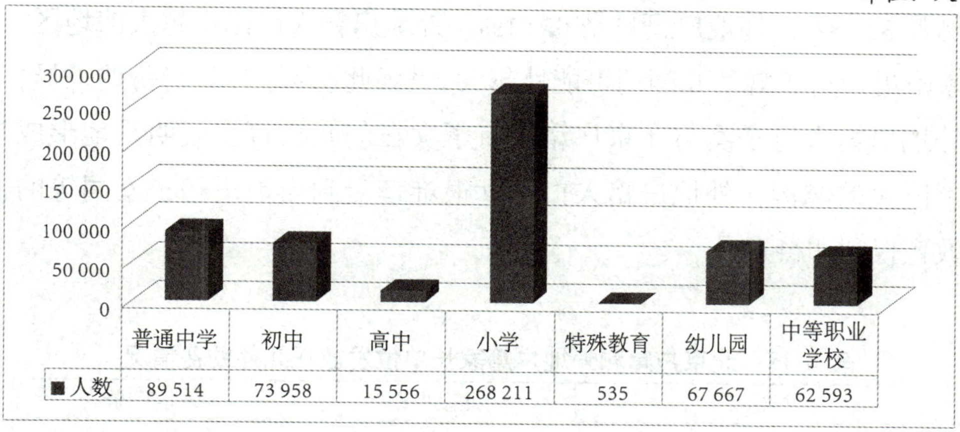

资料来源：《北京统计年鉴2011》。

图 3-7　2010 年北京外来人口子女借读情况

表 3-16　北京市不同户籍幼儿的学前教育资源差异

指标	外地户籍	北京户籍	总计
进入公办园比重（%）	0.25	0.72	0.49
所在班教师数（人）	2.68	3.62	3.01
玩具图书情况（平均得分）	3.15	3.68	3.45
学前教育年均支出（元）	9056	15 852	12 899
其中：保育费（元）	7292	11 456	9757
赞助费（元）	491	2454	1601
兴趣班费（元）	349	1116	783
伙食费（元）	1032	1660	1383
样本量（个）	375	488	863

资料来源：田志磊、张雪、袁连生《北京市不同户籍幼儿学前教育资源差异研究》，载《中国人民大学教育学刊》，2011 年第 3 期。

由上表得知，外地户籍幼儿进入公办幼儿园的比例是 0.25，仅仅是北京户籍幼儿进入公办幼儿园的 1/3，因此很多外地户籍幼儿就只能到民办幼儿园就读。然而，民办幼儿园收费标准远远高于公办幼儿园，而且还没有政府的各种补贴。当前，北京民办幼儿园平均收费标准为每月 1500—3500 元，有的幼儿园收费则更高。

另外，外地户籍和北京户籍在家长单位发放托儿补助费上也有差别。而且，北京户籍孩子家庭附近 2 公里之内有正规幼儿园的比例是 84.28%，外地户籍只是 67.81%。外地户籍人口比重越大的地区，家附近没有正规幼儿园的可能性越大。[1] 因此，基于户籍身份的差异，外地户籍人口子女与北京户籍人口子女在幼儿教育上就明显地形成了巨大的鸿沟，外地户籍人口子女很难享受到当地户籍子女同等的教育权利和待遇。

表 3-17　北京户籍和外地户籍家长单位发放托儿补助费情况

指标	北京户籍	外地户籍
发放托儿补助费比重	19.28%	1.07%
平均托儿补助费	47	6

资料来源：田志磊、张雪、袁连生《北京市不同户籍幼儿学前教育资源差异研究》，载《中国人民大学教育学刊》，2011 年第 3 期。

其次在义务教育方面，外地户籍人口子女很难享受到与本地户籍人口子女同等的教育机会和教育权利。

2010 年，我国进城务工人员随迁子女在流入地小学和初中就学的人数已达 997.1 万。北京义务教育阶段的随迁子女在 2011 年约为 47.7 万人，达到历史新高，而且非户籍义务教育阶段适龄儿童数量

[1]　田志磊《北京市不同户籍幼儿学前教育资源差异研究》，载《中国人民大学教育学刊》2011 年第 3 期。

已经超过了本市户籍学生。在这种情况下，《北京市人民政府关于废止〈北京市中、小学学生学籍管理办法〉等五项规章的决定》有其必然性，但由于受北京市教育资源总量的限制，北京市很难在短时间内接纳如此众多的外来户籍人口子女，从而造成了外地户籍子女无学可读或者提前辍学的现象发生。

在外来子女入学年龄结构上，北京市流动人口子女人数在各个年级形成梯形分布，即年级越低，人数越多，年级越高，人数越少。因此，外来人口子女在接受教育方面面对的最大问题就是最基本的义务教育。2011 年，北京市普通小学招生 13.3 万人，而外来人口子女在北京市小学借读的人数有 268 211 人，这说明有很多外来人口子女并不能列入北京市普通小学招生指标中，而只能到民办学校和打工子弟学校就读。

表 3-18　北京外来子女年龄分布情况

年龄	6 岁	7 ～ 10 岁	11 ～ 14 岁
人数	3.7 万	3.1 万（每一岁人数）	1.9 ～ 2.5 万（每一岁人数）
比例	14.9%	12.5（每一岁占的比例）	

资料来源：《北京市 2010 年第六次人口普查主要数据公报》。

在外来人口子女就读学校结构方面，2005 年，在公办中小学接受义务教育的人数有 21.7 万人（其中小学 17.5 万人，初中 4.2 万人），占流动人口子女总数的 63%。2011 年，已有 33.9 万人进入公办学校就读，占总数的 70%。虽然在公办学校就读的外来人口子女数不断增多，但仍然有 30% 的外来人口子女不能进入到公办学校。2005 年，外来人口子女在民办学校就读的人数有 2.9 万人，在打工子弟学校就读的人有 9.87 万人。2010 年在民办学校就读的人数增加到 3.5 万，在打工子弟学校就读的人数增加到 10.3 万人，仍然有 13.6 万人不能进入公办学校就读。

表 3-19 北京外来人口子女就读学校结构

指标	2005 年	2005 年所占比例	2010 年	2010 年所占比例
公办学校	21.7 万	63%	29.6 万	68%
民办学校	2.9 万	8.4%	3.5 万	8%
打工子弟学校	9.87 万	28.6%	10.3 万	24%
合计	34.47 万	100%	43.4 万	100%

资料来源：根据《北京统计年鉴 2011》整理。

单位：人

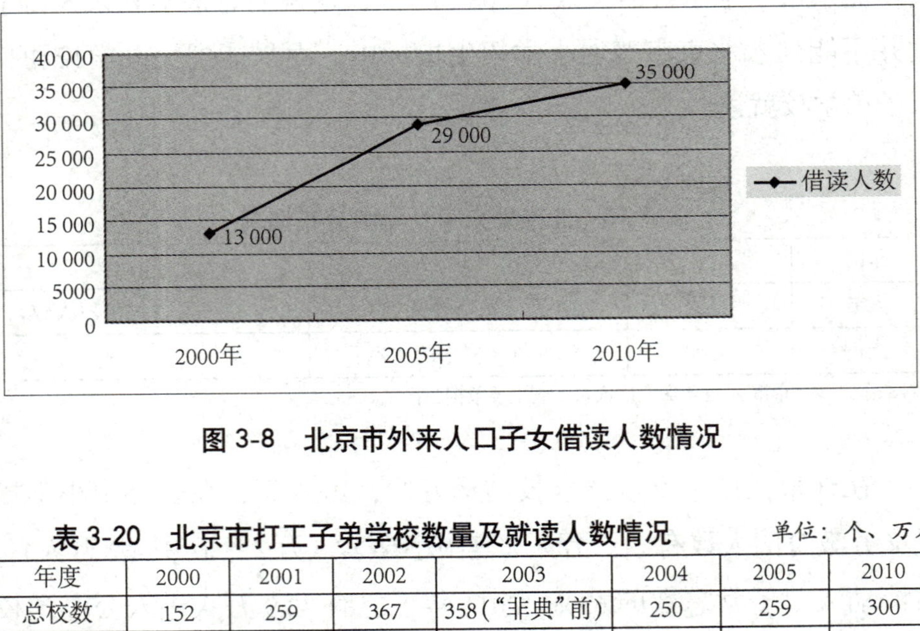

图 3-8 北京市外来人口子女借读人数情况

表 3-20 北京市打工子弟学校数量及就读人数情况 单位：个、万人

年度	2000	2001	2002	2003	2004	2005	2010
总校数	152	259	367	358（“非典”前）	250	259	300
就读人数	2.1	3.1	8.8	5.6	8.4	9.87	10.3

资料来源：根据《北京统计年鉴》等相关资料整理。

民办中小学和打工子弟学校都是外来人口子女就读的重要选择。据统计，截止到 2007 年，北京市有打工子弟学校 300 多家，但获得办学许可证的仅 58 家，因为资金不宽裕，打工子弟学校往往多分散在流动人口聚居的城市近郊区。硬件设施和师资力量都比较差。绝大部分打工子弟学校开办条件简单，没有规范的财务制度，场地拥挤、灯光昏暗，安全及教学质量不能保证。

对于外来人口子女来说，在公办学校和民办学校就读会面临入校手续繁杂，借读费等费用多、政府投入经费不足等难题；在打工子弟学校就学的会面临办学条件差、师资力量差、政府支持少等难题。

再次，户籍制度对教育的影响还体现在小学入初中、中考、高考等户籍限制上。

在接受教育方面，现行的户籍制度规定了个人只能在自己的常住户口所在地接受教育，如果跨越户口所在地就读，则必须缴纳相应的借读费，而且还必须经过批准或找关系才可能进入借读学校就读。还有，非北京户口的学生在学校的选择上受到限制，升学推优方面受到歧视，高考资格上不被认同。例如有资格在北京参加高考和按照北京录取线被录取的是户籍在北京的非农业和农业户籍人口。外地人即使在北京工作生活多年，其子女也无法在北京参加高考。

正是这种户籍限制导致的外来人口子女与当地户籍人口所占有的教育机会、教育经费、补贴等教育权利的不均衡，进一步加剧了流动人口落户北京的强烈动机，进而加大北京人口控制的压力。

2. 户籍制度对外来人口居住成本的影响

在住房方面，外来人口受北京市户籍制度影响的主要有在京农民工群体和留京的高校毕业生群体。这两个群体因为没有北京市户籍，从而不能纳入到北京市城镇住房保障体系中去。北京市城镇住房制度包括市场化的商品房制度以及保障性的经济适用房、廉租房、公租房制度等。高收入和中高收入人群可以通过市场解决住房问题，中低收入、低收入人群和贫困人群借助住房保障体系解决住房问题。城镇住房保障体系目前主要覆盖拥有北京市非农业户籍的城镇居民。北京市农业户籍的农民工和非本市户籍的外来人员，基本上没有被纳入到政府保障性住房体系之中，因此 90% 的家庭要在城市里租用住房。

2009 年，流动人口在京居住半年以上的有 726.4 万人，占流动人口总数的 95.1%；居住时间超过五年的有 123.2 万人，占 16.1%；举家迁移的比例逐年提高，达到 41.2%。因此，外来人口大部分都是在北京长期居住，应该享受到跟当地人同等的福利待遇。但在现实当中，外来人口的住房保障长期没有纳入政府的公共政策之中。2012 年，北京市有关部门开始允许农民工申请公共租赁房。这是一个重大的政策转变。

从流动人口的人均居住面积来看，流动人口居住面积较低，人均居住面积为 5.6 平方米，这远远低于北京市人均住宅使用面积 19.5 平方米。而且，外来流动人口大多是租住在农民原建房屋和专门搭建的待租房中，还有占 17.1% 的人居住在地下空间、工作场所、工棚和自己搭建的窝棚中，不仅居住面积狭窄，而且居住环境较差。很多农民工的住所内没有卫生间、厨房等生活设施，还面临着污水、噪音污染等问题。

表 3-21　北京市不同人群平均居住面积

人群	农民工	非农业流动人口	北京户籍人口
人均居住面积	9 m^2	15 m^2	19.5 m^2

资料来源：2005 年北京市 1% 人口抽样调查数据。

表 3-22　北京市流动人口居住房屋的类型构成（2006 年）

居住类型	所占比例（%）
一般楼房	10.8
农民原建房	49.6
农民专门搭建的待租房	14.5
居 / 村委会统一建造的出租房	6.8
废旧厂房、市场改造	1.2
地下空间	5.6
工作场所	2.3
工棚	7.1
自己搭建的窝棚	2.1
合计	100

资料来源：翟振武、段成荣、毕秋玲《北京市流动人口的最新状况与分析》，载《人口研究》，2007 年第 2 期。

单位：万人

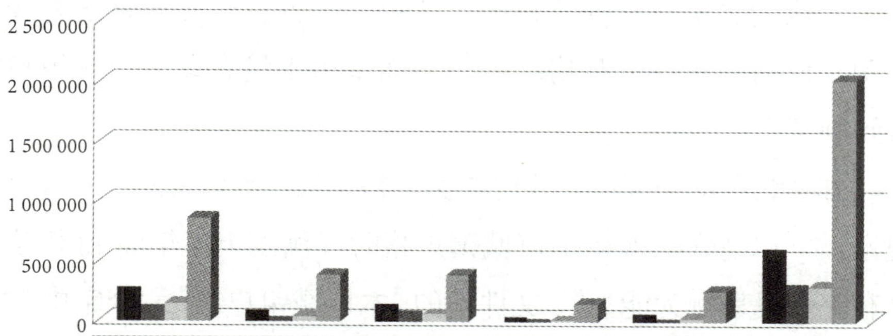

	朝阳区	海淀区	丰台区	大兴区	昌平区	总计
■户籍人口	279 854	88 778	150 506	32 512	60 230	611 880
■农业人口	132 155	43 299	89 661	25 220	31 569	321 904
■非农业人口	147 699	45 479	60 845	7292	28 661	289 976
■流动人口	854 550	391 943	390 242	146 599	250 285	2 033 619

资料来源：北京市委研究室城市处、北京社会心理研究所《北京市规划中心城范围内城乡结合部现状调查》，2009 年 11 月。

图 3-9　北京市各规划中心城范围内城乡结合部的人口情况

就外来人口的居住地而言，北京市60%以上的外来流动人口聚居在城乡结合部地区。据调查，截至2009年9月底，北京市规划中心城范围内城乡结合部共有户籍人口611 880人，流动人口2 033 619人，流动人口是当地户籍人口的3.3倍以上。外来流动人口的居住问题基本没有被纳入到城镇住房保障范围内，实际上属于城镇住房保障体系的体制外人群。

由表3-9可以看出，流动人口已经成为北京市规划中心城范围内的多数人口。其中朝阳区外来流动人口最多，达到85万之多；海淀区和丰台区的流动人口也都有近40万人。

北京市户籍制度同样对留京的高校毕业生产生了很大影响。在房屋居住方面，北京市近年来出现了很多“蚁族”“蜗居”群体，这些群体里不仅有外来务工人员，更有刚刚毕业踏入社会的大学毕业生。他们之所以成为“蚁族”“蜗居”者，一方面是没有经济条件购买价格昂贵的商品房；另一方面是由于没有北京市城镇户籍而受到制度上的限制。

如《北京市经济适用住房购买资格申请、审核及配售管理办法》规定：“申请人须取得本市城镇户籍时间满3年，年满18周岁，且具有完全民事行为能力”。文件中的“本市城镇户籍”六个字中“本市”体现了户籍的地区差别，“城镇”体现了城乡差别。对在北京刚毕业的外地籍大学生来说，高昂的生活支出和缺乏收入来源间的矛盾，尤其以住房问题最为突出，居高不下的房价直接关系到毕业生的婚育生活，成为当下突出的社会矛盾。

“国十条”“京十五条”的出台更是加大了外来人口购房的难度。“京十五条”细则中规定，北京户籍居民限购一套住房，非北京户籍居民购房必须提供暂住证和连续5年的缴纳社会保险或个人所得税证明，这显然为“北漂”一族定居北京设下了一道“户籍”障碍。

与此相关的还有外地户籍人口在北京购车上的限制。2010 年 12 月 23 日，北京市为治理交通拥堵采取了“摇号购车”政策，其中规定大陆非京籍人员只有持有“北京市工作居住证”及“持本市暂住证明且连续五年以上在本市缴纳社会保险和个人所得税的人员”才有资格参加摇号，用摇号的方式获取车牌，每年总额 24 万辆，每个月 2 万辆。这虽然是为了缓解北京市交通拥堵的压力，但也明显限制了非京籍人口购买汽车的权利。

因此，北京市外来人口的居住问题主要体现在：一是外来流动人口基本没有身份资格申请城镇各类保障性住房；二是外来流动人口基本没有经济能力购买商品房；三是外来流动人口一半租住城乡结合部农民的住房，其居住环境和安全面临诸多隐患；四是城乡结合部改造没有充分考虑外来流动人口的居住权益。

3. 户籍制度对外来人口就业造成的影响

北京作为全国的政治、经济、文化中心，以其发达的经济发展水平和众多就业机会，不断吸引外来人口进入北京。但外来人口在进入北京后并不能享受到与北京户籍人口同等的就业机会和政策照顾。在劳动就业方面，公务员招考、事业单位招聘、国营企业招工等，本地户口都可以优先。而且，在北京、上海等特大城市，目前都制定有一套保护城市居民就业、限制流动人口就业的部门规定。这些问题的根本仍然在于城乡二元的户籍制度使然。

根据北京市人力资源和社会保障局 2011 年来京人员就业状况抽样调查数据，外地来京人员仍然以来京工作为目的。以来京工作为目的的人员占所有来京人员的 75.21%。来京人员的工作大多集中在制造业、批发零售业、建筑业、住宿餐饮业和居民服务和其他服务业等行业，大约占所有来京人员的 75%。

户籍制度的存在增加了外来人口在工作选择上的门槛，外来人口大都从事城市中最脏、最累和最重的工作，而且工资水平比较低，基本没有福利待遇。

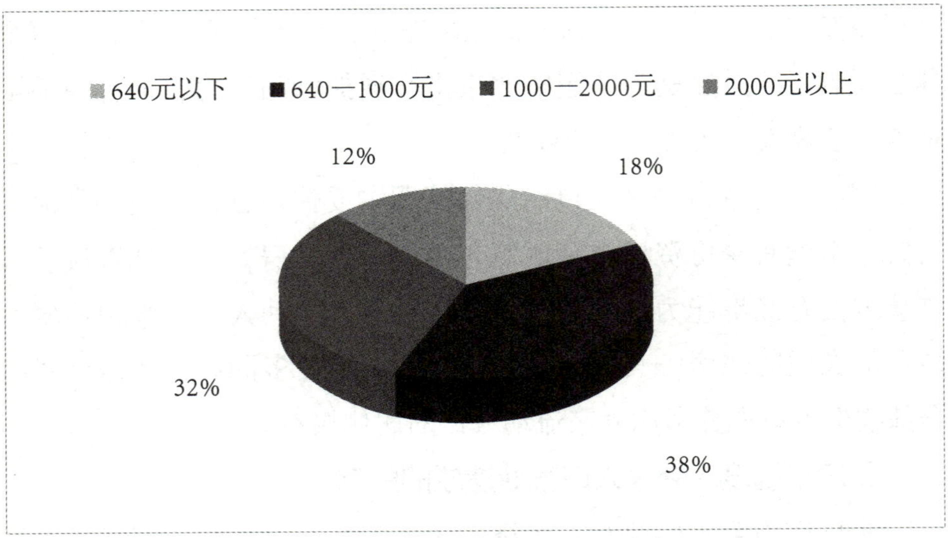

资料来源：姜向群《北京市流动人口社会保障状况及其影响因素分析》，载《北京社会科学》2008 年第 3 期

图 3-10 北京市流动人口工资情况

户籍制度对高校毕业生和外地非农业户籍人口的就业同样造成了影响。相对于外来农民工群体的就业选择，这部分人群更倾向于选择能够提供北京户口的工作，因为只有具备了北京户口，以后才能在孩子教育、住房、社保等方面享受到与北京户籍人口同等的待遇。但近几年来，北京市为了控制人口规模而不断压缩户籍指标，从而对高校毕业生和外地非农业户籍人口落户北京形成了障碍。

获取北京市户口的方式大致可以分为三种：一是如果考取了公务员、国家公务员或北京公务员资格，具有资格之后可到北京市公务员所属系列的单位去求职，这个指标是单列的，所谓指标单列就是指的不要北京指标，就可以留在北京；二是到远郊区县去就业，这也是单列指标；三是参军、在北京市进行教育工作或到高科技园区。

因此，进京指标大多分配给国企和行政事业单位，其次是高科技单位。最需要人才的非公经济，如民企和私企却几乎没有进京指标，所以存在着指标分配不均衡的状况，进而也影响到高校毕业生和外地非农业户籍人口的就业选择。

但是这样的指标限制并没有缓解北京高校毕业生和外地高校毕业生涌入北京，其中主要原因是“北京就业机会多”，大量的毕业生聚集在民企或在北京“创业”，形成了大量的“中介机构”“服务机构”，这些机构并不创造价值，但却消耗资源和资金，增加了诸多不必要的中间环节。如大量的咨询公司、规划公司，与国家项目申报结合在一起，只有通过这些公司进行规划、论证、申报才能得到某些项目，中介组织从中得到好处，专家政府投资成本，项目实施还需要重新规划。这样就在北京形成了一个消耗资源，但难以创造价值的就业群体。

（四）户籍制度对外来人口社会保障的影响

2004 年，北京市劳动与社会保障局出台《北京市外地农民工参加工伤保险暂行办法》和《北京市外地农民工参加基本医疗保险暂行办法》（京劳社办发〔2004〕101 号），对农民工参加基本医疗保险和工伤保险做出了具体规定，如外地农民工参加北京市基本医疗保险，由用人单位缴纳基本医疗保险费，外地农民工个人不缴费。其中，用人单位以上一年本市职工月平均工资的60%为基数、按2%的比例按月缴纳基本医疗保险费，其中1.8%划入基本医疗保险统筹基金，0.2%划入大额医疗互助资金。

按本办法缴费，外地农民工不建立个人账户，不计缴费年限，缴费当期享受相关待遇。本办法详细规定了单位的缴费比例、基本医疗保险统筹基金和大额医疗互助资金的支付范围、用人单位未按规定给外地农民工办理基本医疗保险所要承担的责任等。

1999年5月17日，北京市颁布了99号文件《农民合同制职工参加北京市养老、失业保险暂行办法》。至此，北京有了农民工参加养老、失业保险的政策。起初，农民工养老保险的缴费率和城镇职工一样，为社会平均工资的6%，2003年调到8%，缴费的基数比较低。

2001年北京市劳动保险局又发布了125号文件《北京市农民工养老保险暂行办法》。在养老保险待遇方面，对于农民工的一次性养老金保险待遇，农民工则可以全部拿走，即统筹部分的资金也给了农民工。

北京市在外来人口的社会保障方面已经做出了很多努力，包括外来人口的养老保险、医疗保险、工伤保险和失业保险等。但在实际运行过程中，很多没有劳动关系的农民工则被排除在社会保险范围之外，而且社会保险政策的保障层次单一，没有考虑到不同农民工的承受层次，15年的缴费期往往约束了外来流动人口参保的积极性，这些都导致了外来流动人口参加各类社会保险的比例不高。据调查，84.5%的流动劳动力没有参加过任何形式的社会保险，参加失业保险、基本养老保险和基本医疗保险的流动劳动力分别只占2.2%，

5.7% 和 8.5%。[1]

2011 年 7 月 1 日，我国《社会保险法》开始实施，北京市人力资源和社会保障局随即出台了《关于落实社会保险法有关问题的通知》（京人社发〔2011〕196 号），在生育保险、养老保险和医疗保险方面放宽了外来人口参保的政策。规定生育保险的参保范围是用人单位的职工，不与户籍挂钩，因此北京市的生育保险将覆盖到非京籍人员。

在医疗保险方面，农民工医保标准将和城镇职工统一。此前按照社会平均工资 60% 的 1% 缴纳医保费的农民工，其缴费比例统一调整为 12%，与城镇职工缴费标准一致。即由用人单位和个人共同缴纳，其中用人单位按 10% 的比例缴纳，个人按照 2% 的比例和每人每月 3 元缴纳。参加职工医保的农民工也按照职工医保建立个人账户、享受医疗待遇、计算缴费年限。只要是在北京市行政区域内用人单位建立劳动关系的北京本地以及外地农民工，都将按照城镇职工标准参保缴费，享受北京市职工基本医疗保险待遇。

在养老保险方面，农民工的缴费标准和享受待遇与北京市城镇职工一样，缴费年限满 15 年可以按月领取养老金，领取金额取决于养老保险缴纳费用的多少和缴纳年限的长短。

另外，北京市人保局还对养老保险和医疗保险的参保范围进一步给予明确，无雇工的个体工商户、未在用人单位参加养老保险的非全日制从业人员、其他灵活就业人员均可参加养老保险和医疗保险。

2012 年 3 月 20 日，北京市人力社保局发布《关于本市职工基本医疗保险有关问题的通知》（京人社发〔2012〕48 号），规定凡与用

---

[1]　翟振武、段成荣、毕秋玲《北京市流动人口的基本特征》，载《红旗文稿》2007 年第 12 期。

人单位建立劳动关系的农民工，将从4月1日起，和职工一样享有职工医疗保险。纳入职工医保后缴费标准和城镇职工相同，将和城镇职工享受相同的医疗待遇。

农民工纳入城镇职工医保后，相关待遇标准将和城镇职工实现“四统一”。一是统一缴费办法：按市职工医疗保险缴费标准，用人单位按全部职工缴费工资基数之和的10%缴纳，个人按本人上一年月平均工资的2%和每人每月3元缴纳；二是统一建立个人账户：按照职工医疗保险规定，划入个人账户并计算缴费年限；三是统一医保待遇：定点医疗机构的选择和医保待遇标准与城镇职工相同；农民工将与城镇职工一样，可选择4家定点医疗机构就医。四是统一持卡就医：农民工参保后可领到社保卡，实现持卡就医，实时结算。

北京市农民工医保政策调整后，直接和城镇职工医保统一，意味着农民工不仅可以享有大病医保，也可享受门诊报销。同时职工医保会为其办理个人账户，用于缴费积累，并计算缴费年限，在异地就业时，可按相关政策将医保关系转移接续。这也意味着农民工退休后的医保待遇也纳入了保障范围。

《社会保险法》的实施在一定程度上超越了北京市户籍制度对外来人口在社会保障层面的限制，向建立城乡统一的社会保障制度迈出了更大一步。但是外来人口能够与北京户籍人口同等参加社会保险的前提是外来人口有固定的工作单位，并与用人单位签订劳动合同、确立劳动关系，而在现实中，农民工雇员未签订任何劳动合同的比例高达67.2%[1]。所以说，虽然政策上已经为外来流动人口参加社会保障提供了制度平台，但将外来人口统一纳入到城镇社会保

[1] 翟振武、段成荣、毕秋玲《北京市流动人口的基本特征》，载《红旗文稿》2007年第12期。

障系统中去仍然有许多具体问题需要解决。

（五）户籍限制导致男女性别比例失调

据中国 2010 年人口普查统计，北京现在 28 岁以上未婚女性总数高达 50 万。有媒体称北京“剩女”超过 100 万。为何在北京、上海等大城市出现“剩女”问题？其中户籍限制是一个重要原因。

在户籍限制下，涌入大城市的男女青年试图通过婚姻关系留在城市，其中通过婚姻关系获得户籍（或子女户籍）就成为青年男女的重要选择。在这样的选择中，女性流动人口比男性更占有优势。一些优秀女性可以降低要求，嫁给具有北京户籍的、学历相对较低的男性，从而获得在北京的居住、就业、子女就学等福利。

受传统观念和现实政策的影响，一般北京户籍的女性不愿选择没有北京户籍的男性结婚，结果导致北京本地女性成为所谓“剩女”，在女性的婚姻竞争中，北京户籍的女性失去了竞争优势，而且越是家庭条件好，受教育程度高的女性，越不愿意降低择偶条件，成为“剩女”的机率也就越大。“剩女”现象从一个侧面反映了户籍限制所导致的性别比例的失调。相关研究表明，所有大城市均出现了性别结构选择性失调问题，北京则更为突出。

北京市户籍因为集合了地域空间、身份地位和社会资源获取等多种因素，其具有的价值远远高于其他中小城市，并且在很大程度上影响着人们的婚姻决策，特别是北京户籍女性的婚姻选择。据调查，北京女性与外地男性婚配的比例为 12.7%，远低于北京男性与外地女性婚配 32.8% 的比例。[1] 正是因为出于对北京市户籍的考虑，很多北

[1]　高颖、张秀兰《北京市近年婚配状况的特征及分析》，载《中国人口科学》2011 年第 6 期。

京户籍女性在择偶方面就更倾向于选择具有北京户籍的男性，但由于婚姻梯度的影响，北京户籍女性在婚配中就受到更大的挤压。

三、推进北京市户籍制度改革的思考和政策建议

20 世纪 90 年代以来，北京市开始推行一些户籍制度改革政策，特别是逐步放开了人才进京的户口限制，但相对于广州、上海、重庆、成都等其他大城市来说，北京户籍制度改革力度不大，至今仍然没有实行居住证制度，没有取消户口分类，户口准入限制依旧存在且严格。对农民工等外来流动人口的户籍制度改革基本上没有突破。北京市从 1986 年开始实施流动人口暂住证制度，至今未能像广东、浙江、上海等地改为居住证制度。

近年来，北京市因人口压力不断增大，开始强化“以业控人”“以房管人”“以水控人”，进一步严格户籍准入政策和指标调控。这些户籍限制政策与北京市统筹城乡发展、实现城乡一体化的长远目标是不相适应的。一方面，难以阻止城市人口的膨胀，高校毕业生千方百计留在北京，流动人口涌入北京的动力也十分强劲；另一方面，户籍限制使流动人口无法取得合法的“市民”身份，难以获得与城市居民平等的发展机会及社会地位，缺少城市认同感，难以与城市居民在文化观念、思想意识上融为一体。

（一）北京市户籍制度改革面临的主要障碍

改革以来，北京市户籍制度改革并没有实质性突破，也没有达到控制人口规模的预期效果，主要原因在于北京市户籍管理制度存在着一些深层次的矛盾和障碍。

1. 户籍制度改革的观念障碍

在我国，户籍制度存在因城市规模大中小而存在不同的改革制度。即中小城市的户籍改革环境相对宽松，没有太多的制度限制，如小城镇户口政策，国务院办公厅 2012 年 2 月公布的《关于积极稳妥推进户籍管理制度改革的通知》，允许来自农村的务工人员获得中小城市的户口政策等。而大城市和特大城市的户籍改革相对困难，主要是认为大城市和特大城市已经过于拥挤，城市承载力有限，因而户籍改革难以推进。在这种观念影响下，像北京这种特大城市的户籍制度改革就显得更加困难。

事实上,人口流动的规律是由资源配置的优劣来决定的,在中国，资源配置过于向城市、大城市集中，城市越大，各类资源配置越优越，对流动人口的吸引力也就越大。不改变资源配置而一味地靠户籍限制人口是难以达到预期效果的。事实上，在北京的常住人口中，有的已经买了房子，有的买了车子，有的已经结婚生子，他们享受着北京提供的部分公共服务，只是没有户籍而已。这种户籍限制已经没有多大的实际意义。

2. 户籍制度改革的视野障碍

北京市在人口管理和人口规模控制上长期局限在北京市行政空间区域内，缺乏在更大的范围内缓解城市压力的视野。一方面，北京市没有在本市行政区域内统筹人口布局，未能有效构建城市多中心发展格局。另一方面,北京没有有效利用和发展首都圈的特殊作用,以北京为核心的环首都圈发展滞后。

北京市在城市规划发展中也曾试图通过在本市行政区域内发展卫星城、中心镇来改变人口布局，也曾就京津冀城市群发展做出过种种协调和努力,但始终没有改变围绕北京中心城区形成的“单中心”

格局，首都圈的发展效果没有充分体现出来。

北京“单中心”的城市发展格局，使过多的公共资源集中在中心城区，基本公共服务资源配置不合理，人口不能有效向城市郊区以及首都圈范围内分流和疏解，导致北京城市核心区、城市功能拓展区、城市发展新区和生态涵养区人口分布严重不均衡，首都圈发展滞后，造成城市核心区的人口过度集中，城市交通严重拥堵，“大城市病”暴发，人口、资源、环境压力巨大，反过来又促使人们加强人口控制和户籍管理。

3. 户籍制度改革的思路障碍

在全国各地适应经济和社会发展需要开展户籍改革的潮流中，北京市的户籍改革始终没有突破性的进展。现有的户籍改革思路仍然受到传统的严格控制人口流动思维的严重制约。

在对外来人口问题上，北京市主要通过行政手段控制外来人口增长，对外来流动人口还主要侧重于治安管理，而不是侧重于提供公共服务、促进农民工等外来人口市民化。这种人口管理方法实质上是以“堵”为主，试图通过抬高户籍门槛阻止人口规模的膨胀。在对本市农业人口问题上，北京市主要采取传统的“农转非”政策，特别是在征地过程中，加大了失地农民的“农转非”工作力度，促使部分农业人口转为非农业人口。

（二）北京市户籍制度改革的必要性

长期以来，北京实行最严格的户籍管理制度。这种状况到了必须改革的时候。改革户籍制度，既是时代发展的需要，也是北京自身发展的需要。

1. 户籍制度改革是城乡一体化的需要

城乡二元结构是我国经济社会发展最基本的体制矛盾，破除城乡二元结构，加快形成城乡经济社会发展一体化新格局，是我国当前和今后一段时期改革发展的战略任务。北京与全国各大城市一样，都存在着双重二元结构，即传统的以农业人口与非农业人口划分为基础建立的静态二元结构和改革以来以城市本地户籍和外来流动人口划分为基础建立的动态二元结构。双重二元结构交织在一起，共同构成了城市化和城乡一体化面临的重大体制障碍。[1]

2012 年 9 月 25 日，李克强副总理在全国资源型城市与独立工矿区可持续发展及棚户区改造工作座谈会上强调“破解城市内部二元结构难题，走新型城镇化道路”。2008 年，北京市明确提出率先形成城乡经济社会发展一体化新格局。城乡一体化的基本要求是破除城乡二元体制，户籍制度是城乡二元体制的基础性制度，必须进行改革。北京如果不改革城乡二元户籍制度，就不可能真正形成城乡一体化新格局。

2. 户籍制度改革是建设世界城市的需要

2009 年，北京市提出建设世界城市的战略目标。2012 年 6 月，北京市第十一次党代会明确将建设中国特色世界城市作为奋斗目标。

建设中国特色世界城市，是《北京城市总体规划》的战略部署，是新世纪中央对北京工作的要求，也是首都人民的新期盼。北京建设世界城市，归根到底是为人民谋福祉，一切为了人民，一切依靠人民，一切发展成果由人民共享。北京要敞开胸怀面向世界、包容世界，首先就要敞开胸怀面向全国、包容全国，做不到这一点，就

[1]　参见张英洪《城乡一体化的根本：破除双重二元结构》，载《调研世界》2010 年第 12 期。

不可能建成真正的世界城市。

现行的户籍制度将一个城市里所有居民划分农业户口、非农民户籍以及本市户籍和非本市户籍，并以此为依据配置公共服务，这与建设中国特色世界城市的目标不相适应。建设城乡一体化的户籍登记制度，使全体市民拥有平等的户籍身份，是北京建设世界城市的内在需要，也是“爱国、创新、包容、厚德”的北京精神的体现。

3. 户籍制度改革是社会公平正义的需要

公平正义是社会主义的本质特征，是社会和谐的基本要求。城乡二元户籍制度的本质是将公民按户籍划分不同的身份，不同的户籍身份享受不同的权利，从制度上造成了人与人之间的不平等。传统的户籍制度是在计划经济体制下建立的，虽然在加强人口管理和控制等方面也发挥了重要的作用，但从根本上说城乡二元户籍制度违背了社会公平与正义原则。

正如罗尔斯（John Rawls，1921—2002）指出的那样：“正义是社会制度的首要价值，正像真理是思想体系的首要价值一样。一种理论，无论它多么精致和简洁，只要它不真实，就必须加以拒绝或修正；同样，某些法律和制度，不管它们如何有效率和有条理，只要它们不正义，就必须加以改造或废除。每个人都拥有一种基于正义的不可侵犯性，这种不可侵犯性即使以社会整体利益之名也不能逾越。因此，正义否认为了一些人分享更大利益而剥夺另一些人的自由是正当的，不承认许多人享受的较大利益能绰绰有余地补偿强加于少数人的牺牲。”[1]

---

[1] ［美］约翰 · 罗尔斯著《正义论》，何怀宏、何包钢、廖申白译，中国社会科学出版社 1988 年版，第 3—4 页。

改革户籍制度，确保公民的身份平等与权利平等，是实现社会的公平正义的必然要求，是坚持依法治国基本方略、建设社会主义法治国家的必然需要，也是新时期贯彻科学发展观的必然要求。首都北京作为全国的首善之区，更加需要在促进社会公平正义上走在全国前列，更加需要在建设社会主义法治国家实践中做出示范，因而更加需要在户籍制度改革上迈出新步伐。

4. 户籍制度改革是北京自身发展的需要

在计划经济体制环境中，一般的观念倾向于在严格户籍控制的前提下促进北京的发展。事实上，控制户籍对北京的发展弊大于利。纵观北京几十年的发展，恰恰是人口的迅速增长与北京的经济发展成正比。从横向上看，几乎所有人口规模较大的城市的经济发展实力也最强，比如上海、广州、深圳等特大城市莫不如此。

况且，新的发展不仅是经济的发展，也是政治、社会、文化、生态和人的全面发展。北京要建设世界城市，做大做强经济实力，没有足够人口支撑和人力资源保障是不可能实现的。北京的人口老龄化严重，正是大量外来人口的流入，缓解了北京城市人口老龄化带来的严重挑战。源源不断的外来人口的流入，为北京的创业和创新精神注入了新的活力。北京要坚持按照首善之区的高标准要求，也必须在政治建设、社会建设等方面有新的突破和建树，在建设物质文明的基础上，建设政治文明、精神文明、社会文明和生态文明，以保障每个人的自由、尊严和幸福。这些都需要深入推进户籍制度改革。

（三）推进北京市户籍制度改革的政策建议

在我国市场化、工业化、城镇化、国际化和城乡一体化深入发展的新阶段，北京的户籍制度不是要不要改革的问题，而是如何进行改革的问题。我们对如何推进北京的户籍制度改革，提出如下政策建议。

1. 将户籍制度改革提上公共政策议程，统筹制定户籍制度改革方案

北京市的户籍制度改革尚未引起足够重视。近些年来，全国各地的户籍制度改革快速推进，而北京的户籍制度改革明显滞后，至今没有统筹改革户籍制度的周密计划。当前，北京在户籍制度改革上，对本市户籍农业人口，主要推行“农转非”政策，对征地后的失地农民实行“逢征必转”政策，等等；在对外来人口户籍改革上，北京提出实行居住证制度。这些户籍政策没有跳出城乡二元结构的框架。

2011 年通过的《北京市国民经济和社会发展第十二个五年规划纲要》没有将户籍制度改革作为一项重要任务进行规划，而是强调“把控制人口无序过快增长作为经济发展的重要原则”。《纲要》提出：“坚持控制总量、优化结构，在严格执行准入政策同时，实行户籍指标调控。”“合理配置进京户籍指标，优先解决好符合首都发展需要的专业管理和技术人才的落户需求。”“实施居住证制度”，“实行人口总量调控的属地责任，落实区县政府人口服务管理目标责任制。”

这说明北京还没有将户籍制度改革纳入改革议程。但是，没有户籍制度改革，北京又怎能率先形成城乡一体化新格局？北京要真正形成城乡一体化新格局，必须将户籍制度改革提上改革议程，进行认真研究、周密部署、统筹安排，根据城乡一体化发展的要求，统一制定北京市户籍制度改革方案，有序推进。

2. 针对具有北京本市户籍的城乡居民，户籍改革可以一步到位推进，废除城乡二元户籍制度，建立城乡一体的户口登记制度

在北京的全部常住人口构成中，分为有北京户籍的人口和没有北京户籍的外来流动人口，而拥有北京户籍的人口中，又分为农业户籍的人口和非农业户籍的人口。针对上述人口身份的不同现状，在过渡时期进行分类改革。针对拥有北京市户籍的人口，户籍改革相对比较容易，其要点是：

一是取消农业户口与非农业户口的划分，统一登记为北京市居民户口。现行的"农转非"政策、征地"农转居"政策予以废止，彻底改革城乡二元户籍制度，建立城乡一体化的户口登记制度。

二是原农业户口人员所享有的农村土地承包经营权、宅基地使用权、林权、集体资产及其收益权、有关农业补贴政策等保持不变，不因户籍改革而变动。但要深化农村产权制度改革，规范和允许农民通过市场机制依法、自愿实行农村产权的交易。

三是征占农民土地应按照公正合理的原则给予财产补偿，不再与户口身份挂钩。新生婴儿统一登记为居民户口，保障其对农村集体产权的继承权等财产权利。

四是加快实现城乡基本公共服务均等化，确保农民与其他所有的职业阶层一样，公平享有基本公共服务。户籍改革后，农民只是一种职业，不再保留户籍身份。

3. 针对没有北京市户籍的外来人口，户籍改革可以分步有序推进，逐步实现农民工等外来流动人口的市民化

外来人口已经占到北京市全部常住人口的三分之一以上，是北京人口的重要组成部分。由于长期的城乡二元户籍制度的影响，近

千万的外来人口工作、生活在北京，是北京的新市民，但因为没有北京市户口而不能名正言顺地成为北京的市民。户籍制度的目标就是要赋予外来人口市民身份，推动农民工等外来人口的市民化，最终实现自由迁徙。在促进和实现外来流动人口市民化进程中，可以分步推进户籍制度改革。

第一，按照《北京市十二五规划纲要》的规定，将长期实行的外来人口暂住证制度改为居住证制度。实行居住证制度后，赋予取得居住证的人员有关社会保障等基本公共服务待遇。居住证制度应当覆盖投资移民、知识移民和劳力移民等人群。凡签订正式劳动合同一年以上的农民工，应当取得居住证。作为户籍制度改革的过渡政策，居住证制度要赋予居住证取得者“准市民”身份和待遇。

第二，凡取得居住证一年或三年以上者，可以办理常住户口手续，从“准市民”身份转为正式市民身份，享受包括社会保障和住房保障在内的市民完全待遇。

第三，居住证持有者在转为常住户口半年或一年后，可以申请办理家属落户手续，以此保护家庭，促进社会和谐。

4. 跨省、自治区和直辖市的流动人口户籍改革，需要国家从顶层设计上统筹全国社会保障的统一转移接续

在市场化、城市化进程中，跨省、自治区和直辖市的人口流动问题，不是一个省、自治区和直辖市能够有效解决的，北京也不能单独解决进入北京的全部流动人口问题，因而必须要有国家层面的顶层设计和统筹安排。

首先，国家要制定和出台全国统一的户籍法律，保障公民在全国范围内的迁徙自由权。就是说，公民不能因为流动到另一行政区就丧失了公民权。加强公民权建设，确保任何一个公民在全国范围内平等享有公民权利，是现代国家的重大职责，这项工作不能只寄希望于地方政府。

其次，加快推进全国基本公共服务均等化建设，要像党团组织关系在全国顺利转移接续一样，建立全体公民的社会保障在全国范围内的统一转移接续制度，使社会保障跟着公民走，就像党团组织关系跟着当事人走一样顺畅便利。

再次，进一步完善公共财政制度，中央财政对在全国跨省级行政区流动迁移的人员的社会保障待遇给予相应的补贴，以此减轻迁入地的财政压力。

5. 北京要从本市全部行政区域、首都圈、京津冀城市群等空间层次上进行人口布局与调控，同时要进行产业布局和公共资源配置的相应调整

人是经济社会发展的第一资源，是最宝贵的资源。但随着北京大城市病的日益突出，人们淡忘了人口大量集中所创造的巨大财富以及所产生的巨大效益，却对聚集的大量人口表示厌烦。这确实是城市发展中面临的一个重大问题。

但是，市场化、城市化进程使人口聚集又是普遍规律，而且，越是大城市，就越是具有人口吸引力，这是不以人的意志为转移的人口迁移规律。这就是为什么长期以来北京实行最严格的人口控制政策，结果并没有有效控制人口集中的重要原因。虽然现在北京的城市病已经使人烦恼，但北京的人口聚集不会终结，在以后的十年左右的时间里，北京人口增长到3000万人左右是可能的。

面对北京人口聚集增长的现实，靠行政手段限制人口进入，对流入北京的外来人口拒绝给予市民身份和待遇，虽是长期实行的政策，却并不是合适的选择。在市场化和城市化进程中，人口的流向集中，主要取决于产业布局和公共资源的分布。如果产业布局不作调整，公共资源配置不作调整，要想单纯以行政手段控制人口，既难以达到目的，也不合乎社会正义。北京作为首都，在新的发展时期，在对待人口调控上，要改变传统的思维惯性，变限制为疏导，变集中为分散，建设一个去特权化的公平包容的特大城市。

一方面，北京要切实从整个行政区范围内对产业布局和公共资源投入进行新的调整，从而引导人口向郊区新城、小城镇集中。从北京行政区域来说，北京本身也是一个城市群，即由中心城区、新城、郊区小城镇和新型农村社区组成的城市群。只要中心城区的产业和公共资源有效地向郊区新城、小城镇转移，人口就会相应地从中心城区向郊区疏解。北京要真正建设数个城市副中心，分担中心城区的功能与压力。

另一方面，北京要从首都圈、京津冀城市群和环渤海城市带这个更大的空间范畴内统筹产业布局和公共资源配置，从而引导人口的合理布局与聚集。学界认为，首都圈由北京市与河北省的廊坊、保定、承德、张家口 4 市组成；京津冀城市群（也称京津冀都市圈）包括北京市、天津市以及河北省的石家庄、廊坊、保定、唐山、秦皇岛、沧州、张家口、承德 8 市。北京的人口布局和户籍改革，应当有效结合首都圈、京津冀城市群以及环渤海城市带进行产业布局与公共资源配置的统筹谋划。

本章课题组成员

负责人：郭光磊　张秋锦

组　长：张英洪

成　员：樊汝明　朱启臻　袁明宝　赵扬昕　龚文祥　赵　博

执笔人：张英洪　朱启臻　袁明宝　赵扬昕

第四章　北京城乡一体化发展的产业布局优化研究

城乡二元结构是发展中国家普遍存在的一种经济现象。发达国家的经验和当今发展中国家的实践证明，随着社会经济进步，必然要求二元结构向城乡一元化发展。但这种演进过程的先决条件在于逐步加强城乡关系的互动性和协调性。实现城乡协调与城乡融合，解决产业发展问题是至关重要的。

城镇化是我国解决“三农”问题的重要战略举措，而城镇化建设的核心是城镇产业的发展。只有城镇产业充分发展才能使城镇快速发展，使城镇真正成为吸纳农村富余劳动力转移的去向，使农民的收入稳定提高，使我国农业现代化的实现成为可能。那么，三次产业的发展如何推动城镇化建设？如何使城镇化建设与农业、工业和第三产业协调发展？在区域经济发展中该如何选择地区的主导产业？北京三次产业发展的现状如何？怎样根据北京市的产业现状选择区域发展的主导产业？如何引导社会资金支持城镇产业发展？这一系列现实的有关城镇化建设中产业发展的深层次问题，需要系统深入地理性分析和探索研究。

一、城镇化建设中的产业发展

城镇化是人类社会经济发展的必然产物，是衡量一个国家和地区经济、社会、文化、科技发展水平以及国家和地区社会组织程度和管理水平的重要标志，城镇化的建设过程实际上就是区域内产业发展与进步的演变过程。

（一）城镇化建设中产业发展效应与发展动力

1. 城镇化建设中产业发展效应分析

产业是城镇生存和发展的依托，产业对于城镇发展的贡献主要在于产业的聚集作用吸引了资源、劳动和资金技术向一定地域空间的聚集，从而导致了城镇化，并使城镇成为社会经济活动的主要空间场所。产业发展是城镇化建设发展的主导力量。城镇化建设中产业发展效应集中体现在以下四个方面。

（1）集聚效应

聚集经济一般是指因企业、产业的空间集中而带来的经济利益或成本节约。市场经济条件下，厂商追求利润最大化，在考虑资源优势、交易成本等的前提下，进行区位选择，众多厂商区位选择的结果，造成产业的聚集。产业聚集使得城镇成为一定地域空间的引力中心，吸引各种资源要素向城镇集中，促进了经济的大规模发展。

（2）扩散效应

当以城镇为中心的经济发展到较高水平时，一方面为了寻求城镇经济更佳的发展机会和发展效益，另一方面为了推进区域经济发展的公平性和协调性，资本、技术、人才会开始自然地向外围流动，产生城镇化空间推进的扩散效应。通常情况下，一个国家或地区的城镇化水平越高，城镇的等级规模越大，扩散的作用就越强，扩散的范围也就越广，扩散持续的时间也越长，因而对城镇所在区域的社会经济发展影响也就越大。

（3）收入效应

城镇产业的区位选择使其交易成本比农村产业的交易成本低，城镇产业的快速发展使城镇居民收入水平不断提高，反过来，城镇居民的收入又会通过金融市场和消费市场推动城镇产业的进一步发展。城镇产业的发展优势必然使农村居民的消费剩余和农村产业的利润收入通过金融市场，进入到城镇促进城镇产业的发展和城镇居民收入的提高，而对农村产业的推进却逐渐减弱，这就导致了农民的收入慢于城镇居民收入的增长速度，使城乡收入差距不断拉大。

（4）关联效应

产业关联是指产业之间以各种投入品和产出品为连接纽带的技术经济联系。经济发展是靠产业之间的共同作用推动的，在推动过程中产业之间相互紧密联系。在一般的经济活动过程中，各产业都需要其他产业为自己提供各种产出，以作为自己的要素供给；同时，又把自己的产出作为一种市场需求提供给其他产业进行消费。如果某一产业没有其他产业为其提供各种要素的供给，或其产出不能满足其他产业的消费需求，则该产业是无法长期生存下去的，是没有生命力的。因此，产业关联是决定产业相互平衡发展和经济均衡发展的一个重要因素。

总之，产业的发展一方面使城镇具有很强的聚集效应，成为一定地域空间的引力中心，吸引各种资源要素流向城镇，另一方面产业的发展所带来的扩散效应也是很明显的。不同产业的收入效应是不同的，在不发达的市场中，不同产业的不同生产效率，将会使效率低的产业的收入流向其他产业，导致低效率产业的发展缓慢。产业发展过程中的聚集是通过产业间的经济技术即产业关联联系的，不同的产业有不同的前后向关联度，也有不同的感应度和影响力。

2. 城镇化建设中产业发展动力分析

伴随着生产要素在不同产业间的流动，城镇化的过程应运而生。各产业对城镇化进程发挥着不同的作用：农业发展为城镇化提供基础动力、工业化为城镇化提供核心动力、第三产业为城镇化提供后续动力。

（1）农业发展为城镇化提供基础动力

从城镇的最初形成来看，在农业生产力发展到能够提供剩余产品的前提下，出现了城乡分离的社会分工，少数人逐步脱离农业生产过程而专门从事工商和文化活动时，才开始了人类文明史和城镇发展史；从城镇化的进程来看，农业劳动生产率的提高、农业的发展和农村的繁荣是“可持续城镇化进程”的前提条件。农业发展给城镇化以推力，是城镇化的基础动力。

（2）工业化为城镇化提供核心动力

世界各国的城镇化实践表明，城镇化是随着生产力的发展及工业化的出现而发展的，工业化是城镇化的“发动机”，是城镇化的核心动力，工业化的发展阶段与城镇化的发展速度和城镇化的发展阶段密切相关。

在工业化的起步阶段，其主导产业是轻纺工业，这一时期的国民经济总体实力较弱，城镇化水平以平缓上升的态势向 30% 攀升。据统计，在这一时期，英国的城镇化水平年均增长 0.16%，法国年均增长 0.20%，美国年均增长 0.24%。

在工业化的扩张阶段，工业和国民经济进入加速发展阶段，国民经济总体实力迅速增强，在这一时期，城镇化水平以较快的速度向 70% 攀升。据统计，在工业化的扩张期，英国的城镇化水平年均增长0.30%，法国年均增长0.35%，美国年均增长0.52%，大约是工业化起步期的1.5倍至2.5倍。在工业化的成熟期，第二产业在国民经济中的比重缓步下降，国民经济进入后工业化阶段，工业对国民经济增长的贡献让位于第三产业，与此相应，城镇化的速度亦有所降低，城镇化的推进主要依赖于第三产业的发展。

（3）第三产业为城镇化提供后续动力

在后工业化时期，随着第三产业在国民经济中的比重不断增大，第三产业作为城市化的后续动力日益显现。这种后续动力的作用主要表现在生产配套性服务的增加和生活消费性服务的增加。

一方面，高度发达的社会化大生产要求城市提供更多更好的配套性服务行业，如金融、保险、科技、通讯业；商品流通要求有仓储、运输、批发、零售业的服务；市场营销要求有广告、咨询、新闻、出版业的服务。

另一方面，随着收入的提高和闲暇时间的增多，人们开始追求更丰富多彩的物质消费和精神享受，由此促进了城市文化教育、体育娱乐、医疗保健、旅游度假、法律诉讼等行业的发展。第三产业的迅猛发展赋予了城市新的活力，使城市化进入更高的层次，可以说，在工业推动的基础上，第三产业的发展构成了城市化向纵深跃进的后续动力。

综合来看，在推动城镇化的进程中，三次产业各自发挥着不同的作用。第一产业的发展主要为城镇工业和第三产业的聚集提供富余劳动力，为城镇化提供基础动力；第二产业的发展，突出表现为城镇的聚集效应，拉动城镇规模的扩大，为城镇化提供核心动力；第三产业的发展是建立在第二产业不断发展的基础之上的，第三产业的发展在拉动城镇规模扩大的同时，更侧重于城镇功能的建设，主要表现为城镇辐射力和城镇的扩散效应的加强，为城镇化提供后续动力。

（二）城镇化建设与产业协调发展

产业发展是城镇生存和发展的依托，城镇的存在也为产业发展提供了保障。二者相辅相成，互为依托，缺一不可。

1. 城镇化建设与农业可持续发展

城镇化建设和农业发展是相互促进、相互牵制的依存关系。农业的可持续发展有助于推进城镇化进程，农业的不可持续发展则会阻碍城镇化进程。类似地，与农业发展相适应的城镇化进程有助于农业的可持续发展，而与农业发展不相协调的城镇化进程则会阻碍农业的可持续发展。

（1）城镇化离不开农业的可持续发展

城镇化离不开农业的可持续发展，主要表现为以下两点。

第一，城镇化不等于消灭农村、消灭农民、消灭农业。在城镇化进程中，社会生产力无论发展到什么样的水平，农业始终是人类食品生产最直接、最重要的产业。人类只要离不开食品，就离不开农村、离不开农民、离不开农业。

第二，农业的可持续发展不但不会阻碍城镇化进程，而且有利于推进城镇化进程。首先，农业可持续发展，农业生产效率和效益的提高，农民收入的增加，给农村工业和第三产业的发展提供了有利条件，而农村工业和第三产业的加速发展正是城镇化进程中农村城镇发展的先决条件。其次，农业可持续发展，为城镇产业的发展提供了持续不断的产品及原料，并为城镇产业的升级提供了基本条件。

（2）农业的可持续发展需要与之相适应的城镇化推动

世界城镇化规律显示：凡是城镇化进程正常的国家和地区，城镇化水平越高，农业也越发达，如美国、日本以及我国的台湾地区。

城镇化的推进有利于农业的可持续的发展，主要表现在：第一，城镇发展可以形成巨大的农产品消费市场，刺激农产品需求，从而有利于农业生产能力的持续提高；第二，城镇发展促使农业从封闭的自给农业向开放循环的市场农业转化，有利于农民收入的持续增加；第三，城镇发展促使农业从“生产农业”向“多功能农业”转化，诱导农业部门从提供单一的生产性功能向提供生产、生活与生态为一体的多重复合功能转化，有利于农业人口、资源与环境的协调发展；第四，城镇化诱导农业结构由低层次向高层次升级、转化，促进农业良性发展。

2. 城镇化建设与工业的协调发展

生产技术和生产方式的转变、大工业生产体系的形成，使原有的分散和落后的手工业生产和以农业为主体的乡村经济在性质和地域上发生了变化，人类的生产活动和居住活动开始不断向城镇集中，而城镇生产活动的聚集和人口的增加，城镇基础设施的兴建和功能的不断完善，以及聚集经济效益的强化，反过来又作用于工业化，促进了工业化的发展。城镇化与工业化是相互影响、相互促进的关系。

（1）工业发展对城镇化的推动作用

工业化是城镇化的发展动力，工业化始终推动着城镇化的进程，工业发展对城镇化的推动作用主要体现在以下三个方面。

第一，工业发展加速了工业和第三产业向城镇集中。由于蒸汽机的广泛使用取代水力、畜力和人力成为工业生产的动力源，使工业生产摆脱了地域的限制，迅速向城镇集中。而工业的发展和生产效率的提高，又对产前产后的服务提出了更新的要求，促使了第三产业在城镇的迅速发展，形成了庞大的、有别于乡村的产业群。

第二，工业化加速了人口向城镇集中。人口向城镇集中有两个先决条件：一是农业劳动生产率的提高，在农产品满足社会需求的前提下，使一部分农业劳动力脱离土地；二是城镇有足够的就业岗位，能够吸纳从农业中分离出来的劳动力，而这两点都与工业化密切相关。首先，工业化促使农业生产工具的更新，机械化的生产工具比牛拉犁式生产工具的生产效率更高；其次，工业化所带来的大机器生产不仅本身就能吸纳大量劳动力，而且要求生产专业化、生活社会化，促使为工业生产发展提供产前产后服务的服务业迅速发展，这就为城镇创造了更多的就业机会。

第三，工业化加速了人的观念和生活方式的转变。工业生产的快节奏，严格的生产制度和时间观念以及与其相关的生活方式，替代了农村中“日出而作，日落而归”的闲散式生产、生活方式。

（2）城镇化对工业的促进作用

工业发展促进和推动城镇化建设的同时，城镇化适应工业发展的需要，反过来也能够极大地推进工业的发展。首先，工业是一种外部经济，工业在城镇聚集能够产生巨大的经济效益；其次，城镇化有利于提高劳动力素质和工作效率，城镇化所形成的人口集结，各种熟练劳动力、技术人员和管理人员的汇合，不仅使劳动力得到最合理的组织和最有效的使用，而且使企业人员更富有进取精神和竞争心理。正如马克思所指出的“在大多数生产劳动中，单是社会接触就会引起竞争心和特有的精力振奋，从而提高每个人的个人工作效率”。

(3) 城镇化建设与工业的协调发展是经济发展的最佳路径

从世界经济发展的历程看，只有城镇化建设与工业的协调发展，才能使城镇人口的增长速度与工业化和人均国民收入的增长保持一致，使经济、社会实现可持续发展，并逐步消除城乡差异，实现城乡一体化。反之，如果城镇化建设与工业不能保持协调发展，城镇化建设与工业相脱节，要么出现无工业化的城镇化即过度城镇化现象，要么出现无城镇化的工业化即滞后城镇化现象。

在过度城镇化的情况下，社会经济运行中必将出现城镇失业加剧，城镇贫困人口和贫民区增加，基础设施供给严重短缺，交通、住宅拥挤，供水、供电紧张等一系列后果。同样，城镇化的滞后也会产生一系列严重的社会经济后果。第一，城镇化滞后妨碍了农业产业化和现代化的发展，同时也妨碍了城镇先进生产力和生产关系向农村地区的扩散；第二，城镇化滞后阻碍了农村内部和城乡之间资源和生产要素的合理流动，弱化了市场机制在实现资源优化配置中积极作用的发挥；第三，城镇化滞后会妨碍第三产业的发展，进而不利于产业结构的调整和优化升级；第四，城镇化滞后不利于逐步消除城乡差别，实现社会公平。

总之，无论是城镇化超前于工业化，或是工业化超前于城镇化，都将直接妨碍经济发展。只有工业化与城镇化的协调发展才是发展经济的最佳路径。

3. 城镇化建设与第三产业的协调发展

第三产业发展与城镇化建设之间存在着互动性规律。城镇化必然会形成和增加对第三产业的消费需求，增强第三产业发展的内在动力和市场容量；而第三产业的发展则意味着城镇产业的延伸、城镇就业的增加和城镇功能的完善。

(1) 城镇化是第三产业发展的需求基础

第三产业提供的服务产品具有非贮存性，生产、交换、消费的同时性等特点，这些特点使得服务需求本身具有聚集的特性。只有当生产要素和人口聚集到相当规模，产生对生产服务和生活服务强大的市场需求，才足以支撑服务行业的不断产生和独立化。所以，第三产业的产业特征对聚集有着一种内在要求。以聚集为特征的城镇成为第三产业的需求基础。从第三产业发展的历史来看，很多第三产业最初就是出现在城镇的。

(2) 第三产业是城镇化的重要经济源泉

第三产业是城镇化的重要经济源泉，主要体现在以下三方面。

第一，第三产业的发展是实现城镇经济聚集效益的保证。城镇的聚集效益是通过第三产业的发展实现的。交通、通讯及商业的发展有助于生产聚集从而有助于城镇聚集。金融保险、信息咨询、公共事业等生产生活服务业的发展为工业资本的不断扩张、城镇经济的持续稳定发展，提供了良好的外部环境。教育、文化、广播电视、科学研究等事业的发展保证了城镇经济的发展有较高素质的劳动力资源。

第二，第三产业是城镇外部经济效应的重要源泉。城镇经济具有外部经济效应，且十分突出，其相当部分源于城镇第三产业：较高的教育水平和良好的卫生条件，使城镇劳动力一般都具有较高的素质；发达的市场体系、完备齐全的公共事业服务系统大大降低了企业的运输及交易成本；密集的信息和先进的信息传播手段使企业往往无需支付成本而坐享其成。城镇第三产业越发达，外部经济效应就越大，城镇的聚集效应也就越高。这也是不少大企业和跨国公司的总部总是设在第三产业较为发达的大城镇的主要原因。

第三，第三产业是城镇经济发挥扩散效应的重要条件。交通运输、通讯服务业的发展，金融及各种要素市场的发育，是实现生产从城镇向边缘地带转移的前提。第三产业越发达，城镇经济的扩散范围也就越大。

4. 城镇化建设与产业结构协调发展

城镇化建设与产业结构调整是相辅相成的，二者互为动因和结果，产业结构调整是实现城镇化的根本途径，城镇化为产业结构调整提供了良好的基础和环境。

（1）产业结构调整是实现城镇化的根本途径

产业结构调整是实现城镇化的根本途径，城镇化建设是通过产业结构的不断调整实现的。

第一，城镇化以协调增长为基础，协调增长是通过产业结构的调整实现的。协调增长的实质就是通过产业结构的合理化变革实现城镇经济的稳定增长。

第二，城镇化建设涉及人口、社会、经济、科技、自然环境诸多方面，产业结构调整是解决诸方面问题的根本途径。人口素质的提高有赖于物质基础的增强和消费水平的提高，而物质资料的迅速增加和消费水平的提高必须以劳动生产率的大幅度提高为前提。要实现劳动生产率的大幅度提高，就必须进行产业结构的调整，实现产业结构的优化升级。科技的进步、环境与经济的协调发展也必须通过产业的合理发展来实现。

第三，一定时期内，城镇化是通过产业结构、劳动力结构、地区结构的协调发展来实现的，产业结构优化升级是基础。产业结构变革是消除城乡差别的根本途径；劳动力结构变动是通过产业结构的变化进行的，如果产业结构变革与劳动力结构的变动不一致，就可能导致劳动力在原产业的不合理滞留或产业外滞留，造成劳动效率低下或失业人数增加。地区结构的差异直接表现为各地区产业结构水平的差异及由此引起的经济总量的差异。地区结构差别的消除也有赖于产业结构的区域性调整，落后地区可以直接吸收发达地区转移产业及相关技术、设备来优化自身产业结构并借发达地区产业结构调整的契机推动自身经济的飞跃式发展。

（2）城镇化为产业结构调整提供良好的基础和环境

第一，城镇化为产业结构调整提供赖以实现的物质条件。产业结构的状况和水平是与特定的经济发展阶段相联系的，产业结构的不断调整必须在物质条件已经具备的前提下才能进行。

第二，城镇化为产业结构调整提供良好的环境和变革机制。产业结构调整的效果受劳动力结构、科技结构、资源结构以及所有制结构和相关政策体制的影响，只有城镇化才能使生产要素流动和科技成果转化比较顺畅，才能把体制等外生变量对产业发展的阻碍作用降低到最低程度，从而保证产业结构调整。

第三，城镇化有利于促进新兴产业的培育和产业结构优化升级。城镇化以经济的协调增长为基础，协调增长引起消费水平的提高和需求结构的变化，对产品结构提出新的要求，为培育新兴产业指明方向；另一方面，协调增长又会促进科技进步、物质生产要素的改良和生产环境的改善，为产业结构调整提供必需的条件和手段。

总言之，城镇化建设与产业的发展是密不可分的，两者相互依存，缺一不可。虽然农业、工业、第三产业在推进城镇化过程中的地位和作用有明显区别，表现出不同的动力特点，但它们的发展必须与城镇化相协调。从产业结构演进对城镇化影响的后果看，农业是城镇化的基础；工业主要推动城镇规模和城镇的聚集效应；第三产业不仅推动城镇规模，而且推动城镇功能、城镇辐射力和扩散效应的加强。而且，在城镇化建设中，三次产业的协调发展也非常重要，要注重产业结构的不断调整。

（三）城镇化建设模式及产业选择

1. 城镇化建设的新模式：以市场为导向的多元城镇化模式

关于我国城镇化建设的模式，历史上曾出现过三种观点：大城镇论、小城镇论和多元增长理论。本研究认为，根据城镇化建设的一般规律，借鉴国外城镇化的先进经验，从中国的实际国情出发，我国城镇化建设的新模式应是以市场为导向的多元城镇化模式。

所谓以市场为导向的多元城镇化模式是指以社会经济的可持续发展为基本宗旨，以城乡一体化为总体目标，充分发挥市场机制在人口迁移、要素集聚、城镇内部结构调整和外部扩张、城镇之间的竞争与协调以及城乡关系调整等方面的基础性和主导性作用，通过多种具体方式推进城镇化的进程。这种城镇化模式的核心是必须尊重市场规律，尊重市场对城镇化的选择。

（1）市场主导

从理论上说，城镇化不仅是社区结构的一场变革，更是社会经济资源由低效率的农村向高效率的城镇转移的过程，其实质是资源的优化配置。在市场经济条件下，市场机制是资源配置的基础，是促进要素资源向城镇集中的基础性机制，是城镇化快速推进的制度前提。

（2）多元化

由于各地的具体情况千差万别（诸如经济社会发展所处的阶段、面临的问题、城镇发展的基础和水平等），因此，各地在城镇化模式上会表现出不同的区域特色。也就是说，城镇化模式在实践中应是多元化的。

第一，城镇规模结构的多元化：大、中、小城镇协调发展。

在实施市场主导型城镇化模式过程中，大、中、小城镇协调发展，城镇规模结构多元化是必然的结果。首先，我国的城镇化水平还较低，各种规模的城镇都需要大力发展；其次，各种规模的城镇承担着不同的功能、同时又各有优劣，没有绝对的好，也没有绝对的不好，它们之间是优势互补而非替代的关系；最后，是发展小城镇还是发展大、中城镇并不以人的意志为转移，而是由各地的自然资源、社会经济政策、环境等多种客观条件决定的。

第二，城镇空间布局的多元化：东、中、西部的城镇化各有侧重。

由于东部、中部、西部之间在地理位置、经济基础、人文资源等方面存在着差异，因此在推进城镇化的过程中，三大地区的发展侧重点、推进速度以及形式都将表现出明显的差异。

第三，城镇化推进方式的多元化：分散与集中相结合，新（扩）建与改造相结合，外延与内涵相结合，据点与网络相结合。

新（扩）建与改造是针对城区扩展而言的，前者是指通过建设新的城镇或在现有城区基础上建立开发区、工业园区、卫星城等进行的跳跃式扩张来推进城镇化的一种城区扩展方式，后者是指以现有城区为基础，主要通过对现有城区的内涵改造并在必要时扩展城区的一种城镇化推进方式。内涵城镇化是指通过在现有的城镇中加强科技投入、进行技术改造、改善产业结构、提高城镇经济效益来推进城镇化的进程；外延城镇化是指通过增大城镇规模和建设新的城镇来推进城镇化的进程。据点型城镇化主要是通过据点的新建或扩充来推进城镇化的方式；网络型城镇化是指通过加强交通和通讯网络的建设形成城镇“网络”，强化城镇之间的联系和功能，并以此推动城镇化的进程。

第四，城镇化进程中人口转移方式的多元化：就近转移、异地转移和梯度转移。

人口的流动，尤其是农村人口向城镇的转移是城镇化的基本内容。由于各地进城人口与“进城资本”在比例上不均衡、劳动力素质的差异、不同地区人口缺余的不同等原因，在市场规律的作用下，农村人口就近进城、跨区域进城和梯度转移等多种人口转移（城镇人口扩张）方式并存便成为必然。

第五，城镇化绩效评价标准的多元化：经济效益、生态效益、社会效益。

以经济效益为主、“三效益”并重是改革开放以来提出的衡量经济社会活动绩效的原则标准。这一衡量标准在实际工作中往往只是一个口号，在很多地方经济效益往往被作为唯一指标。这与生产力发展水平、经济主体思维意识以及地方政府的管理等因素有很大关系。在城镇化的绩效评价体系中也曾存在着类似的问题。随着城镇化的推进和可持续发展理念的普及，将有越来越多的地方自觉地把社会效益和生态效益指标纳入到城镇化的绩效评价体系中，未来城镇化的绩效评价标准将呈现多元化趋势。

2. 城镇化建设中产业选择的目标

在城镇化建设中，对产业的选择也就是对地方主导产业的选择。

主导产业是在不同阶段上出现的一些影响全局的、在国民经济中居主导地位的产业部门。主导产业在整个国民经济发展中具有较强的前后关联性，其发展能够波及国民经济的其他产业部门，从而带动整个经济的增长。所以，主导产业的正确选择对于一个地区的社会发展有着至关重要的作用。本研究认为，依据以市场为导向的多元城镇化模式，城镇化建设中产业选择应力求达到以下目标：切实保障农民利益、最大限度地促进农村富余劳动力转移、促进产业结构布局优化。

（1）切实保障农民利益

在城镇化进程中，相伴随的就是持续性农用地转为非农业地、农村集体土地被征为国有土地的过程。土地是农民赖以生存和发展的最基本的生产资料，近十多年来，城镇化进程中的土地矛盾与纠纷已越来越演变为一个社会问题，农民土地权益未能得到有效保障是引发这些问题的根本原因。今后的城镇化需要土地，但更需要保障农民利益，必须把切实保障农民利益作为城镇化建设中产业选择的原则与目标。

（2）最大限度地促进农村富余劳动力转移

农村城镇化的过程就是一个农村富余劳动力转移的过程，农村富余劳动力向城镇转移，必须有可供大量农村富余劳动力就业的城镇产业存在，否则农村富余劳动力的转移就成了一句空话。同时，城镇产业提供的就业机会也应该是适合的、稳定的和大量的。适合的就业机会意味着产业的技术水平要求应该和农村富余劳动力的知识文化水平相一致；稳定的工作意味着稳定的和较高的收入，而不必像农业生产经营那样，季季面临不稳定的较低收入；大量的就业机会提供，才能使大量的富余劳动力到城镇工作，才能使城镇快速发展。

(3) 促进产业结构布局优化

城乡一体化发展既可以为大、中城镇处于衰退的产业提供转移的空间，又可以使整个区域内大、中、小城镇和农村的产业结构进一步协调和分工，各个地区都能充分发挥优势，促进整个区域经济的良性发展。大、中城镇一些早期发展的传统产业在经过几十年的发展后，已步入衰退期，处于艰难发展阶段，产业在这些地区已不具有竞争优势，同时，小城镇的工业与第三产业发展却不充分，在城镇化过程中，对农村富余劳动力的接纳是极其有限的，如果把大中城镇已没有优势的产业转移到这些地区，则可以有力推动城镇化发展，也能使大中城镇的产业结构可以顺利调整，确立未来的产业发展优势。

总而言之，产业发展是城镇化建设核心，产业是城镇发展的依托，只有城镇产业的持续不断发展，才能创造更多的就业机会，才能吸引更多的农村富余劳动力向城镇流动，才能使城镇化水平不断提高。产业发展问题在城镇化建设中具有根本性意义，在我国城镇化建设中应充分重视对城镇产业的建设，以产业发展带动城镇化建设。

二、北京城镇化建设中产业发展实证分析

经过改革开放 30 多年的转型，北京经济发展进入了关键时期，尤其是在国际金融危机的背景下，北京经济发展，既面临巨大的挑战，又面临极好的调整、优化、升级的机遇。在前一部分我们已经分析了产业发展对城镇化的重要作用，在这一部分我们将重点分析北京

城镇化建设中的产业发展。

（一）北京工业化发展阶段分析

工业化阶段是一个国家和地区经济发展过程中最大的经济特征，是产业问题的集中表现，只有把这一前提确定下来，才能进一步清楚产业发展存在问题和产生的原因。正确把握北京地区工业化发展阶段，是分析北京城镇化建设中产业发展问题的前提条件。

经典的工业化理论认为，工业化主要分为五个阶段——前工业化阶段、工业化初期、工业化中期、工业化后期和后工业化阶段，工业化主要表现为：第一，制造业占国民收入的比例不断提高，乃至占主导地位；第二，制造业内部的产业结构逐步升级，技术含量不断提高；第三，制造业就业人员比例不断提高；第四，城市规模不断扩大，城市化率不断提高；第五，在以上指标增长的同时，人们的人均收入不断提高。

在经典工业化理论下，学者陈佳贵等（2007）从人均 GDP、产业结构、工业结构、城市化率和第一产业就业人员占比等五个方面构建了工业化不同阶段的标志值框架，并判定，“十五”期间是北京工业化进程的关键时期，在这一时期，北京实现了从工业化后期向后工业化阶段的跨越发展，北京成为继上海之后，全国第二个实现工业化的地区。

表 4-1 给出了学者陈佳贵等构建的工业化不同阶段的标志值框架，表 4-2 给出了北京 2005 年工业化水平的主要指标。

表 4-1 工业化不同阶段的标志值

基本指标	前工业化阶段	工业化实现阶段			后工业化阶段
		工业化初期	工业化中期	工业化后期	
人均 GDP（经济发展水平）					
(1) 1964 年（美元）	100—200	200—400	400—800	800—1500	1500 以上
(2) 1995 年（美元）	610—1220	1220—2430	2430—4870	4870—9120	9120 以上
(3) 1996 年（美元）	620—1240	1240—2480	2480—4960	4960—9300	9300 以上
(4) 2000 年（美元）	660—1320	1320—2640	2640—5280	5280—9910	9910 以上
(5) 2002 年（美元）	680—1360	1360—2730	2730—5460	5460—10 200	10 200 以上
(6) 2004 年（美元）	720—1440	1440—2880	2880—5760	5760—10 810	10 810 以上
(7) 2005 年（美元）	745—1490	1490—2980	2980—5960	5960—11 170	11 170 以上
产业结构	A>I	A>20% 且 A<I	A<20% 且 I>S	A<10% 且 I>S	A<10% 且 I<S
工业结构	20% 以下	20%—40%	40%—50%	50%—60%	60% 以上
人口城市化率	30% 以下	30%—50%	50%—60%	60%—75%	75% 以上
第一产业就业人员占比	60% 以上	45%—60%	30%—45%	10%—30%	10% 以下

注：A 代表第一产业，I 代表第二产业，S 代表第三产业。

资料来源：《中国工业化进程报告——1995—2005 年中国省域工业化水平评价与研究》，陈佳贵、黄群慧等著，社会科学文献出版社。

表 4-2 北京工业化水平主要指标：2005 年

人均 GDP（人民币，当年价）	产业结构（%）			工业结构（%）	人口城市化率（%）	第一产业就业人员占比（%）
	第一产业	第二产业	第三产业			
45 444 元	1.4	29.5	69.1	66.6	83.62	6.8

数据来源：根据 2005 年北京市国民经济和社会发展统计公报整理。

从人均 GDP 的角度来看，北京 2005 年的人均 GDP 为 45 444 元，将其折算为美元（这里采用汇率法和购买力平价法的平均值计算），为 13 391 美元。对照表 4-1，北京 2005 年的人均 GDP 处在“11 170 以上”类，符合后工业化阶段的标准。

从产业结构的角度来看，北京2005年的产业结构为1.4∶29.5∶69.1，对照表4-1，北京产业结构符合后工业化阶段的要求——第一产业比重小于10%，且第三产业比重高于第一产业比重。

从工业结构的角度来看，2005年北京制造业增加值占GDP的比重为66.6%，对照表4-1，北京工业结构符合后工业化阶段的要求——制造业占比在60%以上。

从人口城市化率的角度来看，2005年北京人口城市化率为83.62%，对照表4-1，北京人口城市化率符合后工业化阶段的要求——人口城市化率大于75%。

从第一产业就业人员占比的角度来看，2005年北京第一产业就业人员的占比为6.8%，对照表4-1，符合后工业化阶段的要求——第一产业就业人员的占比小于10%。

综合来看，2005年北京各项指标已经达到后工业化阶段的各项要求，实现了工业化后期向后工业化阶段的跨越发展。

（二）北京产业结构现状分析

由于北京已经率先进入后工业化时期，再加上其政治上的特殊性，北京产业结构与全国有很大的差异，北京市三次产业结构的特点是第一产业占比低，第二产业占比也不高，第三产业占比在全国遥遥领先，第三产业是近年来拉动北京经济增长的主要力量。见图4-1。

与全国相比，北京第一产业的占比一直不高，1990年最高时也仅为8.8%，比全国最低时期（2010和2011年，10.1%）还低了1.3个百分点。

从1978—2011年，全国第二产业占比没有太大变化，1978年为

47.9%，2011 年为 46.8%；北京第二产业的占比一直呈下降趋势，1978 年为 71.1%，2011 年为 23.4%，下降了 47.7 个百分点。在 1993 年之前，北京第二产业的占比是高于全国平均水平的，1993 年，北京和全国第二产业的占比分别为 47.3% 和 46.6%；自 1994 年开始，北京第二产业的占比开始低于全国平均水平，且二者的差距是不断扩大的，1994 年，北京和全国第二产业的占比分别为 45.2% 和 46.6%，二者仅相差了 1.4 个百分点，2011 年，北京第二产业占比为 23.4%，仅为全国占比（46.8%）的一半。

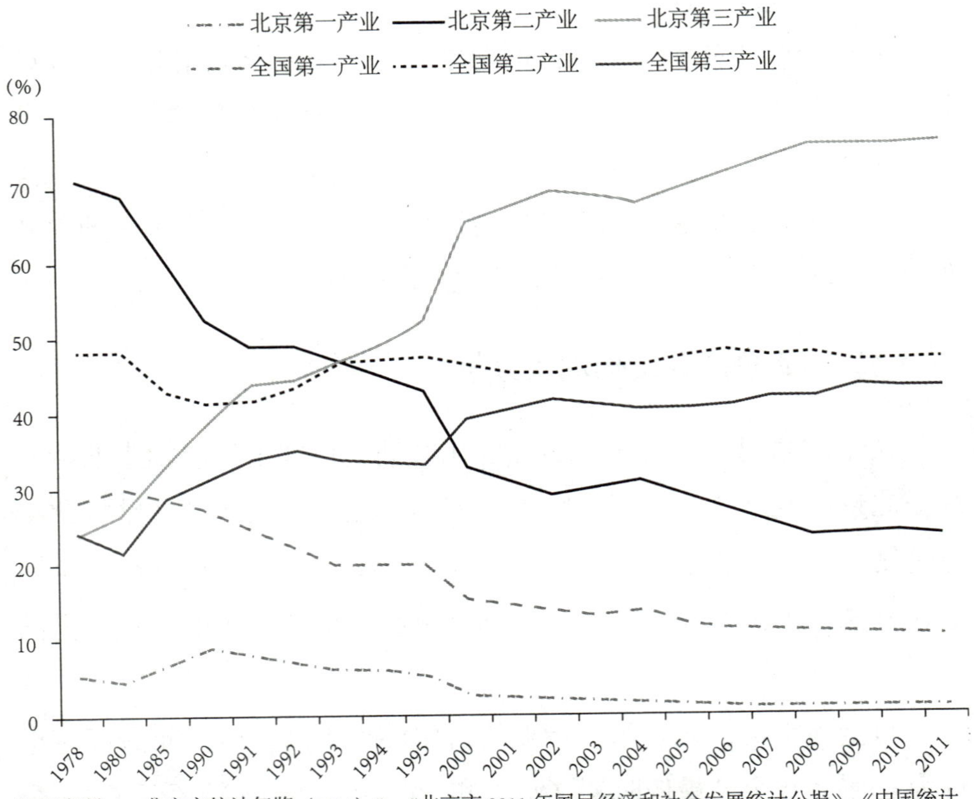

数据来源：《北京市统计年鉴（2011）》《北京市 2011 年国民经济和社会发展统计公报》《中国统计年鉴（2011）》《中华人民共和国 2011 年国民经济和社会发展统计公报》。

图 4-1 北京与全国产业结构比较：1978—2011 年

同时，从图 4-1 还可以看到，北京第三产业占比逐年提高，提升速度远高于全国平均水平，目前北京第三产业占比已远远超过了全国水平。1978 年，北京和全国第三产业占比分别为 23.7% 和 23.9%，二者水平相当，北京甚至稍稍落后；2011 年，北京第三产业的占比为 75.7%，与同年全国平均水平相比，北京第三产业占比高出全国平均水平（43.1%）32.6 个百分点。

总结上述内容，从动态角度看，1978—2011 年，北京第一产业和第二产业占比不断下降，第三产业占比逐年上升，这是符合产业结构变动规律的；从静态角度看，北京第一产业和第二产业占比均不高，而第三产业占比却遥遥领先于全国平均水平。具体分析北京三次产业结构水平，表现为以下三点。

第一，第一产业实现了战略性结构调整，都市型现代农业发展迅速。北京市按照京郊农村城市功能拓展区、城市发展新区、生态涵养发展区的功能定位特点，调整农业生产区域布局，大力发展精品农业、节水农业、观光农业、设施农业等都市特色产业。北京农业已从单一生产功能向生态功能和生活功能拓展。

第二，第二产业结构明显改善，资源型行业发展得到有效控制。北京市通过政策规划引导，工业结构显著改善，部分资源型企业迁出北京，高新技术产业较快增长。大批适合首都功能和资源特点的高新技术企业、现代制造企业、现代服务业企业迅猛发展起来，形成北京新的支柱产业。

第三，第三产业呈现良性发展态势，是首都经济增长的主要推动力。北京市第三产业发展迅速，率先形成了以服务经济为主导的产业结构。随着首都城市功能的不断完善，招商引资投资项目和国内外知名企业的纷纷落户，为第三产业提供了更为广阔的发展空间，大大促进了第三产业的快速发展。“十一五”期间，北京市第三产业的增长速度年均保持在 12% 以上。

多年来，北京产业结构一直处在不断调整之中，应该承认，北京产业结构调整的成效是非常显著的，综合竞争能力也不断增强，前文也已经对此进行了分析，但是，也应看到北京产业结构也是存在不少问题的，归纳起来主要有以下两点。

第一，实体经济支撑不足——二产不强。近几年，北京市经济发展突出做大三产和发展服务经济的理念，经济增长方式逐渐转变，第二产业比重逐年递减。2005 年至 2011 年第二产业所占全市经济总量的比重分别为 27%、25.5%、23.6%、23.5%、24% 和 23.4%，2005 年至 2011 年第二产业所占 GDP 的比重分别为 47.4%、48%、47.3%、47.5%、46.3%、46.8% 和 46.8%，与全国相比，北京第二产业的比重是非常低的，低占比说明北京市地区生产总值的增长对第二产业的依赖度很小。

第二，产业内部结构不够合理——高端不高。以第三产业来说，产业中的现代产业的发展与我国其他地区相比虽然表现出了一定的优势，但由于我国经济整体起步晚，它们与发达国家和地区的差距还是显而易见的。

近几年第三产业的增加值主要集中在批发零售业，金融业，信息传输、计算机服务和软件业，租赁和商务服务业、房地产业等行业上，呈现出较高的行业集中度；而一些新兴行业如教育，卫生、社会保障和社会福利业，文化、体育与娱乐业，居民服务和公共管理等产业的增加值所占第三产业增加值的比重只有 15.37%，对第三产业的拉动作用十分有限，这不仅影响首都城市功能发展定位和“北京服务”品牌的实现，也势必影响经济整体质量的提升。

表 4-3　北京市第三产业内部结构：2010 年　　单位：%

行业	占比	行业	占比
交通运输、仓储和邮政业	6.72	科学研究、技术服务与地质勘查业	8.88
信息传输、计算机服务和软件业	11.45	水利、环境和公共设施管理业	0.71
批发与零售业	17.81	居民服务和其他服务业	0.94
住宿和餐饮业	2.99	教育	4.87
金融业	17.58	卫生、社会保障和社会福利业	2.40
房地产业	9.49	文化、体育与娱乐业	2.78
租赁和商务服务业	8.99	公共管理与社会组织	4.38

资料来源：根据《北京市统计年鉴（2011）》计算而得

（三）北京城镇化建设中的产业选择分析

按照之前所阐述的产业选择的目标，北京市在推进城镇化过程中，必须考虑到本地区实际情况。

凭借独有的首都优势，北京形成了全国最为发达的第三产业，第三产业是拉动北京经济增长的主要力量。北京是全国的政治中心、文化中心，是多家国际机构、跨国公司和国有企业、金融机构的总部所在地，这就造就了北京对服务业旺盛的市场需求，这些市场需求成了北京第三产业快速发展的强大动力。

从宏观上来看，北京发展第三产业的强劲势头是无法阻挡的；就北京城镇化建设而言，在第一部分的分析中我们已经指出，当进入后工业化阶段，城镇化的推进主要依赖于第三产业的发展。因此，在当前北京城镇化建设中，需要大力发展第三产业。

目前北京市第三产业的发展面临一个突出的问题，即传统服务业在北京市服务业中所占比重较高，在未来，北京需要充分挖掘首都资源优势，不断强化自身面向全国乃至世界的综合服务功能，大力发展层次高、增值性和附加值高、辐射力和带动力强的现代服务产业群，提高金融保险、商贸物流、IC与软件、信息服务业、文化创意产业等现代服务业在第三产业的比重。

对于北京是否应该发展第二产业，主要存在三种观点：第一种观点认为，北京应该发展第二产业，主要理由是，如果没有发达的第二产业作为支撑，人们的收入难以在短期内得到迅速提升，第三产业就会因此缺乏旺盛的市场需求，不利于第三产业的长远发展。第二种观点认为，北京不应该发展第二产业，主要理由是，大力发展第二产业有悖于北京作为首都的城市功能定位，而且大大超出了北京资源与环境的承载能力。第三种观点认为，北京原则上不适合发展重工业，但是北京应该积极发展以高技术为核心的现代制造业。

本研究认同第三种观点。北京拥有强大的科技实力和丰富的科研资源，经过多年的发展，北京已经初步形成了相对完整的基于产学研紧密合作的区域创新系统，北京有能力发展高新技术产业，同时，就城镇化建设而言，工业化是城镇化的核心动力，高新技术产业的发展有利于北京的城镇化建设，因此，在未来，北京应该继续营造有利的政策环境，努力发展高技术产业、知识密集型产业、高端技术产业，推进第二产业内部结构的优化升级。

无论是第二产业或是第三产业，总体来看，北京需要重点发展技术含量高、附加值高的产业。

（四）北京城镇化建设中产业发展的制度环境

北京城镇化产业发展存在的问题一方面是因为生产力发展的技术限制，另一方面是由制度原因造成的。具体而言，北京城镇化建设中制度环境主要存在以下几方面问题。

第一，城乡隔离的制度仍然存在。如果说计划经济条件下的城乡隔离制度使农民不能转移到城镇，那么现在的情况是既存的城乡隔离制度使农民难以转移到城镇。要想促进“三农”问题的解决，必须使农村富余的劳动力从农村走出来，使农村富余劳动力在城镇能够找到稳定的职业，并能享受到和城镇居民一样的福利待遇，这些福利待遇包括退休、医疗、失业、住房、子女入学等方面的待遇，只有这样才能顺畅地推进农村富余人口向城镇转移，否则，城镇的农民工只能永远是城镇的“栖居人”，而永远不能在城镇找到认同感和归属感。

第二，乡镇企业微观制度环境存在制约发展的缺陷。作为城镇化的重要标志，乡镇企业是计划经济向市场经济转轨过程中的产物，其分布除了受城乡隔离制度的限制外，还受到其微观制度环境的限制，这主要是由其社区属性决定的。社区属性主要表现为乡土性、集体性和地方性。

乡土性指血缘关系和地缘关系对乡镇企业的影响，北京传统的求安求稳的保守思想根深蒂固，从经济上讲，他们不愿意完全放弃农业生产而去从事收入不稳定的工业与第三产业；从感情上讲，部分农民不愿放弃祖祖辈辈居住过的家园，所以分散办厂正符合农民兼顾生产要求和留恋故土的愿望。集体性主要是指乡镇企业占主体的是乡、村两级集体企业，无论是乡镇或是行政村，都不愿放任自身的经济资源流到本社区以外。地方性是指乡镇企业为社区利益服务，社区政府成了乡镇企业经济责任的承担人和保护人。

第三，财税和金融政策扶持存在欠缺。今后在推进城镇化建设的过程中，产业主体不会是国有企业，也不可能是一大批大企业，而是大量的中小型乡镇企业，乡镇企业的兴起发展，除了拥有最初的原始积累投资外，最主要的是需要社会在财税和金融方面的大力支持。乡镇企业在发展初期，主要得益于供不应求的市场环境和北京市一系列的扶持政策，但随着财税体制和金融体制的改革，乡镇企业所得到的优惠逐渐减少。

在税收上，除了部分经济开发区的乡镇企业享受所得税减免和返还外，其他地区享受不到政府更多更大的税收优惠；在融资信贷上，由于企业规模小，生产经营的市场风险大，管理上的落后性，再加上金融的市场化改革，银行更加注意贷款的市场风险，使乡镇企业在获得上市融资、银行信贷方面，都面临重重困难。

第四，农村现行土地制度提高了产业和人口进入城镇的成本。土地所有权转让的唯一性（国家为了公共利益可以征用农村集体用地）和与政府代理人谈判地位的不平等性，使各级政府或代理人可以公共利益的名义追求垄断利益。

自 1982 年《国家建设用地征用土地条例》出台后，各级政府为了发展非农经济或推进城镇化，通过表面上非常简单的手续，以远远低于市场价格的补偿费，把土地由集体变为国有，进入市场出售，获得了超过补偿费几倍或几十倍的利益。

这样对于最初几乎是在无偿利用农村土地资源的基础上发展起来的农村工业与第三产业来说，转移到城镇意味着需要付出高昂的代价。对于农民来说，家庭承包制虽然使得土地使用碎化，阻碍了土地利用效率的提高，造成了土地资源的浪费，但是，土地使用权的稳定，在没有社会保障的条件下，就意味着退休和失业的保障，意味着生存。对于如果转移到城镇，冒着面对的是高昂的房产价格和没有社会保障的不稳定的职业风险代价的农民来说，安贫乐道的田园生活未尝不是一种最佳选择。

所以，由于当前土地制度的问题，使其对于未来城镇化主体的产业和转向城镇的农村富余人口来说，既提高了向城镇转移的成本，又限制了向城镇转移的速度，更浪费了大量的土地资源。

综上所述，由于存在以上众多条件的制约，使得农民和乡镇企业在追求既定条件下的最优化方面遇到了诸多问题，使产业结构调整面临更多难点，也阻碍了城镇化的进程。

（五）北京城乡一体化发展的金融政策定位

适当的金融政策对经济的可持续发展非常重要，金融政策所具有的导致较高水平的储蓄和投资的功能，不仅能增加资本的存量，改善投资结构，而且具有提高资本和劳动生产力的功能。从根本上来讲，金融政策的定位是充分有效地调动金融资源配置，为经济增长目标服务，具体就北京城乡一体化发展而言，金融政策的定位应该是：支持非国有经济对金融资源的合理要求、支持中小企业发展、支持支柱产业和高科技风险项目的融资。

1. 为适应北京城乡一体化发展中产业布局优化的需要，必须积极引导金融资源投向，支持非国有经济对金融资源的合理要求

改革开放以来，随着思想观念的解放、改革的深化，非国有经济有了长足的发展。特别是在党的十五大的精神感召下，“非公有制经济是我国社会主义市场经济的重要组成部分，对个体、私营等非公有制经济要继续鼓励、引导，使之健康发展”，北京市基本形成了加快非公有制经济发展的共识。

近年来，北京市非国有经济的发展形势之好是前所未有的，其在北京城乡一体化发展中发挥了重要作用，但是非国有经济所获得的金融资源与其所做的贡献是不相适应的，很多非国有企业都面临着融资渠道不畅通的问题。为适应北京城乡一体化发展中产业布局优化的需要，必须积极引导金融资源投向，支持非国有经济对金融资源的合理要求。

2. 完善投融资机制，大力支持中小企业发展

随着中国市场经济体制逐渐完善，我国中小企业在经济发展中的作用越来越重要。在北京市，中小企业已成为做大做全市经济总量、解决城乡就业、增加财政收入、促进科技创新、推进社会主义新农村建设的重要力量。根据最近的全市经济普查数据和年度统计数据分析，全市中小企业约有 40 万户，占全市企业总数的 99% 以上；主营业务收入约占全市企业的 70%；从业人员约占全市企业的 81%。

虽然北京中小企业已取得了迅速的发展， 但是中小企业仍面临着许多困难，尤其是中小企业的投融资问题。投融资问题已成为现阶段制约北京市中小企业生存与发展的主要制度障碍，北京市有必要进一步完善投融资机制，建立中小企业融资担保体制、对部分中小企业进行必要的产业政策扶持、建立中小企业风险投资机制。

3. 金融政策要探索建立科技风险投资体系，通过建立以财政投入为引导、银行贷款为支撑、社会融资和引进外资为补充的风险投资基金，通过投资、参股和担保等形式，重点支持支柱产业和高科技风险项目的融资

高技术产业高投入、高风险的特点会使得一般资本会对其望而却步，然而北京的城镇化进程是离不开高技术产业的，高技术产业具有高于一般产业的经济效益和社会效益，某些高技术产业在发展成熟之后还会成为一定区域的支柱产业，因此，金融政策要探索建立科技风险投资体系，通过建立以财政投入为引导、银行贷款为支撑、社会融资和引进外资为补充的风险投资基金，通过投资、参股和担保等形式，重点支持支柱产业和高科技风险项目的融资。

综上所述，经过多年发展，北京已经实现了工业化后期向后工业化阶段的跨越发展，由于特殊的政治地位，第三产业的发展占有明显的优势，产业结构的升级速度高于全国平均水平，但是，北京的产业发展也存在一些问题，存在着一些与城乡一体化发展不一致的地方。在前面我们已经分析了阻碍城乡一体化的制度因素，除此之外，北京实体经济支撑不足，也会直接影响到城乡一体化的发展。

三、北京城乡一体化发展中产业布局优化的社会资金导入

（一）必要性分析

城乡一体化发展的产业建设需要大量的资金投入，仅仅依靠国家的农业投入是不够的，多渠道筹集社会资金势在必行。

城乡一体化发展的产业建设对于任何地区来说都是一项浩大的工程，需要大量的资金投入，单纯依靠政府对农业的投资很难达到期望的发展水平。且总体来看，国家财政用于农业的支出占财政支出的比重不断下降，从1978年的13.43%下降到了2006年的7.85%，共下降了5.58个百分点，表4-4是我国财政用于农业支出占财政支出的比重。

表 4-4 我国用于农业支出占财政支出的比重 单位：%

年份	农业支出占财政支出的比重	年份	农业支出占财政支出的比重
1978	13.43	1997	8.30
1980	12.20	1998	10.69
1985	7.66	1999	8.23
1990	9.98	2000	7.75
1991	10.26	2001	7.71
1992	10.05	2002	7.17
1993	9.49	2003	7.12
1994	9.20	2004	9.67
1995	8.43	2005	7.22
1996	8.82	2006	7.85

资料来源：《中国统计年鉴（2007）》

要解决资金融资问题，必须考虑融资主体的多元化，开拓金融机构、外资等融资渠道。当前，政府对农业的投入不足已经在一定程度上制约了农业的发展。因此，在城乡一体化发展的产业建设中，多渠道筹集社会资金势在必行。

（二）可行性分析

从实际情况来看，将社会资金引入城乡一体化发展的产业布局优化中是具有可行性的，主要体现在以下两方面。

1. 城乡一体化发展中的产业布局优化、农村产业综合开发的存在形式为社会资金的引入创造了条件

城乡一体化发展中的产业布局优化、农村产业综合开发的基本形式是“市场 + 中介组织 + 农户”。连接农户与市场的中介组织是多种多样的，可以是“公司 + 农户、企业 + 农户”，也可以是“专业协会 + 农户”。中介组织可以是农户自发形成的，也可以是海内外工商企业者投资入股形成的。

“公司＋农户”是我国诸多大型工商企业进入农业选择的形式。在这种形式中，发挥“龙头”作用的是公司，公司通过合同契约关系与广大农民结成产加销一体化的经济实体，利益共享，风险共担。这种形式的特点在于，由公司强化农业资源产出并使其增值，然后组织销售。它尤其适合在市场风险大，技术水平高，分工细，专业化程度高，以及资金密集的生产领域发展。

2. 农业产业一体化经营，使得产业的比较效益相对比较高，成为吸引社会资金的内在动力

在市场经济条件下，各类资本之所以介入到中介组织，是因为有利可图。在农业领域，农户的家庭经营使农业的生产与经营管理这两种职能统一于农户家庭之内，管理监督费用少，生产管理的责任心强，劳动往往不计入成本，最适合农业生产经营的特点，因此配置农业各种资源的效率高，生产出的农产品成本低。这种价格低廉的农产品一旦经过加工、流通，在市场上售出后能获取较丰厚的利润，所以这个获取相对比较高的收益机会便成为以盈利为目的的社会资金引入农业的内在动力。

总之，城乡一体化发展的产业建设需要社会资金的介入，而社会资金也有介入的内在动力——资本的趋利性，“市场＋中介组织＋农户”的模式为社会资金的介入创造了条件。

（三）社会资金的种类及吸纳方式

1. 农村社会资金的种类

农村社会资金的种类主要有工商业资本、农民自筹资金、乡镇企业积累、农村集体经济积累、外商投资。工商业资本的优点在于能够迅速为农村带来丰厚资本，且在为农村带来资本的同时，也能够将现代管理经验等带入农村，有助于在短期内实现农业现代化；相比较而言，农民自筹资金、乡镇企业积累和农村集体经济积累能够为农村带来的资金十分有限，尤其是农民自筹资金方式，由于自身认识的狭隘性，而且农民抗风险的能力较小，农民往往不愿意拿出资金进行投资；和工商业资本一样，外商投资也能够迅速为农村带来丰厚资本并将先进的管理经验带入农村，但是就我国目前实际而言，我国农村既不具有吸引外资的区位优势，也没有相关的政策优势，很难吸引外资进行投资。

2. 吸纳社会资金的方式

吸纳社会资金的方式主要有集资方式（发行农业产业化债券或设立产业投资基金）、股份合作制、“返租倒包”方式等。集资方式主要是指国家或地方可发行农业产业化债券或设立产业投资基金。发行债券、设立产业投资基金需经合法程序批准，坚持自愿的原则，并给予出资者经济利益。这种方式的特点是面广，容易筹集到较多的资金，容易吸引群众手中的闲置货币。

股份合作制是指农户和其他单位以土地、资金、技术、劳动力向企业参股，形成新的资产关系。既解决了资金问题，又以经济纽带密切了企业与农户之间的关系。“龙头”企业运用股份合作吸收农户投资入股，使企业与农户以股份为纽带，结成“互利互惠，配套联动”的经济共同体。

“返租倒包”是一种直接参与土地经营的租赁方式。“龙头”企业返租农户承包的土地，作为企业的生产基地再倒包给农户经营，成为企业的一个生产车间，生产的产品全部由企业收购。

最后需要说明的是：吸引社会资金，仍需要国家的宏观调控，需要政府给予政策引导，才能使产业建设对资金的需求得到满足，使引入的社会资金真正发挥社会、经济、生态效益的高度统一。

（四）产业投资基金与产业布局优化的关联性分析

产业投资基金是一种集合投资制度，通过向不同投资者募集资本形成基金，从事风险投资、企业重组投资和基础设施投资等实业投资。其中，风险投资基金主要针对科技型中小企业进行股权投资；企业重组投资基金主要涉及企业并购重组的融资活动；基础设施投资主要是针对基础设施建设进行投资活动。产业投资基金是带有中国特色的新型金融工具，为现实产业布局优化提供金融支持。

1. 产业投资基金与产业布局高度化分析

产业投资基金能够促进产业布局的高度化发展，主要体现在培育高新技术、促进科技成果市场化和培育新兴产业三方面。

（1）培育高新技术

高新技术是知识经济时代经济增长的动力，高新技术能够制造出新产品、创造新需求，从而推动经济的发展。高新技术的成功发明除了依靠科学家天才创意和勤奋工作之外，还需要依靠大量资金的投入。

高新技术的发明主体大多为处于种子期的科技型创业企业或高校实验室，这些发明者经常面临着研究资金不足的窘境。对于种子企业来说，此时所掌握的只是可行性未知的一项专利或一个创意，无法为企业创造现金流。高校的资金来源也相当有限。因为资金的缺乏，每年都有大批极具潜力的研究项目被迫搁置。

产业投资基金通过对研发阶段的投入，为科技开发扫除资金障碍，帮助研究项目顺利进行。产业投资基金对处于研发阶段的种子期企业的投入已经占到总投入的相当比例，一些产业基金甚至已开始向大学实验室进行投资，并帮助不少研究项目获得成功。虽然目前研发阶段投资在产业投资基金投资所有方向中所占比重有限，但其对新技术诞生的催化作用却不可估量。

表 4-5 为 2009 年风险投资阶段分布，从表中可以看到，成长期企业最受风险投资机构关注，案例数量和投资金额均是最多的，成长期企业的案例数量占总案例数的 33.67%，投资金额占总投资金额的 29.60%；案例数量居第二位的是初创期企业，占案例总数量的 33.16%。风险投资机构对初创期和成长期企业的关注，尤其是对初创期企业的投资有利于高新技术的培育。

表 4-5 2009 年风险投资阶段分析

阶段	初创期	成长期	扩张期	成熟期	Pre-IPO	合计
数量	197	200	125	38	34	594
比例	33.16%	33.67%	21.04%	6.40%	5.72%	100%
金额（亿元）	31.14	79.46	67.32	43.04	47.48	268.44
比例	11.60%	29.60%	25.08%	16.03%	17.69%	100%

资料来源：CVCRI

（2）促进科技成果市场化

只有将新的技术发明转化为市场需求的产品，才能使其真正成为推动经济增长的生产要素。市场转化过程包含两个相互关联的步骤：首先，将新技术从实验室的科研成果转化为现实的产品；其次，将产品推向市场，使其被市场接受，成为具有交换价值的商品。

产业投资基金在促进产品到商品的转化过程中发挥的作用更胜于实验室阶段，因为他们比科研机构更加熟悉和了解市场，因而清楚地明白一个道理：不是每项实验室成果都能够创造市场价值。他们必须能够筛选出真正具有市场前景的成果，通过投资于高新技术型创业企业，将科研成果转化为产品。然后，利用自身拥有的营销经验和市场网络，帮助企业建立销售渠道和销售网络，将这些产品转变为经济价值。如果没有产业投资基金的协助，很多具有市场潜力的科技成果往往只能被束之高阁，无法发挥作用。

可以这样认为，产业投资基金能够使这些成果创造出最大化的经济价值，使科学技术成为真正的“第一生产力”。

(3) 培育新兴产业

产业投资基金在培育新兴产业方面的作用主要在于要素供给。新兴产业要得到相应的要素投入才能逐渐发展起来。这些投入要素包括资本、劳动力等“硬件”要素，同时也包括知识、技术、信息和企业家才能等“软件”要素。在新兴产业成长过程中，以上这些新兴产业欠缺的要素恰恰都是产业投资基金的“强项”。通过“硬件”和“软件”要素的投入，产业投资基金在帮助新兴产业壮大的同时，也分享了产业成长的回报。资本的逐利性是产业投资基金参与培育新兴产业的根本原因。

新兴产业中最具代表性的是高新技术产业。高新技术产业属于资本密集型行业、高风险性行业，进入高新技术产业的资本必须具备强大的承受风险的心理素质和资本实力，而资本市场上现有的各种融资渠道，除产业投资基金外，皆不能满足高新技术产业对资本的需求。

首先，高风险性与商业银行稳健的经营原则相悖。高新技术企业的高风险性特点无法满足商业银行对资产流动性、安全性的要求。

其次，高新技术产业在发展初期很难以股票、债券方式取得融资。高新技术产业发展初期往往以中小企业的形态存在。中小企业资产规模小、信用等级低的特点使其很难获得股东和债权人的信任而获得资金。即便是在纳斯达克市场，对上市的中小企业也是有很高的资产规模和盈利性要求的，这些要求对于处于初创期的企业来说根本无法实现。

产业投资基金的意义不仅在于其具备的能够满足高新技术产业，更在于其独一性，即没有其他形式的资本能够起到产业投资基金对于高新技术产业的作用。

2. 产业投资基金与产业布局合理化分析

产业布局合理化主要包含两方面：产业的协调性和生产要素的合理使用。协调是产业布局合理化的中心内容，产业布局的协调是指各产业之间有较强的互补和谐关系和相互转换能力。生产要素合理使用要求为了达到最合理的产业布局，要将有限的生产要素合理的配置到不同产业之中，最大限度的发挥生产要素的使用价值。在产业布局合理化的范畴内，如果将产业协调性看作是目的，则生产要素的合理使用就是实现这一目的的手段。

（1）平衡产业间供给与需求

在同一经济时代，不同产业的发展状况不尽相同。“产业投资基金”能够协调产业间发展速度和规模，从而调整产业供需平衡。对于一些实力上比较弱小，但产业内部结构尚不存在明显问题的产业，资金匮乏是其发展的主要障碍。只要有足够的资源流入该产业，就能使其快速发展。产业投资基金通过向该产业投入大量资金，帮助其在短期内实现产业资本的快速积累，从而迅速扩大规模，获得发展，缓解经济结构中“瓶颈”产业对经济增长的制约作用。

除了拥有强大资金实力之外，由于长期从事专业产业投资，产业投资基金同样还积累了大量的专业技术经验和管理经验。对于技术、管理水平相对落后的产业，它将其自身具备的技术资源和管理经验移植到这些产业之中，促进其进一步成长。通过增强欠发达产业的实力，提高该类产业对其他产业的供给能力。最终达到平衡产业间供给与需求的目的。

（2）提高资源要素使用效率

“稀缺性”是资源最大的特点。在资源短缺、集约化经济在全球被普遍倡导的今天，提高资源的使用效率具有十分重大的现实意义。这里的“资源”，是指广泛意义上的资源，不仅包括实物资源，还包括人力资源。产业投资基金在提高资源使用效率方面的作用，也恰恰体现在对广泛意义上“资源”的挖掘。

第一，提高现有要素使用效率——产业重组。产业重组是指在某些产业发生的集中的、大规模的兼并重组活动，产业重组是对现有资源的重新分配，旨在提高资源的使用效率。产业重组投资是产业投资基金的另一项重要内容。

第二，人力资源的价值——投资家精神。投资家是产业投资基金的运作者，是整个投资过程的中心环节，投资家在投资活动中的价值主要体现在聚集资本和为企业经营管理提供经验指导和服务。

3. 产业投资基金与区域产业布局优化：产业投资基金是改变地区资本和技术要素禀赋最有效率的方式之一

产业投资基金在资本要素上的优势不仅体现在数量上，同时也体现在其在不同地区之间迅速转移的效率上。地区资本要素主要有以下两个来源：一是靠自身积累。资本积累过程是伴随经济增长的过程逐渐进行的，是缓慢、渐进的过程，不是一蹴而就的。二是靠外部资本的流入，即吸引本区域以外的资本流入，为本区域经济增长服务。相比依靠自身资本积累的途径，外部资本流入是一种能够迅速改变本地区资本要素禀赋的方式。这里的外部投资更多的是指针对实体经济的投资，而非针对资本市场的投资。

区域间资本流动的主体主要有企业集团投资者和金融机构投资者即产业投资基金。同样是区域间资本流动，同样投资于实体经济，以上两类投资主体之间存在一些差别。企业投资者受原有生产领域、生产规模、技术条件等因素所限，在选择新的投资区域前必须考虑一系列的因素，对所挑选的地区应具备的条件要求比较苛刻。且作为被投资区域只能处于被选择的被动地位。这些现实情况在客观上给资本流动带来了一些障碍。

相较之下，产业投资基金在带动区域间资本流动方面没有太多的“历史包袱”。它只需寻找合适的投资机会，而不存在必须与原先投资相符的问题，并且可以做到分散投资以降低风险。从这一角度上看，产业投资基金是改变地区资本要素禀赋最有效率的方式之一。

同样，在改变地区技术要素禀赋上，产业投资基金也更具优势。产业投资基金改变技术要素禀赋的途径有两种：一是投入资本扶植当地技术发展，二是在资本流动的过程中同时带动外部技术向本地区的转移。无论何种方式，产业投资基金在这一过程中都起着“助推器”的作用。

总之，产业投资基金通过培育高新技术、促进科技成果市场化、培育新兴产业等途径促进整体产业结构及区域产业结构的不断升级，以创造出新的经济增长点；通过促进瓶颈产业的发展、提高生产要素的使用效率等途径，促进产业结构中的供需平衡以及最大限度的发挥生产稀缺资源的使用效率，从而实现产业间、区域间的协调均衡。

4. 我国产业投资基金发展现状与存在的问题及原因

(1) 我国产业投资基金发展现状

目前，我国产业投资基金的发展仍然处于摸索阶段。1985 年在北京成立的中国新技术创业投资公司是我国第一家风险投资机构。

20 世纪 90 年代初期，一些国外的风险投资机构开始在我国境内设立风险投资基金并开始进行投资。比较有代表性的是美国国家数据集团投资设立的美国太平洋创业投资基金，这是在中国设立的第一家外资风险投资基金，标志着外资进入中国风险投资领域的开始。

1995 年以后，我国开始出现投资于特定行业、特定地区、特定条件的风险投资基金。我国的产业投资基金开始以较快速度发展，相继出现了多家规模较大的投资基金。

2005 年底国务院批准渤海产业投资基金筹建，2006 年 12 月 30 日国内第一只由国务院批准试点的中资产业投资基金——渤海产业投资基金成立。渤海产业投资基金是第一只完全由国内资本组建、以私募方式募集的产业投资基金。基金规模为 200 亿元，首期募集资金 60 亿元，基金采用私募发行方式，存续期 15 年。依照国家发展和改革委员会的批复，基金拟投资于环渤海地区服务的交通、能源等基础设施项目，具有创新能力的现代制造业项目等。

2007 年，国务院批准了五只产业投资基金作为第二批产业试点基金，分别是上海金融产业基金、广东核电基金、山西能源基金、绵阳高科技产业基金以及中新苏州工业园区产业基金。

上海金融产业基金：规模 200 亿元，该基金针对上海国际金融中心的定位，主要用于金融行业的投资和收购。

广东核电基金：规模 100 亿元，主要投向于核电、风电等清洁能源。

山西能源基金：规模 100 亿元，由山西的焦煤、煤矿集团等作为牵头人发起设立，大部分资金将投向山西的煤层气开发利用、煤炭产业规模化与产业整合、焦化产业整合、煤化工、煤电和煤铝、能源国企改革以及交通物流等七大领域。

绵阳高科技产业基金：规模 60 亿元（2005 年国务院批复了四川绵阳科技城的五年发展规划，其中包含成立高科技产业基金）。

中新苏州工业园区产业基金：规模 100 亿元，首期规模为 30 亿元，中新苏州工业园区创业投资有限公司将作为主要的基金管理人。

2008 年，第三批试点的产业基金包括华禹水务产业投资基金、东北装备制造产业投资基金、天津船舶基金和工商联申报的城市基础设施产业投资基金。

表 4-6 列出了我国已试点的十只产业基金计划募集规模。

表 4-6 我国已试点的十只产业基金 单位：亿元

产业基金名称	计划募集规模	产业基金名称	计划募集规模
渤海产业投资基金	200	中新苏州工业园区产业基金	100
上海金融产业基金	200	华禹水务产业投资基金	300
广东核电基金	100	东北装备制造产业投资基金	100
山西能源基金	100	天津船舶基金	200
绵阳高科技产业基金	60	城市基础设施产业投资基金	100

资料来源：http://tag.pedaily.cn。

2008 年之后，我国不再进行产业投资基金的试点，并出台了《产业投资基金管理暂行办法》，这标志着我国产业投资基金开始迈向市场化建设的步伐。产业投资基金管理办法出台后，规模在 50 亿元以上的股权投资基金得到快速发展。

产业投资基金在我国属于新生事物，其发展不过二十几年时间。

在这短短的二十几年时间里，我国产业投资基金，培育出一批高新技术，为我国高新技术产业的发展作出了突出贡献，有力地带动了我国产业结构升级。但与美国、欧洲等发达国家和地区相比，我国产业投资基金的发展程度还比较低，而产业结构的优化演进又是一个长期复杂的过程。因此产业投资基金对我国宏观产业结构产生更加深刻而广泛的影响，还需要进一步的实践、发展。

（2）我国产业投资基金存在的问题

与发达国家相比，我国产业投资基金尚处于幼年阶段，观察我国产业投资基金的发展历程，我国产业投资基金主要存在以下四方面问题。

第一，对产业投资基金的认识存在诸多误区。归结起来，主要存在三大误区：误区之一是将产业投资基金与创业投资基金混淆起来，认为产业投资基金就是创业投资基金，而没有看到在中国特色下产业投资基金也包括投资于基础设施项目的基础设施投资基金以及主要从事国有企业兼并重组的企业重组基金；误区之二是将产业投资基金当作国债来投资，不了解产业投资基金的风险性；误区之三是对产业投资基金的认识只停留在其融资功能上，使产业投资基金在未来有沦落为“圈钱”工具的危险，不了解产业投资基金是具有综合功能的金融工具。

第二，有关产业投资基金的法律法规尚不健全。到目前为止，我国还没有形成完善的有关投资基金的法律体系。由于缺乏健全的基金法规，导致我国产业投资基金存在各种不规范现象，如发起人资格审定不规范、基金内部组织结构不规范、基金性质不够明确、基金投资限制性不够、基金信息披露不规范等等。

第三，产业投资基金的规模普遍不大，品种单一。无论什么样的产业投资基金，其基本规模一般都要以亿元为单位，才能真正达到和实现投资目标，否则基金很难对所投资的企业具有一定的影响力，也很难达到组合投资、分散风险的目的。

目前我国产业投资基金普遍规模不大，小的还不足1亿，投资方向大都是高风险的高新技术产业，对有的行业的投资几乎没有。图4-2为2005—2009年风险投资机构新募资金规模，从图中可以看到，2亿以下占了绝大多数，2009年，新募集资金不到1亿的占了40%，其中4%甚至不到2000万。

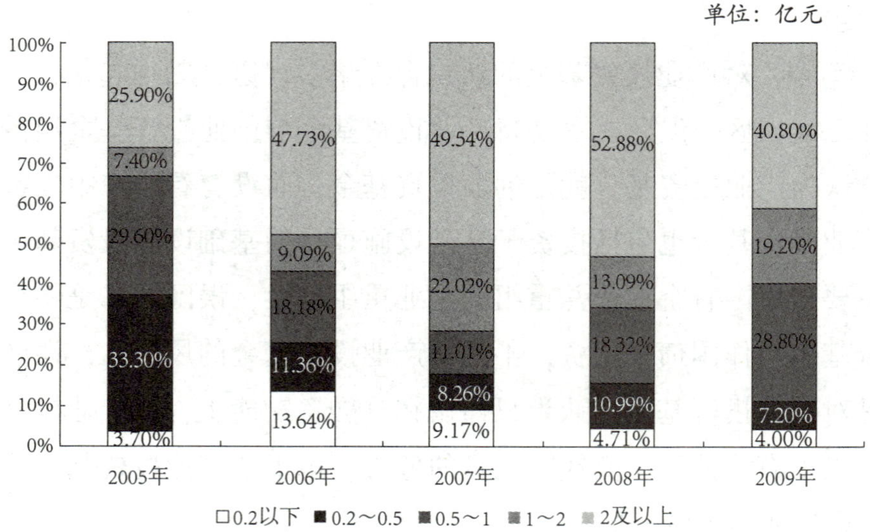

资料来源：CVCRI。

图4-2 风险投资机构新募资金规模：2005—2009年

第四，目前我国尚缺乏高素质的产业投资基金管理人才。由于产业投资基金是一项新生事物，我国在这方面的专业管理人才非常紧缺，这是我国产业投资基金发展面临的重要制约因素。

虽然我国产业投资基金存在一些问题，但总体来看，我国产业投资基金的发展趋势是好的，随着产业投资基金发展步入成熟阶段，这些问题都将一一被解决。

(3) 我国产业投资基金存在问题的原因分析

我国产业投资基金之所以存在这一系列问题，主要是因为我国产业投资基金尚处于年幼阶段，各种配套机制没有跟上基金的发展，主要体现在市场体系不健全和政府引导机制欠缺两方面。

第一，市场体系不健全。建立全国统一、健全、高效的市场体系，是促进产业投资基金发展的基础。目前我国的情况是市场不全，人为分割，相互封闭，造成许多对产业投资基金发展的障碍。

如许多地方还没有公开、公平、公正的产权交易市场；即使有些地区已经建立了产权交易市场，也因为当地政府考虑本地区利益或者为防止国有资产流失而设置的条条框框使得交易非常不活跃，交易效果不佳。再如，民间资本很难进入一些经济领域，这也是市场发育不良的体现。除关系国家安全的领域外，都应当向国内外资本市场开放，这样才是一个全方位的市场经济。二板市场难成行，法人股、国有股不流通，都是不健全市场的反映。

第二，政府引导机制欠缺。产业投资基金将大量资金集中于高新技术领域（特别是IT领域）的根本原因 在于资本追逐利润的根本属性。近些年IT行业飞速发展，市场迅速壮大，形成了大量的利润空间。特别是一些网络企业通过在国内或国外上市融资，在较短的时间内为其投资者带来了超额资本回报。而在基础产业领域，由于行业特性所限，这些回报在短期内是根本无法实现的。因此，为了在最短时间内实现利润最大化，产业投资基金前仆后继地投入IT领域是市场选择的结果，而对基础产业的忽视也是市场选择的结果。

在我国的产业投资中，基础产业所具备的投资风险相对较低的特点却没有转化为吸引投资的优势。究其根源，政府没有拿出行之有效的引导措施是其中的重要原因。市场机制下对于资源配置具有高效性的同时，也同时存在滞后性和盲目性，需要政府的调控才能克服。基础产业在我国本身已属于发展相对滞后的产业，且长久以来都在政府的控制范围之下，对政府的依赖程度很大。如果政府希望引导非国有资金进入这一领域，就应当建立一套相对完善的引导机制，通过一系列的间接调控手段，将基础产业自身具有的特性充分发挥出来，使其真正成为吸引资本投入的强项。

导致产业投资基金存在问题的原因是多方面的，市场和政府是最主要的两点，而其中市场机制不健全是最根本的原因。

（五）北京产业投资基金在促进产业布局优化中存在的问题

1. 北京产业投资基金的发展现状

近年来，北京先后发布了《关于促进首都金融产业发展的意见》《关于促进首都金融业发展的意见》《关于促进股权投资基金业发展的意见》《在京设立外商投资股权投资基金管理企业暂行办法》等相关政策，为产业投资基金创造了良好的政策环境。在多重因素的推动下，产业投资基金持续向北京聚集，规模不断扩大。

目前，北京市已经逐步建设完善了“1+3+N”的股权投资基金发展体系。“1”是指首期规模 50 亿，总规模 100 亿元的北京股权投资发展基金，作为母基金直接引导、投资在北京市设立的优秀 PE 机构。“3”是指由股权投资发展基金作为发起人之一，发起设立科技、绿色和文化创意 3 支产业投资基金。“N”是指股权投资发展基金将作为投资人，与在京注册的有较强管理团队、有成功投资经验、有一定市场认知度、有资金募集实力的股权投资基金合作，分别设立多只股权投资基金。2010 年 7 月 30 日，北京股权投资发展基金与凯雷、IDG 签约，分别发起成立人民币基金。此外，北京市还支持各种市场化的母基金在在京设立。

2010 年北京市创业投资和股权投资募集资金和退出案例数等指标都达到了历史新高。根据清科研究中心的统计，截至 2010 年年底，在京注册的国内外各类股权投资企业 510 余家，所管理的基金规模折合人民币达 1.04 万亿元。2010 年，创业投资和私募股权投资在北京地区投资案例 259 起，占全国投资案例数量的 21.9%；投资金额 39.4 亿美元，占全国投资金额的 25%。北京市股权投资机构数量、投资案例和投资金额均居全国首位。

2. 产业投资基金在北京城乡一体化产业布局优化中存在的问题

产业投资基金在促进北京城乡一体化发展的产业布局优化中存在着诸多问题，总体可归结为以下四点：投资结构有待调整、政府过度介入、法律欠缺、退出机制不完善。

（1）投资结构有待调整

目前北京市产业投资基金投资结构存在一定程度上的不合理，主要体现在：产业投资基金的大部分资金流向了风险投资项目，这其中又主要集中在高科技领域，对于基础产业，如农业、基础设施产业等，则关注较少。造成这一现象的主要原因是高科技产业能够在短期内为投资者带来丰厚回报。从总体经济的角度来说，这种重视短期利益的行为可能会引起新的结构问题并进一步引发更严重的后果。不仅北京，全国都存在这一问题。图 4-3 为 2009 年风险投资

行业分布，传统产业和狭义 IT 是获得投资最密集的领域，而农业、

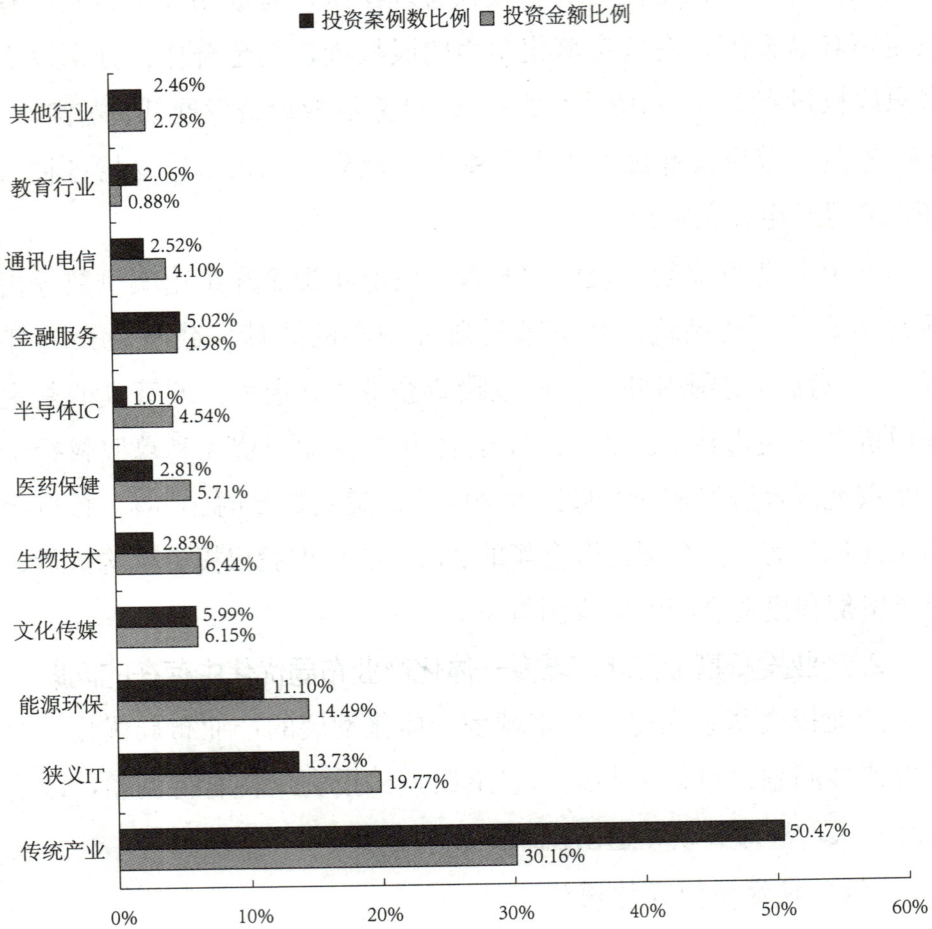

资料来源：CVCRI。

图 4-3　2009 年风险投资行业分布

基础设施等产业的投资却是少之又少。

（2）政府过度介入

北京的产业投资基金具有浓厚的政府色彩，政府的过分介入会带来一些问题。首先，政府过分投入，一定程度上对民间资本甚至

是外国资本的进入，产生了“挤出”效应。其次，政府的过多投入也令人对产业投资基金能在多大程度上实现真正市场化运作产生担心。如果政府成了产业投资基金背后真正的“股东”，那么在具体运作时，例如项目的选择、投资比例等难免掺杂一些行政命令的因素。

（3）法律欠缺

合理健全的法律法规体系是产业投资基金发展的保障。北京目前对产业投资基金的相关立法主要都是关于风险投资方面的一些法规，而真正以“产业投资基金”名义颁布的法律法规，除国家发展改革委员会颁布的《产业投资基金管理暂行办法》外，目前还没有其他正式法律文件的出台。由于缺乏完善明确的相关法律，产业投资基金在设立、募集、运作，尤其是在保护投资者利益方面可能会发生的一些负面行为令人担忧。

（4）退出机制不完善

退出机制也是影响产业投资基金发展的重要因素，只有退出渠道通畅，才能实现产业投资及时有效的退出，打造募集资金、投资、管理、退出的全流程。产业投资基金的退出方式主要有三种——IPO 公开上市、股权转让和清算。IPO 方式可以使投资者获得超额资本回报，同时也能表明所投资企业具有良好的经营业绩和发展前景，因此是投资者最乐于接受的方式。目前北京市产权市场的建设正处于起步阶段，通过产权市场实现资本退出的项目也十分有限，很多项目是在香港、新加坡、美国及英国的资本市场现实的上市。

虽然目前北京产业投资基金存在各种问题，但基本属于一些阶段性问题，随着市场不断健全、相关法律法规不断完善、产业投资基金逐步走向成熟，这些问题都将得到解决。

（六）北京市产业投资基金发展战略

产业投资基金是市场经济的产物，中国发展产业投资基金必须尊重市场规律，充分发挥市场规律在产业投资基金发展中的作用，而政府应当扮演的角色是引导、支持、不包办。因此，关于产业投资基金的发展模式如设立方式、规模、资金来源、组织形式甚至监管体制的选择都应是市场的选择，本文下述的内容仅仅是可供选择的设想。

1. 北京市产业投资基金发展的战略思想与战略原则

(1) 北京市产业投资基金发展的战略思想

北京市在发展产业投资基金的过程中，必须遵循以下具体的战略思想。

一是必须将产业投资基金的发展与北京市的宏观经济发展战略结合起来。要把北京市的产业投资基金放在我国产业投资基金发展的历史、现状和未来的走向中，并与北京市经济社会发展的宏观经济发展战略相结合。

二是必须将产业投资基金的发展与北京市的产业发展的实际情况相结合。凡是符合政府鼓励发展并有良好回报的产业，都可以运用产业投资基金进行融资运作。只有这样，北京市产业投资基金的发展才能既符合我国投资基金的发展规律，又能对我国投资基金业的发展做出创造性的贡献；既能促进北京市产业的升级、提高经济增长的质量，又能为一些企业的发展提供金融支持。

(2) 北京市产业投资基金发展的战略原则

北京市产业投资基金发展应遵循以下战略原则。

第一，坚持市场化运作原则。产业投资基金作为商业性的投资主体，是市场化的投融资工具或产品。所以，北京市在产业投资基金发展的过程中，必须坚持市场化运作的原则，对基金的投资者负责，切实维护出资人的合法权益，切实保障基金投资者的自主决策，基金投资收益由出资人按投资比例共享。

第二，坚持政府以间接方式进行宏观调控的原则。发展产业投资基金要遵循市场规律运作。但由于我国的市场经济正在发育，产业投资基金处于试点阶段，所以发展产业投资基金需要由政府发挥主导作用，但政府的这种主导作用是暂时的。在产业投资基金的发展过程中，政府的主要职责是通过财政、货币、产业政策和宏观规划，引导产业投资基金的合理投向，监测产业投资总量和结构，并及时发布信息，发出警告，以经济利益和行业规划诱导产业投资基金的投资行为。

第三，坚持可持续发展的原则。北京市发展产业投资基金，要遵循有利于可持续性发展的原则，使其尽量支持现阶段北京市急需发展的产业的发展。同时产业投资基金本身也要可持续性发展，不能是做一两个项目就结束，而是一种需要长期发展的金融工具，其投向可以随着政府产业政策的调整而变化。

第四，坚持兼顾效率和效益的原则。北京市发展产业投资基金，不仅要支持北京市产业的升级，促进经济的发展，而且产业投资基金本身也要追求较高的盈利和增值。所以，北京市在发展产业投资基金的过程中要尽量减少“内部人控制”，兼顾效率和效益。

2. 北京市产业投资基金发展的战略定位与战略目标

（1）北京市产业投资基金发展的战略定位

北京市产业投资基金的定位包含产业投资基金产业投向的定位和发展方向的定位。

首先，产业投资基金产业投向的定位。北京目前欠成长产业较多，总体来看，北京市大部分产业都需要进一步提升。具体来说，产业投资基金可投向以下三方面：第一，国家和北京市重点支持的行业，如农业基础设施、高新技术产业、文化产业等；第二，资金缺口较大的产业，如重大基础设施产业、农业等；第三，产业重组项目和国有股减持项目。

其次，产业投资基金发展方向的定位。目前，北京的投融资制度还保留着许多计划经济的痕迹，产业投资基金面临着政府过度干预的问题，因此我们不仅要遵循一般投资基金的国际惯例，更要冲淡投融资的过强的行政干预色彩、提高投融资效率、促进被投资产业的快速发展。

(2) 北京市产业投资基金发展的战略目标

北京市发展产业投资基金的战略目标是：鼓励产业投资基金集中投资于开发重要项目，使产业投资基金形成一种新的商业性投资主体，促进北京市经济发展，提高产业竞争力。

3. 北京市产业投资基金发展的战略规划

北京市产业投资基金发展的战略规划应主要包含资金筹集机制、组织形式、规模和存续期、组织机制、实施机制、退出机制等六个方面。

(1) 资金筹集机制

资金是推动产业投资基金发展的基础。产业投资基金的资金来源多样化是当今世界各国产业投资基金发展的趋势，也是发达国家产业投资基金发展的重要经验。由于以私募方式设立更适合产业投资基金运作，故私募型创业投资基金一直是市场的主流。就北京市目前的情况而言，由于一般公众投资者缺乏必要的风险鉴别能力和风险承受能力，产业投资基金尚只宜以私募方式起步，待有关条件逐渐成熟后，再适当发展公募型产业投资基金。北京市发展产业投资基金应尽可能调动各方面力量，扩大资金来源渠道。资金来源应以社会资金为主，政府资金为引导，充分发挥机构投资者的力量。

（2）组织形式

基金按组织形式的不同，可分为契约型基金和公司型基金。契约型基金是指以信托原理来组织和运作，不具有法人资格的基金；公司型基金是指按照公司法的规定成立的具有法人资格的基金。北京的产业投资基金应采取何种形式，关键应考虑如下几个因素：首先考虑是否能适应长期股权投资流动性差的特点，其次考察是否能获得广泛的市场需求，再次是要分析能否充分体现分散投资风险基金的特点。考虑到契约型比公司型更具灵活性，本研究认为，北京市产业投资基金应采取契约型组织形式。

（3）规模和存续期

就北京市总体规模而言，国外投资基金规模一般占全国金融资产的 10% ～ 30%，北京产业投资基金规模可控制在北京金融资产总规模的 20% 左右；就单个投资基金的规模而言，参照外国经验，单个的基金规模应不低于 10 亿。如果规模太大而找不到合适的投资项目就会造成资金的浪费，造成效益低下。一般地，产业投资基金与单个项目的投资比例尽管小（按一般规定最高不得超过该项目投资总额的 15%，同时也不得超过基金总额的 15%），但是其投资额一般也需要几百万乃至几千万，特别是资金缺口较大的基础产业和支柱产业，更是需要巨额资金支持，否则难得达到预期目的。如果规模太小，可能形不成规模效应，很难设计投资组合，达到有效分散投资风险的目标。

封闭式基金通常有固定的存续期，目前市场中的封闭式基金的存续期为10年或15年。国家规定最少是5年。当期满时，经基金持有大会通过并经监管机关同意可以延长存续期。而开放式基金没有固定的存续期，如果基金的运作得到基金持有人的认可，就可以一直运作下去。

（4）组织机制

作为投资基金的一个分支，产业投资基金在发起和设立时也需要遵循一般投资基金的程序，即要经过确定基金的性质和方向、方式、选定基金的发起人和托管人、组建基金管理公司、制定各项申报文件、向主管部门报批核准、发布基金招募说明书、发售基金券等步骤。理论上说，只要是法人机构且符合有关法律规定，都可以成为产业投资基金的发起人。但是在产业投资基金发展初期，对发起人的资格审查和限定是必要的。只有具备相关条件，如实力雄厚、有相当的基金管理经验等，才能成为发起人。

产业投资基金在发展初期，适宜在法人和机构间小范围内发行，宜采取私募发行。原因如下：首先，私募发行较少涉及广泛的公众利益，有利于社会稳定；其次，私募发行向政府呈报文件少、审批程序简单，同时不需要做大量广告、公开发行招募说明书和基金章程，能节约成本；再次，私募发行能满足各类保险机构和其他法人机构投资者的投资需求。

（5）实施机制

产业投资基金的实施机制是指基金从筹资设立、投资操作到到期退出一整套过程的运作程序、操作方式和规范。详细过程见图4-4。

①项目筛选。产业投资基金建立后，接下来就是要寻找有关的

投资项目。一般来说，寻找投资项目是一个双向的过程，即有项目的寻找资金和有资金的寻找项目。当项目寻找资金时，基金公司会根据自己的筛选原则进行筛选和评审；资金寻找项目往往是通过各种渠道如上级机构、贸易伙伴、中介组织以及贸易洽谈会等多种形式获得。产业投资基金在寻找投资时，在相当程度上依赖人际与行业网络关系的运用，这些关系越丰富，就越有机会获得较多的投资项目。

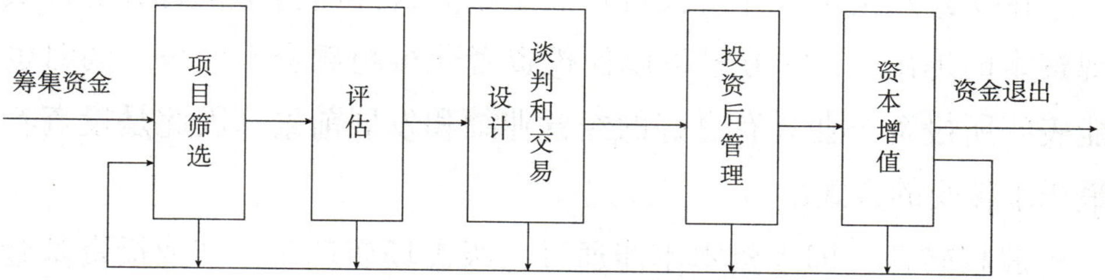

资料来源：季敏波：《中国产业投资基金研究》，上海，上海财经大学出版社，2000

图 4-4　产业投资基金基本运作过程

②评估。某一项目一旦获得初选，基金管理人就会对其作进一步的评估，这个过程是考验基金管理人的能力的关键阶段。这些能力包括对项目的技术、市场潜力和政策法规的把握以及对项目风险的准确评估等。

③谈判和交易设计。对某一项目通过了详细评估后，就进入了项目方与投资方的在投资数量、投资形式和价格等方面进行协商谈判过程，形成的协议除了以上几个方面外，还包括参与经营管理的方式、保护性契约和投资失利协定等。

④投资后管理。产业投资基金投资是一种参与型投资。基金成为项目的合伙人或合作者就应承担相应的义务与职责，如对受资企

业的日常经营进行监管、对企业的经营战略、组织结构调整等重大决策进行参与。

⑤资本增值。产业投资基金在实现了资本增值后，会再回到原点，寻找新的投资项目。

（6）退出机制

产业投资基金的退出方式主要有三种——IPO 公开上市、股权转让和清算。

IPO 公开上市，即所投资企业上市后公开出售所持有股份，实现资本的退出。IPO 方式可以使投资者获得超额资本回报，同时也能表明所投资企业具有良好的经营业绩和发展前景，因此是投资者最乐于接受的方式。

股权转让，即当资本不能通过二级市场变现时，产业投资基金将所持有的企业股份通过管理层收购方式回卖给企业，或者通过产权交易市场将企业股份转卖给另一家有实力的企业。

清算，这是一种被动退出的方式，同过清算企业资产实现资本退出。清算的方式主要有解散清算、自然清算和破产清算。一般来说，通过清算方式仅能部分收回资本。对于北京产业投资资金来说 IPO 公开上市是最优的退出渠道。

4. 北京市产业投资基金的评价机制

评价北京市产业投资基金关键要看其是否达到了促进产业结构优化升级、促进经济增长的目的。具体来说，首先，是否有健全的筹资机制，确保产业投资基金能够迅速有效地筹集到所需资金；其次，在产业选择上，是否与国家和北京市的政策保持了一致，是否促进了农业、高新技术产业的发展，是否促进了资源在产业间的合理流动，提高了资源配置效率；再次，是否有完善的退出机制，确保产业投资基金能够有效退出被投资企业或项目。

5. 北京市产业投资基金发展战略措施的思考建议

根据前面所述北京市产业投资基金发展战略的思想、原则、目标等，同时结合北京产业投资基金存在的问题，本研究提出以下几点思考建议。

（1）尽快出台规范产业投资基金的“产业投资基金法”

北京目前对产业投资基金的相关立法主要都是关于风险投资方面的一些法规，而真正以“产业投资基金”名义颁布的法律法规，除国家发展改革委员会颁布的《产业投资基金管理暂行办法》外，目前还没有其他正式法律文件的出台。尽快出台规范产业投资基金的“产业投资基金法”，对产业投资基金和促进相关产业发展来说，是目前最紧迫的事情。

（2）正确处理政府与市场的关系，发挥政府一定的引导市场的作用

由于产业投资基金具有政府宏观政策导向作用，因此其发展一般都是通过政府的推动发展起来的，具体来说，政府的作用主要在以下三个方面。

第一，建立、完善必要的法律法规体系。产业投资基金的运作涉及投资者、基金管理人以及基金托管人之间的委托—代理关系和信托关系，各当事人的权利和义务关系比较复杂，必须有健全的法律予以保护和制约。另外，产业投资基金是一种涉及面较大的金融运作，为了社会稳定和经济安全以及保护投资者利益，对基金的相关运作环节必须处于监管之下。

第二，制定合理的、有助于产业投资基金发展的税收政策。合理的税收政策是产业投资基金顺利发展的一个关键因素。由于产业投资基金的投向是严格按照基金章程中规定的符合国家鼓励的产业领域，因此对产业投资基金投资所得征税不能超过一般直接对这些产业投资的优惠税率，而且在一定条件下，为了鼓励产业投资基金这种新的投融资品种，还要对其资本利得和投资红利进行减征和免征税。

第三，给予一定的资金支持。政府支持产业投资基金的目的是为使相关产业快速成长，因而给予一定的资金支持是有必要的。政府资金支持的途径主要有财政补贴和直接投资两种。

第四，优化投资环境。产业投资基金是一定历史阶段上的产物，其正常发展需要一定的社会经济环境的配合，具体地说就是有与其相适应的政策环境、法律法规环境、市场环境、社会人文环境等。

（3）拓展产业投资基金退出渠道，建立完善的退出机制

产业投资基金的健康发展和进入良性循环需要有畅通的退出渠道。产业投资基金的目的不是长期持有被投资企业或项目的股权，而是在企业或项目的一定发展阶段上发现其投资价值并通过股权和其他方式介入，当被隐藏的价值显现、获取了资本利得后退出，再进行下一轮投资循环。

没有畅通的退出渠道，产业投资基金就无法实现其投资目的，从而也就不能达到扶持某个产业的目的。因此北京市应积极建立健全多层次的产权交易市场，是产业投资基金通过交易市场能够顺利退出。

首先，建立健全主板和创业板市场退出通道。通过主板和创业板市场退出时，交易费用相对较低，而且完全市场化的定价能使基金获得丰厚的回报，因此，产业投资基金主要的和最有利的退出渠

道是主板和创业板市场。

其次，建立场外交易市场。能够获得在主板和创业板上市的被投资企业只是少数，且市场容量有限，大多数仍需要在场外进行交易。

最后，活跃一般产权交易市场。除了在前面两类有形市场上产业投资基金进行退出以外，仍有相当比重的退出是在无形的市场中进行的。所谓无形的市场是指交易没有进入到正规的场所，而是交易双方私下完成交易的一种交易形式。

（4）大力培养产业投资基金人才

产业投资基金的管理人不仅要具备金融知识还要具备一定的产业背景知识，具体地说，要求产业投资基金管理人不仅具有较强的工程技术基础知识，同时又懂得企业管理和产业发展理论，是具有金融技术投资实践经验和企业管理实际经验的“通才”。对产业投资基金人才培养和选拔，可以采取以下几个方面的措施。

第一，国外引进与域内培养相结合，学校培养与实践培养相结合。通过与国外建立合资的产业投资基金，引进国外基金管理人，同时在此过程中，使北京的产业投资基金管理人得到培养。选拔一批具有实业投资或证券投资经验并具备工科教育背景和实践经验的优秀人员，进入合作的高等院校或科研机构进行系统培训，使其理论知识得以提高。

第二，建立产业投资基金管理人资格考试制度和淘汰机制。资格考试制度是确保进入产业投资基金的人员具备基本的知识和技能，淘汰机制是对已经取得从业资格的人员进行再次筛选，其目的在于规范经理人的行为，使之守法，健康地运作基金。

第三，建立健全基金管理人推荐制度。为了便于发掘和识别新的基金管理人，采取考试制度与推荐制度相结合的办法能进一步确保基金运作的规范和高质量。一般可以对已取得基金管理人资格的人员，采取必须有 2 ～ 3 名有注册资格并正在从业的基金管理人的推荐，然后进入基金管理人队伍进行实际基金运作。

总而言之，城镇化与产业发展有着十分紧密的联系，城镇化依赖于产业的发展，而城镇化也必然导致产业的优化升级，二者相互依托，互相促进。产业发展是推动城乡一体化发展的物质基础和经济依托。只有城镇产业充分发展才能加快城镇发展，使城镇吸纳更多的农村富余劳动力，使农民的收入稳定提高，为实现城乡一体化打下坚实基础。

“统筹城乡发展，推进社会主义新农村建设。解决好农业、农村 农民问题，事关全面建设小康社会大局，必须始终作为全党工作的重中之重。”这是中共十七大赋予新世纪新阶段“三农”问题的新内涵。而解决好“三农”问题既是个重点，又是个难点。解决这个问题的实质是增加农民收入、实现农业的现代化和产业化、使农村在经济全面繁荣和社会全面进步的基础上向城镇转变。因此，在北京城乡一体化发展中，应努力协调好城乡一体化发展与产业布局优化的关系，充分利用各方资金发展城乡产业，以产业为依托促进城乡一体化发展。

四、案例分析：北京顺义三高科技农业试验示范区的发展与创新

搞好农业科技示范区的建设和发展，是当前实施农业结构调整的客观需要。农业结构调整，是我国国民经济战略性调整的重要内容，是适应世界新科技革命和经济全球化、贸易自由化的迫切要求。

按照市场农业的要求，农业结构调整的根本目的就是使农业增效、农民增收，真正实现农业由数量型向质量效益型转变。实施农业结构调整，就是要调优农业生产结构，提高农产品质量，提高农产品的加工转化水平，提高农业的经济效益。

此外，我们当前进行的农业结构调整，面临的是广阔的国际市场和高水平、高效益的现代农业，要适应这样的形势和要求，就必须发挥科学技术在农业及其产业链各环节上的“催化剂”作用。因此，要通过高新农业科技示范区的发展，带动广大农民依据市场需求学科学、用技术，并按照经济规模化、产业高技术化、经营国际化、布局合理化的方向，推进技术创新、结构优化和产业升级，提高结构调整的水平。

2001 年年初，北京市人代会通过的北京市“十五”计划纲要，提出了首都迈向新世纪的“新三步走”战略：到 2010 年，率先在全国基本实现社会主义现代化，构建起现代化国际大都市的基本框架；到 2020 年，使北京的现代化程度大大提高，基本建成现代化国际大都市；到 21 世纪中叶，新中国成立 100 周年时，完全实现社会主义现代化，使北京成为当代世界一流水平的现代化国际大都市。

这一宏伟蓝图的实现，是北京各行各业、方方面面为之奋斗的目标，京郊农业和农村也不例外。换言之，没有京郊农业和农村的现代化，也就不可能有北京的现代化，也就不可能把北京建成现代化的国际大都市。此外，北京作为首都，是我国现代化农业示范和展示的窗口，这就要求北京农业要首先实现现代化。因此，要通过高新农业科技示范区的引导、示范、带动和推广，使京郊农村加快现代化进程，跟上首都的现代化步伐。

（一）北京顺义三高科技农业试验示范区简介

北京顺义三高科技农业试验示范区是1995年初经北京市政府批准建立的市级科技农业示范区。示范区从2000年开始正式接待参观、考察、旅游观光团体及个人。它是一个集现代农业展示、农业科技成果转化、高新技术企业孵化、青少年科普教育和农业旅游观光等多种功能于一身的园区。示范区位于顺义全区的中央，距城区2公里，规划占地7.5万亩。

北京顺义三高科技农业试验示范区先后被国家计委、科技部、财政部、外专局和市政府等部门评定和授予“现代农业综合应用示范基地”“国家级持续高效农业示范区中心区”“工厂化高效农业示范区”“引进国外智力成果推广示范基地”“北京市青少年科普教育基地”“国家级星火培训基地”和“全国农村科普示范基地”等荣誉称号。

（二）北京顺义三高科技农业试验示范区的发展历程

北京顺义三高科技农业试验示范区的总体发展目标是按照首都经济发展的要求，广泛采用现代先进的生物技术、信息技术、工程技术和管理技术，并与传统、常规的适用技术组装、配套，把园区建设成具有知识经济特征并达到当前国际先进水平的科技创新基地，同时又是具有科研、开发、中试、示范与推广、生产与加工、教育与培训、咨询与服务、孵化、观光等多功能于一体的综合集成型基地，从而带动顺义农业和农村经济的结构调整、优化与升级，为北京农业和农村经济率先基本实现现代化和富裕农民，起到强而有力的推动作用。观察园区的发展历程，园区的发展大体上可划分成筹建期、建设期、起步期和快速发展期四个阶段。

1. 筹建期（1995 年 4 月—1996 年 4 月）

为使顺义区农业能够持续高效发展，加速农业现代化进程，提高农民收入水平，1994 年下半年区委、区政府做出了成立科技农业试验示范区的决策。1995 年 1 月 20 日，北京市政府正式批准建立北京顺义三高科技农业试验示范区。

为确保示范区的顺利建设和发展，顺义区成立了以区长为组长，主管农业、科技的副区长为副组长的示范区行政领导小组，负责示范区的组织、领导和协调工作，落实国家有关政策，制定配套优惠政策，指导示范区的总体规划、实施方案、管理办法与规章制度的制定和监督。

与此同时，还成立了三高示范区管理委员会，负责三高示范区的筹建和建设的日常工作。编制三高示范区的规划与设计，参观、考察全国农业园区，设置组织机构，确定园区职责与功能，制定园区各项优惠政策。当时示范区管委会只有 4 个人、1 个办公室、1 部电话、50 万元的启动资金。

2. 建设期（1996 年 4 月—1999 年 12 月）

为了缩短建设周期，尽快发挥园区的功能，园区的基本设施建设和招商引资两项工作齐头并进。

（1）基本设施建设

为吸引首都农业科研单位和高等院校入园，更好地发挥示范区的研发、成果转化与示范功能，园区建设了面积为 5000 平方米，具有科研、办公、洽谈、会议、培训、住宿等功能的综合大楼；大力开展了配套的水、电、暖、道路及环境绿化等基础性设施的建设。

（2）招商引资

为便于组织示范区的经济活动，示范区管委会组建了北京顺科农业技术开发中心，先后引进了中港合资的高档蝴蝶兰花的组培项目，中加合资的水培波士顿生菜项目，占地800亩、年加工能力1万吨的蔬菜腌渍加工出口项目和以活动植床为代表的智能化温室设备制造项目（香港）。到1999年，园区建成了我国首家拥有自主知识产权的2200平方米北方节能型连栋温室、3万平方米的智能温室和40栋15 000平方米的无柱型日光温室。同时，汇源果汁集团总部入驻示范区，并建立了4条生产线。

3. 起步期（2000—2001年）

经过3年多的建设，三高示范区稳步发展，现代生物技术项目成批入驻，建设、实施中的项目规模不断扩大。同时，园区的基础设施和服务体系也不断扩建、完善。具有了1500千伏安的供电能力以及自发电的应变能力，具备了10万平方米的集中供暖能力，完成了园区内道路硬化、扩展，修建了6000平方米的绿化广场，完成了具有示范区标致性意义的门区建筑；并且拥有了1000门电话的通讯容量，在示范区内部建起了局域网，在互联网上建立了三高示范区网站。以完善的环境建设吸引好的项目入区，以好的项目带动环境建设，三高示范区形成了良性发展的局面。

4. 快速发展期（2002年至今）

随着2008年北京奥运的申办成功，三高示范区逐渐成为农业投资热点。从2002年初起示范区跨入了快速发展阶段，仅2002年示范区就引进9个项目，协议投资总额达到1.46亿元。

2002年11月，为发挥首都区域比较优势，加快首都农业产业结构调整，建设有特色的首都现代农业经济，北京市科委、市农委、顺义区政府决定合作共建三高农业示范区，加强园区机制创新，形成以农业产业化为基础的农业股份制企业集团，建立符合市场经济要求的园区经营管理机制，实现园区由管理型向企业型的转变；发展具有高附加值、强产业关联度的农业产业化项目，形成在国内外市场具有强竞争力的农业产业群；大力发展各种类型的农业协会及服务组织，搭建服务广泛的农业科技信息平台，构建以农业协会为主体要素集成的新型农业技术服务体系；高度重视并充分利用北京丰富的科技教育资源优势，深入开展国际国内合作，推进科研院所体制改革与发展，培育优势集成的区域持续科技创新、转化基地。“委区共建三高示范区”决定的签订，为三高示范区的快速发展注入了新的动力。

目前，北京顺义三高科技农业试验示范区已成为一个集研发中试、成果转化、示范推广、辐射带动、生产加工、科普教育、旅游观光多功能为一体的高科技现代农业示范区，园区的社会、经济、生态综合效益初见成效。

（三）北京顺义三高科技农业试验示范区的创新分析

总结北京顺义三高科技农业试验示范区的发展经验，主要有以下几点创新之处值得我们探究。

1.“政府 + 企业”模式

政府 + 企业模式是指由政府投资建设农业科技园的基础设施（水、电、路）后，政府逐步退出园区的管理，交给园区管委会代行管理，由园区管委会负责招商引资、物业服务及各方关系的协调，向社会公开招租，引入企业进行功能区建设、项目承包和管理，企业根据其承包责任的大小等内容，一方面向有关部门缴纳一定的园区使用租金；另一方面又与承包范围内的农民挂钩，与农民签订农产品购销合同，通过合同形式组织农民进行生产。归结起来政府 + 企业模式有三大特点。

第一，政府是北京顺义三高科技农业试验示范区基本建设的主体，从 1998 年示范区开始建设到 1999 年底，仅两年时间，除国家拨款 80 万元、北京市政府配套 80 万元外，顺义区政府自筹经费近 0.5 亿元，其中 78% 左右的资金用于示范区固定资产的购置和基础设施建设上。

第二，企业为北京顺义三高科技农业试验示范区的运行主体，示范区在基础设施建设基本完成后，根据产业化发展思路和需要，按建设内容招商，引入企业进行农业产业化经营，企业根据与政府签订的承包经营合同，在规定的区域内从事农业高新技术推广、研究和示范，并交纳管理费和税收等。

第三，政府 + 企业模式实行政府“搭台不唱戏，献策不决策，参与不干预，服务不增负”。

政府搭台为企业创造了良好的外部环境，将企业集中起来有利于发挥规模经济效应。政府 + 企业模式充分体现了北京顺义三高科技农业试验示范区对企业的尊重，对市场规律的尊重，有利于企业根据市场规律自主进行农业高科技研发。政府对企业的献策、参与又可以帮助企业在决策中克服市场的缺点，努力使研发出来的新产品是符合市场需求的。总体来看，政府 + 企业模式能够很好地满足农业高科技研发的要求，目前，这一模型已在全国范围内得到了推广，成功的例子多不胜数。

2. 园区建设与农民专业合作社建设齐头并进

发展现代农业最基本的要素就是农民，三高示范区自“委区共建”以来，在园区成立了农民专业合作经济组织服务中心，与区农委、区经管站一道，大力发展农民专业合作社建设，为提高农民组织化程度、培养新型农民做了大量工作。

第一，采取多种培训方式，培养新型农民。三高示范区与科研院所合作，根据各合作社的特点和农民的不同需求，从种养殖技术、果树植保等方面组织了培训，并举办“田间学校”，采取既传授农民的生产技能，又培训农民的市场营销等新的培训方式，培养出有文化、懂技术、会经营的新型农民。

第二，积极推进农民科技协调员建设，打造科技推广体系的绿色通道。植根于农村的乡土科技二传手是解决科技成果转化、惠及农民的有效途径，三高示范区通过大力开展农民专业合作社建设，培养了一批具有乡土化、市场化、信息化、社会化特征的农业科技协调员队伍，涌现出了北京养元兽药公司、天天康乐产销合作社、康一品合作社等企业和个人的科技协调员典型代表，他们为推动全区草莓、种羊、果品、农产品物流等产业发展贡献了力量。

我们都知道高素质人才在农业科技创新中的作用，常常给予高端人才一系列优厚条件以吸引其投入到农业科技创新中，但是我们却往往忽略了普通农民在农业科技创新中的作用。事实上，农民在农业科技创新推广中也发挥着重要作用，农民是新科技得以推广的必不可少的条件，而农民推广新科技的一个重要前提就是农民必须能够顺利掌握新科技，而这就需要依赖于劳动力素质的提高。如果农民无法顺利掌握新科技，就会阻碍新科技转化为现实生产力，阻碍新科技的全面推广。

北京顺义三高科技农业试验示范区在建园初期就将农民专业合

作社的建设提上工作日程，这就确保了农民能够在最短的时间内掌握新科技，为日后新科技的推广打下了坚实基础。

3. 扶持、培育龙头企业

北京顺义三高科技农业试验示范区一直以来都积极扶持、培育龙头企业，通过龙头企业带动园区发展，不断凝聚农业产业化发展的驱动力。企业是农业技术创新的主体，是发展现代农业的生力军，三高示范区通过扶持一批拉动能力大、辐射范围广、市场竞争强的龙头企业，利用龙头企业在人才、管理、服务、资金等各方面的优势，为推动农业产业化发展奠定了基础。

龙头企业不同于一般的工商企业，在企业规模、经营效益、抵御风险等方面都要优于一般企业。龙头企业在各方面的优势决定了其在科技创新中具有明显优势。

首先，龙头企业拥有雄厚的资本，这就为其进行大规模研发投入创造了物质条件；其次，龙头企业往往拥有更优秀的人才，这就使得龙头企业与其他企业相比更容易研发成功；最后，最重要的是，龙头企业具有较好的抵御风险的能力，即使研发失败，对企业也不会造成灾难性影响，但是一些中小企业，面临的情况往往是，一旦研发失败，企业就可能随之陷入破产的境地。龙头企业的优势往往使其必须肩负开拓市场、创新科技、带动农户增收和促进区域经济快速发展的重任。

总体来看，北京顺义三高示范区主要是在“政府 + 企业”的模式下运营，这是整个示范区运作的核心，无论是对农民专业合作社的建设还是对龙头企业的扶持都必须在这一框架下进行。北京顺义三高示范区走过的道路，是全国农业园区发展历程的一个缩影，它代表着中国现代农业的发展变化。近年来，园区在农业科技成果的研发、转化、示范与推广，高新技术的引进与消化，技术培训和带动农民致富等方面都取得了显著的成效。这对于农业结构调整、农业农村现代化建设起到了推进和支撑作用。

本章课题组成员

负责人：刘　树

组　长：钟　瑛

组成员：熊文武　谷　莘　向奕霓

第五章　北京城乡一体化进程中乡镇统筹发展方式研究

北京已经确立率先形成城乡一体化新格局的发展战略。在这种背景下，促进农村城镇化是一项重要任务。近年来，一些乡镇充分发挥首创精神，采用乡镇统筹的方式推进本区域的城乡一体化进程，协调推进工业化、城镇化、农业现代化，落实区域发展规划、加快农村城镇化、促进农民市民化，创造了开展城乡统筹、促进城乡一体化的重要抓手。

乡镇统筹是城乡统筹的重要内容。统筹的内容比较广，从乡镇层面的实践来看，集体土地是统筹的主要内容，因而本课题围绕集体土地乡镇统筹展开。作为集体土地利用的一种新方式，乡镇统筹主要是在充分保障和尊重农民集体资产所有权和收益权的前提下，通过土地股份联社等统筹平台，采取市场手段，建立乡镇域内的集体土地利益平衡机制，基本消除了因规划建设用地不同造成的各村利益差距，实现乡镇域集体土地的集约利用，促进农村城镇化、农民市民化和城乡一体化。

一、乡镇统筹是促进城乡一体化的有效手段

城乡规划的落实难，阻碍了城乡一体化的进程。乡镇统筹通过建立有效机制，实现各村利益平衡，促进城乡规划落实，有助于发

展产业，提高集体经济水平，更能有效提升城市化质量，促进城乡一体化新格局的形成。

（一）城乡规划难以落实阻碍了城乡一体化进程

规划通常以乡镇为单位进行编制，根据产业用地集中连片原则，其分布难免造成村庄之间的土地性质出现差异，如有些村庄全部为绿化用地、有些村庄则全为产业用地。比如西红门镇新的镇域规划保留了部分村庄的集体建设用地，而要将其他村庄拆除工业大院腾退的土地部分或全部进行绿化。近年来城市化速度加快，产业用地的价格迅速上升，导致拥有较多产业用地的村庄与其他村庄间利益差异迅速拉大，造成严重不均衡。各村为积极争取规划建设用地指标，村村点火、户户冒烟，用地过度粗放、分散，乡镇规划难以落实，城市化发展无序，尤其是城乡结合部地区，更容易呈现出混乱落后、杂乱无章的面貌，城乡一体化进程受到严重阻碍。

（二）乡镇统筹能够促进规划落实推动城乡一体化

乡镇统筹是平衡各村利益、落实规划的保障。西红门镇由镇级统筹、集体联营的集体土地集约利用新模式，就是卓有成效的探索。通过提高农村集体经济的组织化程度，以土地使用权入股为切入点，构建全镇统筹的集体经济收益分配新机制。土地使用权入股作价只考虑区位与现有租金水平，不考虑规划土地性质的方式，消除了规划方案的影响，均衡了村庄利益关系，保障了规划的顺利实施，促进了城乡一体化发展。

（三）乡镇统筹与以往乡镇集体经济有本质不同

乡镇统筹是在承认和尊重各村农民集体的土地所有权和收益权的

基础上开展的，实质是平衡乡镇范围内各村庄利益关系，促进乡镇规划的实施。村集体经济组织与土地经营公司并不存在行政隶属，而是在市场经济体制下平等的市场主体关系。这是基于现有规划体系和发展需求之间冲突的一种创新，是手段而不是目的。这是建立在集体土地村级所有的基础上的，与人民公社时期不尊重农民财产权，用行政手段“一平二调”将村集体土地所有权收归乡镇，而建立起来的乡镇集体经济有根本区别。对乡镇进行统筹要在充分尊重法律的基础上开展。

（四）乡镇统筹有进一步推广的空间

北京市城镇化的潜力在农村，尤其是小城镇和新型农村社区。建设小城镇，需要统筹平衡、集约高效地利用建设用地。新型农村社区建设也有村庄合并的情况，需要乡镇政府协调关系。现有的 42 个重点镇、12 个新型农村社区试点、未建成的绿化隔离地区以及亟需改造的城乡结合部地区，都可以采用乡镇统筹的方式推进建设。统筹不仅作用于集体建设用地方面，对农业用地也同样适用，并将有助于农业产业化的推进。

二、当前乡镇统筹几种主要做法

乡镇政府既是实施本区域规划的主体，也是落实上级规划的主体。近年来，部分乡镇充分发挥其作为最接近农民的基层政府的优势，采取措施统筹规划集体土地及其他农村集体利益，取得了较好效果。

（一）土地统筹

城乡规划最重要的是土地。土地统筹抓住规划实施中最根本的要素，以集体土地的所有权和经营收益权为基础，建立土地股份合作公司或土地股份合作联社，以此为平台开展统筹。

1. 以土地股份合作公司统筹

该模式核心是建立土地股份合作公司，各村以村集体土地部分权益入股，出资比例多方协商确定，并以分红的形式获取土地发展收益。大兴区西红门镇是其中的典型代表。

西红门镇于2012年建立了集体土地经营管理股份公司。各村以村集体土地使用权入股，出资比例依据各村社土地入股面积，即工业大院占地面积确定，参与公司的经营与管理。股份公司负责拆除和项目建设，并对入股的集体土地、资金统筹运营、统一规划，做好经营管理计划，保证集体资产增值，农民收益不变。公司同时设置土地股和资金股，以土地股为主。

核算股份时，先综合现有租金和区域位置、确权面积等因素折算地价。以现有土地每亩年均租金水平为标准，低于1万元的，每亩折价7万元；1.01万元～1.5万元的，每亩折价9万元；1.51万元～2万元的，每亩折价11万元；2万元以上的每亩折价15万元。然后以每5万元为1股。股份确定后，可以转让，但不得撤资退股，原则上20年不增不减。其他任何社会资本不得入股股份公司。

以乡镇政府为主导组建和管理镇级股份公司，操作简便，协调各村关系优势明显，有利于拆迁改造快速推进。但股份公司与村之间是资产关系，乡镇政府与村实质上存在一定程度的行政隶属关系。从历史来看，这种关系对土地权益的实现有所影响。如果操作不当可能会导致资产统筹、土地统筹转向权力统筹。

2. 以土地股份合作联社统筹

该模式同样是建立在集体土地权益上。与公司制不同的是，土地股份合作联社的主体仍是农民和集体经济组织。朝阳区崔各庄乡就是采取的这种模式。

崔各庄资源资产股份合作联社成立于 2009 年。由于全乡各村规划用地和产业用地面积不等，下辖 15 个行政村集体经济发展不平衡，崔各庄乡以联社的方式，统一规划利用村集体土地，并对土地补偿款进行统筹使用。

联社注册总资本 100 万元，设定原始股总股本 100 万股，每股面值 1 元。辖区内所有的村经济合作社作为团体社员，以集体经济土地使用权入股，按照各村土地面积占全乡土地面积份额确定持股比例，据此确定各村出资额及分红和其他形式利益的分配。组成联社不改变农村集体土地所有权，如要开发某地块，联社通过与地块所在村集体经济组织签订土地承包合同取得使用权，并按不低于该地块原来的租金标准和递增幅度向该集体经济组织支付租金。

联社统筹运营分别属于各团体社员所有的集体土地，统一协调全乡集体土地被征用占用的补偿事宜，统筹管理土地补偿费，并协调乡集体下属的各相关经营单位争取各类经营项目。在收益分配过程中，采取统筹分配和定向分配相结合的方式。联社开发利用某一地块所得收益，首先向土地所有权单位定向支付用地成本。此外，土地增值收益按照各团体社员持股比例分配到各股份经济合作社，股份合作社再按照社员持股比例最终分配给社员。

外地也有类似做法。上海市松江区新桥镇于 2009 年 12 月 1 日参照现代企业管理架构，在全区率先成立了第一家镇级新型农村集体经济组织——新桥镇农村集体经济联合社。其主要思路是以镇为基础，在完成撤制村队后，建立镇集体经济联合社，农民是联合社的成员，享有集体资产的经营管理权和收益分配权。联合社作为独立法人，全面负责农村集体资产的经营管理及收益分配。

采取土地股份合作联社的形式，好处是能充分尊重农民主体地位，保障农民的所有权和经营收益权。但与公司制相比，合作联社缺少法人地位，影响了统筹和经营效果。

（二）项目统筹

项目统筹的本质也是基于土地，但范围仅限于项目覆盖区域。以项目为依托，采取股权合作等多种经济或行政手段，实现项目范围内各村利益的平衡，促进规划项目的落地。这种方式，主要适用于大型项目建设时涉及的几个村庄之间的联合与协调，是一种较小范围内的统筹平衡。项目统筹机制不是经常机制，根据项目不同，具体做法和范围也有所不同。

很多地区都采取项目统筹。比如丰台区卢沟桥乡推进新的产业布局时，就以丽泽金融商务区核心区高端配套项目为载体，将涉及的几个村打造成利益共同体，加快了项目落地。

具体做法是，首先将处于东部丽泽核心地带的原 C9 地块 14.39 公顷绿地指标，与西部郭庄子、大瓦窑两个村部分产业用地、市政道路用地约 16.1 公顷进行置换，并使这两个村以实物、货币补偿等方式受益。

其次是在政府的推动下，由集体经济实力雄厚又有地产开发经验的三路居村、东管头村按照 6:4 出资比例，出资成立了北京金石联合置地房地产开发有限公司，获取 C9 公建项目二级开发权。

最后项目建成后，由项目用地所属村（西局、六里桥、周庄子三个行政村及北京卢沟桥中都投资有限公司）与三路居、东管头共 6 家乡属单位组成的股份制公司共享，并实施统一物业管理和整体持有运营，确保集体经济组织的利益。

有些项目统筹的范围扩大到整个乡镇。比如朝阳区来广营乡。该乡在落实红星美凯龙项目时，镇内全部行政村（5 个）均持有股份。占地 3100 平方米，总投资 3.6 亿，由各村共同投资建成并资金入股，股份设置时乡为 30%，红军营村为 30%，剩下 4 个村各 10%，每半年分红。按订单模式发展而成，先找下家，引进项目，提供土地，负责建设，和企业签订协议，企业负责设计、装修，经营使用并支付租金。

（三）全面统筹

有些地区统筹力度比较大，除了土地之外，对其他的集体资产也采取乡镇统筹管理的方式，侧重于建立一整套的管理体制。如朝阳区南磨房乡的乡级专业化经营。这种方式统筹力度较大，但适用地区较局限，多是目前采用乡级核算的乡镇。

南磨房乡采取这种方式由来已久。1992 年南磨房进行乡级专业化改革，打破了三级管理体制，以乡为基础，实施乡级统一核算。将集体经济原有的“三级所有”架构转换为“一级所有”，实行专业化经营，从而打破了村与村的界限。在机构设置上，乡作为一级地方政府保留，土地仍归集体所有，下辖 4 个村委会，以前分散在各个大队、生产队的企业，按照行业类别进行整合，形成工业、建筑、运输、商业四大公司，实行乡一级独立核算。

三、乡镇统筹实践取得的成效

各地的乡镇统筹实践促进了农村地区经济发展与社会建设，在推进城乡一体化进程方面取得了一些成效。

（一）促进了规划落实

乡镇统筹有效落实了既定规划目标。比如西红门镇原有的规划绿地由于工业大院占地，违法非法建设较多，未能实现绿化建设。在镇级统筹集体土地后，12 000 余亩的绿化任务将由镇政府采取多种保障措施确保完成，并同时跟进绿化设施和一级开发、建设郊野公园等，预计将很好地实现规划目标。乡镇统筹还在现有规划的基础上，优化设计落实项目。比如卢沟桥乡的规划是以村为单位设计的，各村域都有一定面积的教育用地。通过乡镇协调，优化规划，进行有效调整，将部分村庄的教育用地在村域内部置换到村庄交叉边角地，将相邻三个村庄的小块面积拼成大块面积，建设高质量的教育基础设施。

（二）加快了产业升级

乡镇统筹优化了镇域内的产业布局，实现了产业结构升级。来广营乡充分发挥产业集聚效应，打造了汽车板块和建材市场板块，并陆续开展了红星美凯龙和奥迪培训学校等项目。2011 年，来广营乡实现经济总收入 92.9 亿元，一二三产业比例为 0.2∶32.3∶67.5。在第三产业中，以汽车销售、建材连锁超市、购物超市为主要内容的批发零售业占绝对的主导，批发零售业实现经济总收入、利润和税金分别占全乡指标的 65%、40% 和 49%。

西红门镇采取“腾笼换鸟”的方式，对原有企业进行分类管理，发展前景好、带动能力强、科技含量高，在产业链中处于重点节点的项目，被引导至产业园区。有一定规模、暂时能够保留的项目，规范合同、提高租金，弥补农民收益。不予保留的项目，则搭建平台如廊坊企业对接会等，引导转移。通过试点，高新技术产业、生产性服务业、文化产业、低碳环保产业等高端产业得到了发展，原有低端产业占主导的局面发生了改变。在集体产业用地上，还将规划建设集体产业园区。各乡镇通过产业用地的统筹利用，将小、散、低的产业转变为高、精、尖，拓展了首都经济的发展空间。

（三）进一步推动了集体经济发展和农民增收

乡镇统筹促进了集体经济发展和农民收入增长。来广营乡仅红星美凯龙项目每年就为乡村两级集体经济带来4000万的租金收入，并以每两年5%的比例持续递增。南磨房乡取消了村级集体经济组织，由乡级经济组织安置农民。2011年，该乡农民年均收入3.65万元，农民上楼人均住房面积50余平方米，生活水平位居朝阳区前列。海淀区东升乡乡级统筹自办科技园区，发展集体经济。2010年度劳均分配达4万余元，而且每年以10%左右的速度递增。

四、乡镇统筹面临的困难和问题

乡镇统筹是个系统工程，涉及各方面情况较为复杂，遇到困难在所难免。并且，作为在实践中不断创新的具有开拓意义的探索，不完善之处仍然较多。

（一）改变现有利益格局难度较大

乡镇统筹面临最大的挑战就是要对已形成的利益格局进行调整。在长期的发展过程中，建设用地的比例和份额不均等的分配格局已经形成。要实施统筹，均衡各村利益，就需要以前占比较大的村庄做出一定牺牲，打乱已有利益格局重新分配，难度很大。并且，在不同历史时期形成了很多违规建筑，尤其是在城乡结合部地区。这类建筑聚居了大量外来人口和低端产业，已经构成了统筹利用的主要障碍之一，拆除难度较大。

（二）刚性规划与区域发展存在一定冲突

现行规划与区域发展不配套，是造成规划落地难的原因之一，也导致乡镇统筹难以完全发挥作用。规划本应以其科学性和前瞻性指导建设。但有些规划对经济社会发展缺乏充分的估计，未能发挥引领作用，同时由于规划的刚性，调整存在一定难度，成为部分地区发展的限制因素。部分乡镇甚至没有规划，比如朝阳区黑庄户乡就没有长期的、完整的、全面的乡域发展规划，发展定位不清，方向不明，也没有同周边环境的总体发展相结合，导致黑庄户乡的区位优势和土地环境、人文资源无法得到全面的挖掘和有效的利用。有些规划侧重于某一方面，未能通盘考虑该区域的发展，缺少一定的科学性，造成地区发展不均衡等。部分地区如丰台区，以村为单位编制规划，实际上固化了“村自为战”的格局。

（三）政策环境尚不完善

当前乡镇统筹的政策环境尚不完善。涉及的政策突破点较多，有些政策和法律未有明确规定。比如西红门镇创新镇级统筹土地利用方式时采取的“房地分离”就遇到已有政策完全空白的情况。一些重要的体制创新，比如土地利用、集体资产管理体制等，各地都处于试点阶段，国家还没有出台统一的政策。这就对乡镇干部提出了更高的要求，既要推进制度创新、实现乡镇统筹，又要明确认清统筹的发展方向，不违背政策和历史趋势。

（四）统筹方式仍需完善

乡镇统筹现有的几种模式都需要进一步完善。土地统筹的两种形式涉及是更便于在市场经济中运营，还是更能尊重和体现农民对集体资产和土地的所有权和经营收益权的问题。项目统筹涉及乡镇内部几个村庄，范围较小。全面统筹力度虽大，但适用乡镇较少，难以大范围推广。

股份设置也需要进一步研究。现有模式基本都设置股份，多以土地为基础，部分乡镇还设立了资金股。一方面要肯定资金股作为融资方式有利于维持平台运转，另一方面也需要警惕在土地虚拟作价与资金同时入股的情况下，造成资金购买土地的实质。以发展眼光来看，土地将不断升值，基于土地的股份将被不断稀释，有可能对农民土地权益造成损害。同时，设置土地股时，要制定出符合各方面利益需求的方案也有一定难度。

五、促进完善乡镇统筹的政策建议

目前，乡镇统筹实践已取得一些成效，为进一步加大在城乡一体化进程中作用，要继续完善相关做法。据此，本研究提出几点建议。

（一）推进土地政策体系创新

1. 应总结各地集体建设用地改革创新经验

国家已经指出了农村集体建设用地改革的方向，包括北京在内的很多地方也已经开展了改革。实践证明，在借鉴各地经验的基础上，结合自身实际大胆探索，是可以走出一条既符合国家政策、又能因地制宜解决问题的路子的。破解城乡结合部发展难题，改革创新是根本，核心是城乡建设用地的统筹、土地使用政策的相对一体化。土地制度改革挑战很大，探索研究体制机制创新，完善农村集体建设用地利用制度，突破发展瓶颈，是推进城乡结合部发展的必然选择。

2. 应围绕土地承包经营权的资本化展开

建立允许农民集体建设用地进入市场的法律法规，鼓励集体建设用地以多种形式进入市场。要赋予集体建设用地完整的财产权利，可抵押、可转让。在规划控制和用途管制的前提下，要探索农民集体土地直接进入建设用地市场的政策，使农民能以土地的方式共享城市化、工业化的成果。

3. 应切实有效地发挥作用

第一，要依据现有政策完成对集体建设用地的确权发证工作。并结合发证工作，进一步界定集体建设用地的地上物产权。第二，妥善处理好集体建设用地使用权与地上物产权的关系，确保农民土地权益有保障。第三，推进集体建设用地使用权流转，可纳入集体建设用地流转试点。合作联社可以此获取土地使用权，再有需出租经营的，按照集体土地再流转管理。第四，打破村自为战的格局，采取多种乡镇统筹手段实现建设用地在镇域范围内的优化统筹配置。

（二）要适当调整规划适应统筹需求

规划作为城镇建设基础和指导城镇改造发展的具体行动方案，重要性不言而喻。但同时，规划本身也需要不断地创新，才能适应外部环境不断变化发展的需求，才能充分体现规划的前瞻性和灵活性。首先要全面统筹规划。涉及村镇的规划较多，如各乡镇镇域规划、村庄体系规划等。要确保规划之间的衔接，并能以整体发展为考量，全面统筹规划，为乡镇统筹打下良好的基础。其次要适时调整规划。对于与当前外部环境已经不相适应的规划，应及时调整，避免出现发展瓶颈。

（三）乡镇统筹离不开农民的主体作用

乡镇统筹要在充分处理好乡镇政府与农村集体关系的基础上展开。一方面，乡镇政府的作用不可或缺。作为牵头单位，为各村建立联社、联社委托资产经营公司等协调各方面关系，监督各环节合法合规运行。另一方面，要充分尊重农民的主体地位。尽管土地纳入了乡镇统筹，但仍为农民所有。乡镇可以而且应当对土地股份公司或者联合社的经营管理发挥指导作用，但同时也应当在各村股东代表组成的董事会的领导下开展工作。重大决策要在董事会表决通过，并由乡镇政府审批。要建立监事会进行监管。

（四）因地制宜完善乡镇统筹机制

1. 完善土地股份合作联社为载体的乡镇统筹模式

为避免公司制管理集体资产存在的法律、政策风险，可考虑成立土地股份合作联社。第一，合作社不改变农村集体所有的性质，管理农村集体土地于法有据。第二，农民对合作社的形式已比较熟悉，有建立联社的基础。第三，合作联社是资本化、股份化土地，实现乡镇统筹的平台，并不是简单将土地作为交易品种。

建立合作联社，同样可采用土地虚拟作价的方式折算股份，并综合考虑入股面积、现有租金水平、区域位置等因素。各村农民以集体土地使用权入股成立本村土地股份合作分社，即土地的股份化。在此基础上，成立土地股份合作联社。

2. 探索以土地资产化为基础的乡镇统筹模式

探索以土地资产化、凭证化为基础实施乡镇统筹。将指标化的集体资产统一委托给专业的资产管理公司经营，以提高集体资产运营效益。该模式可结合土地股份合作联社进行。相关乡镇统筹框架如图 5-1。

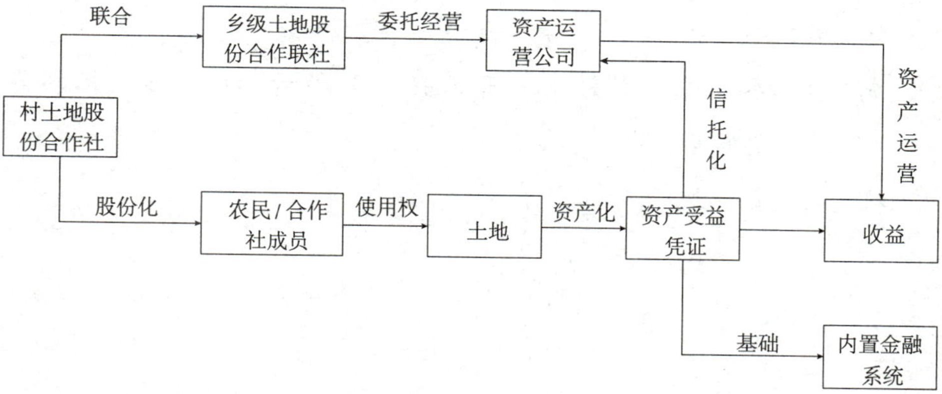

图 5-1　乡镇统筹的制度框架与实施路径

由政府和经管部门组织相关领域专家，对市场上声誉好、品牌知名度高、公司实力强且愿意从事农村集体资产相关业务并承担相应责任与义务的国有大型信托公司进行初步遴选，最终由土地股份合作联社选择出最为合适的信托公司。信托公司获取收益后，直接分配给村集体与农户。各村应以物业或集体土地面积确定集体股权。村集体内部依据按份共有的原则设置收益权单位。由经管站监督，向村民发放由经管部门统一印制的受益凭证，为收益分配依据。同时确定受益凭证作为村民的财产权利，可继承。

在此基础上可探索内置金融体系。鉴于集体土地难以抵押和直接交易，为满足农民的贷款需要，可以培育村集体内部的抵押和交易市场。农民以此为抵押物，可向土地合作社获得短期贷款，或者由土地合作社作保，可内部交易或抵押。

本章课题组成员

负责人：郭光磊　张秋锦

组　长：季　虹

成　员：秦　涛　于德生　王玉艳　王彩云　阎　骏　纪绍军　樊军亮

执笔人：贺　潇

第六章　北京市实现农民工市民化研究

农民工是指身份是农业户籍、职业是从事非农产业的工人。农民工市民化是指农民进入城市就业，并逐步融入城市成为城市新市民的过程。农民工市民化以农民工整体融入城市公共服务体系为核心，使农民工个人融入企业、子女融入学校、家庭融入社区，实现农民工真正成为城市的新市民。农民工市民化是推进新型城市化、加快城乡一体化和解决三农问题的战略任务。

2011年10月11日，北京市召开优秀来京务工人员代表座谈会。时任北京市委书记刘淇在会上强调要把来京务工人员作为北京的新市民，在政治上尊重、生活上关心、工作上支持，解决好他们普遍关心的问题，努力为广大来京务工群众创造良好的工作生活环境。时任北京市委副书记、市长郭金龙在讲话中指出广大来京务工人员为首都发展作出了重要贡献，已成为首都发展不可缺少的重要力量。首都经济社会发展各领域取得的成绩，无不凝聚着他们的智慧和汗水。

北京市委、市政府一直高度重视来京务工人员工作，把来京务工人员的服务与管理工作纳入到首都经济社会发展大局统筹考虑，着力解决来京务工人员最关心、最直接、最现实的利益问题，积极创造良好的就业和生活环境，在就业服务、维护权益、社会保障、公共服务等方面先后出台了一系列政策措施，取得了明显成效。[1]

2012 年 11 月，党的十八大明确提出要“有序推进农业转移人口市民化，努力实现城镇基本公共服务常住人口全覆盖。”[2] 北京市作为外来人口主要流入地，农民工有数百万之多。加强农民工市民化研究，实现农民工市民化，是北京建设世界城市、率先形成城乡一体化新格局的必然要求，也是走以人为本的新型城镇化道路的必由之路。

一、北京市农民工基本情况

根据2010年第六次人口普查结果，北京市外来人口为704.5万人，占常住人口的 35.9%。其中，外地来京农民工约为 380 万，比 5 年前的第五次人口普查时净增了 100 万人，占北京市外来人口的 53.9%，占北京全部常住人口的 19.4%。另据不完全统计，自 2007 年以来，北京市共有 48 万本市农村劳动力实现转移就业。北京市外地农民工的具体情况如下。

（一）性别结构：女性农民工比例略有降低

截至 2011 年底，北京外地农民工中，男性 217.6 万人，女性 162.4 万人，男女性别比为 1.34∶1；同时期的外地北京人员男女性别比为 1.19∶1。2005 年外地农民工男女性别比为 1.32∶1。女性外地农民

[1] 参见《刘淇、郭金龙出席优秀来京务工人员代表座谈会》，载中央政府门户网点站，http://www.gov.cn/gzdt/2011-10/12/content_1966794.htm

[2] 胡锦涛《坚定不移沿着中国特色社会主义道路前进，为全面建成小康社会而奋斗——在中国共产党第十八次全国代表大会上的报告》，人民出版社 2012 年 11 月第 1 版，第 23 页。

工比例的降低，使北京市保洁、家政、餐饮等服务业用工缺口进一步加大。

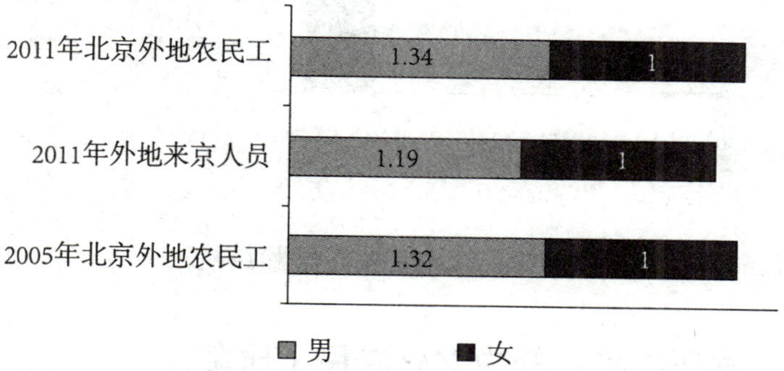

注：数据来自北京市流动人口和出租房屋管理委员会办公室 2011 年底的调查统计，以下如无说明，数据出处相同

图 6-1　外地农民工性别结构

（二）年龄结构：新生代农民工成为主体

调查数据显示，外地来京农民工以 80 后新生代农民工为主，其数量占到了农民工总数的 70% 左右。16 ~ 30 岁的青年农民工占总数的 53.5%，其次是 31 ~ 50 岁的中年人，占 42.5%。与 2005 年相比，北京市外来农民工的年龄结构更加趋于年轻化。近年来，北京市老龄化加速发展，2010 年，老年抚养系数达到 26%[1]，远远高于全国水平。以新生代劳动力为主的外来人口延缓了北京市老龄化进程压力，在“用工荒”背景下，外地青壮年人口红利的重要性得以凸显。

[1]　数据来源：北京市老龄工作委员会办公室《北京市 2010 年老年人口信息和老龄事业发展状况报告》。

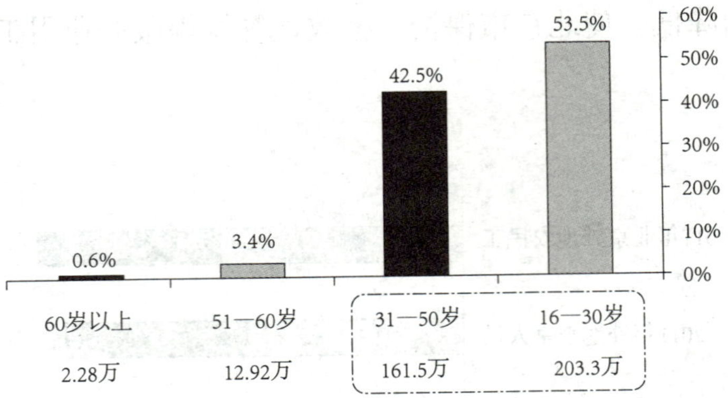

图 6-2　外地农民工年龄结构

（三）学历结构：初中文化农民工居多

调查数据显示，外地农民工以“初中”学历居多，占总数的51.7%，其次是“高中”学历（中专、技校），占 25.1%。与 2005 年相比，高中及以上学历人员逐渐增长，农民工文化素质逐步提高。随着教育大众化的发展，农村剩余劳动力人力资本投资逐渐增加，这有利于提升北京农民工在劳动力市场上的求职竞争能力。

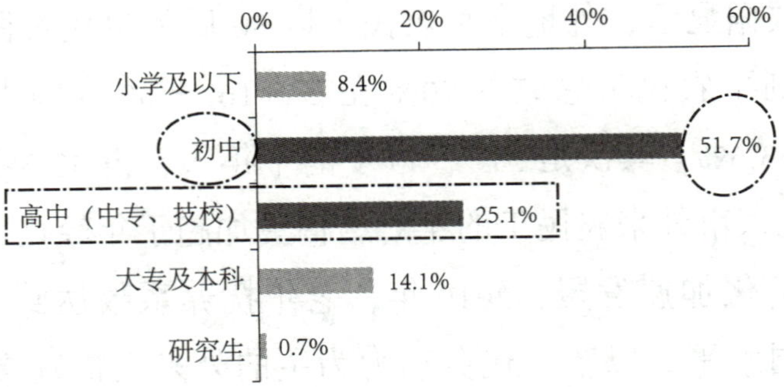

图 6-3　外地农民工学历结构

（四）来源结构：冀豫鲁皖四省农民工比例较高

作为首都，北京市的农民工来源非常广泛。调查显示，北京市农民工来自全国30个省、自治区、直辖市。排在前四位的依次为河北、河南、山东、安徽，约占北京外来农民工总数的55.6%，其中河北籍的农民工比例最高，占北京农民工总数的22.5%。这四个省的共同特点是：距离北京较近，人口较多，且经济不是十分发达。

表6-1　流入北京农民工最多的10省市

农民工来源省份	数量（人）	比例
河北	4502	22.5%
河南	3335	16.6%
山东	1829	9.1%
安徽	1486	7.4%
四川	1114	5.6%
湖北	1010	5.0%
黑龙江	936	4.7%
山西	823	4.1%
内蒙古	563	2.8%
江西	486	2.4%

（五）行业分布结构：服务业吸纳多数农民工

整体来看，外地农民工从业范围较广。服务业吸纳了多数农民工，其中批发和零售业占比最高，达到了12.9%，其次为制造业占11.6%。值得关注的是，居民服务和其他服务业占11.2%，基本和制造业持平；住宿和餐饮业为9.4%，超过建筑业的农民工就业比例（7.2%）。这一方面体现出与长三角、珠三角地区相比，北京服务业较为发达，未来可能会进一步超出制造业的用工需求；另一方面也反映了新生代农民工逐渐对脏、重、累和简单重复的体力工作失去兴趣。

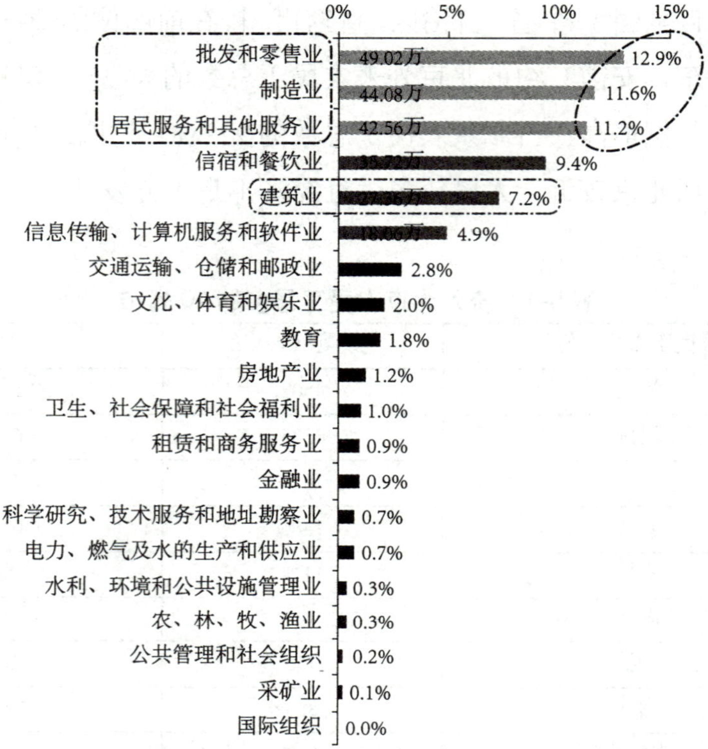

图 6-4　外地农民工在京从业结构分布

（六）收入水平：远低于预期

尽管农民工收入同北京市人均工资相比仍处于较低水平，但和

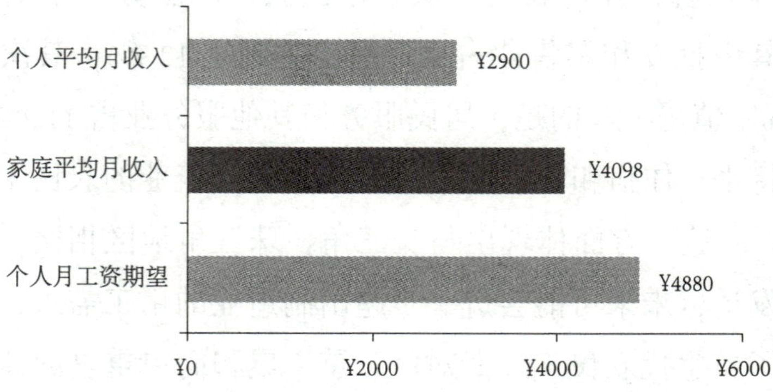

图 6-5　外地农民工收入水平及期望

流出地相比，相对较高的收入仍是外地农民工选择进京打工的重要因素。不过，面对用工短缺和城市间的务工政策竞争，农民工工资期望逐步提升。调查数据显示，在京外来农民工的工资期望达到了4880 元，和北京市职工平均工资基本保持一致，超出农民工目前实际工资水平近两千元。

（七）进城务工渠道：熟人介绍仍是农民工就业主渠道，网络平台地位日益凸显

北京务工的农民工，有 42.4% 是通过熟人介绍，16.6% 是通过用人单位直接招聘，5.8% 通过网络求职。“亲帮亲，邻帮邻，老乡帮老乡”的传统熟人介绍方式（42.4%）仍是农民工就业主渠道。通过劳务输出、政府举办的招聘会以及政府开办的公共就业服务机构就

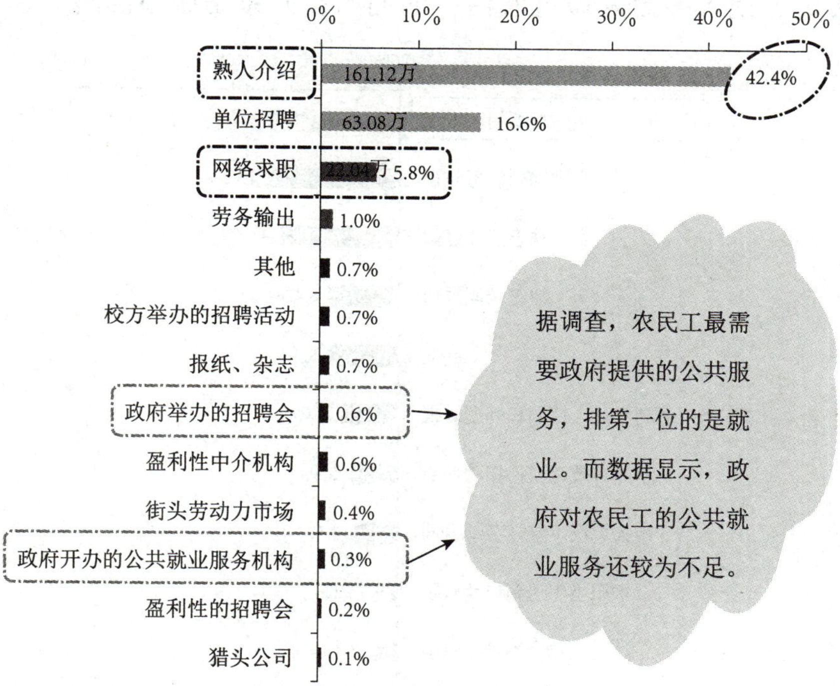

图 6-6　外地农民工就业渠道分布

业的途径分别占 1.0%、0.6% 和 0.3%。一方面，政府对农民工的公共就业服务较为不足，需要继续加强；另一方面，随着移动互联网、社交媒体的发展以及新生代农民工网民比例的提高，网络平台在就业促进方面的地位将进一步凸显。

（八）就业关注因素：自愿失业现象较多，未来成长和工作环境更受重视

目前招工难和就业难并存。调查发现，29.0% 的暂时未就业外地农民工是因薪酬和福利水平太低而自愿失业。值得关注的是，超过半数的农民工求职时最关注用人单位的背景和发展规划、工作辛苦程度、工作生活环境、上班路程远近、是否签订规范的合同、是否提供社会保障等未来成长和工作环境。与老一代农民工不同，新生代农民工绝大多数未做过农活，他们的参照系是城市同龄人，渴望

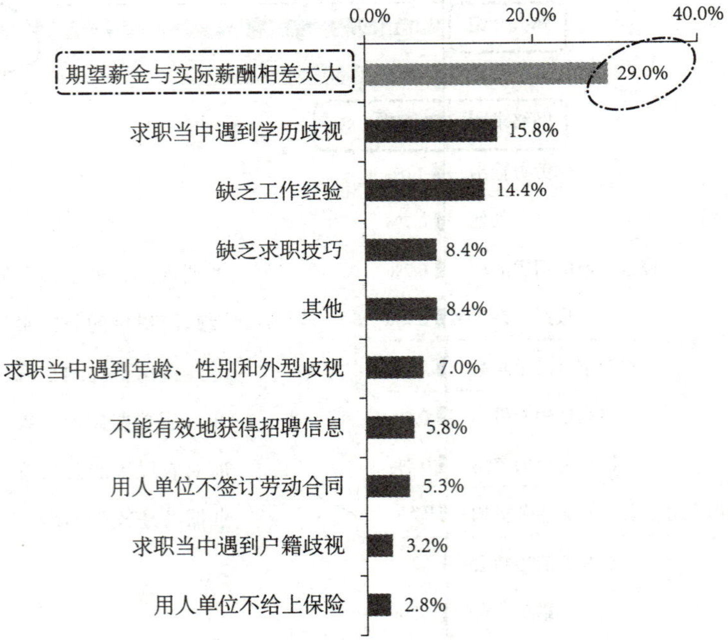

图 6-7 外地农民工求职时关注的信息

市民身份认同、待遇平等及融入城市。

（九）稳定居住状况：在京就业三年以上农民工过半数

调查数据显示，57.6% 的农民工在京累计工作时间超过 3 年。农民工长期在京务工已经适应了首都的工作、生活和文化环境，即便暂时就业遇到困难或对城市环境还存在诸多不满意之处，也不愿返乡。

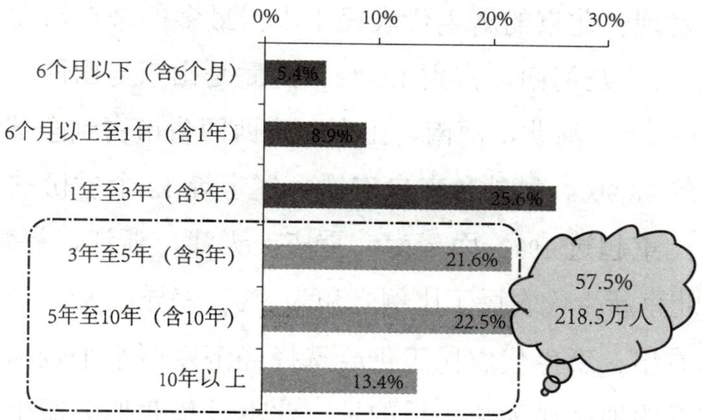

图 6-8　外地农民工在京就业时间

二、北京市新生代农民工情况调查

新生代农民工是指出生于 1980 年以后、年龄在 16 岁以上、从外地来北京、以非农业就业为主的青年群体。新生代农民工已经成为农民工的主体。根据 2012 年共青团北京市委研究室联合北京市青英研究中心开展的北京新生代农民工专题调查，[1] 北京市新生代农民

[1]　本部分数据来源于共青团北京市委研究室联合北京市青英研究中心于 2012 年进行的新生代农民工专题调查。这次调查共发放问卷 10 000 份，有效问卷 9206 份，有效填答率 92.5%。

工的基本情况如下:

（一）性别与年龄

就性别而言，被访新生代农民工男女比例基本平衡，年龄从16—32岁呈正态分布，平均年龄25.2岁，其中22—30岁的所占比例最高，占全部被访新生代农民工的73%。

（二）流出地特点

调查发现，北京的新生代农民工中，最多的来自河北，占总数的29.5%；其次是河南、占到13.8%，随后是山东与山西，比例分别为9.4%与6.2%。河北、河南、山东、山西四省市占到全部北京新生代农民工的58.9%。另外，来自安徽、辽宁等12个省份的新生代农民工所占比重超过1%，而云南、重庆、天津、浙江、福建等15个省市区的北京新生代农民工比例之和为6%，差异巨大。

可以看出，新生代农民工仍会选择经济发展水平较高且距家乡所在地较近的地区作为流入目的地，北京是华北地区新生代农民工最具吸引力的流入选择地。

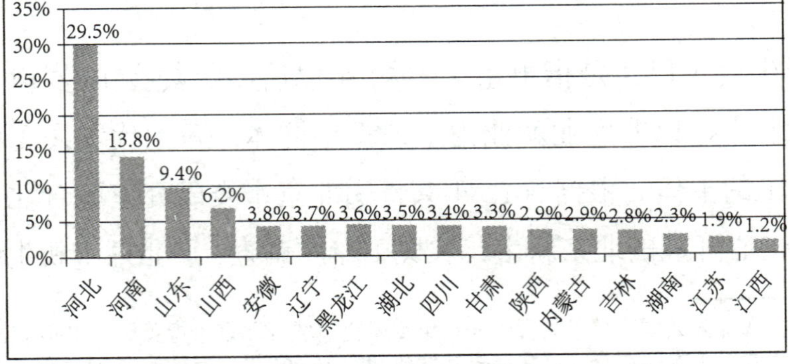

图6-9 来京新生代农民工流出地占比前16位的省份分布

（三）受教育水平：以高中及以上学历为主

来京新生代农民工绝大多数接受过基础教育，其中“小学及以下”的被访者仅为2.3%，初中占到31.5%，高中最多，为35.9%。高等教育系列的大专为18.7%，本科10.3%，研究生及以上为1.2%。与前文所有北京农民工相比，新生代农民工受教育水平明显提高，高中以上学历占到60%以上。

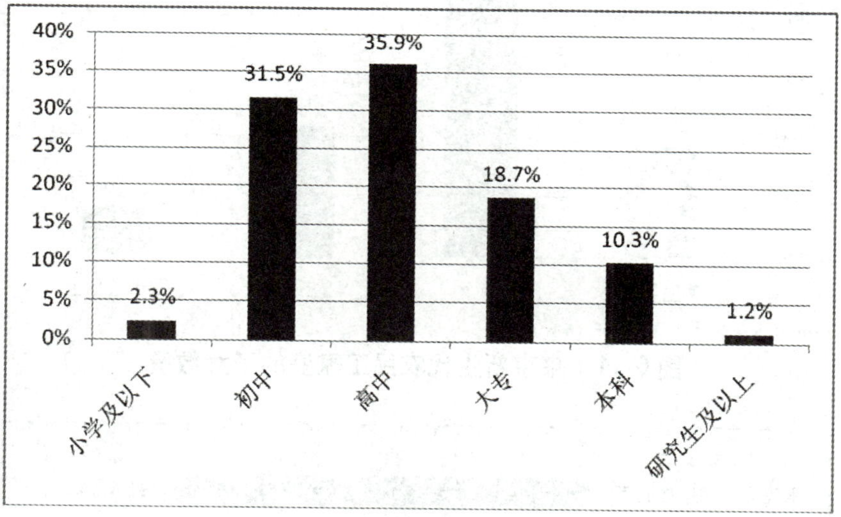

图6-10　新生代农民工受教育水平

（四）婚姻与家庭：多出自多子女家庭，未婚者居多

被访新生代农民工中的大部分出身于多子女家庭，独生子女的比例为18.7%，两个孩子的家庭最多，为51.6%，三个的次之，为21.7%，四个及以上的最少，为8%。可以看出出身于独生子女家庭的新生代农民工数量并不多，这与媒体和其他相关研究关于该群体多为独生子女，存在独生子女娇生惯养问题的论断并不相符。

在被访的新生代农民工中，有37.0%已婚，62.1 %未婚。其中，30.7%的被访者为未婚且没有男（女）朋友，有男（女）朋友的被访者比例为31.4%，离异和丧偶的比例分别为0.8%和0.1%。在平均年龄为25.3岁、拥有高中及以上学历占主体的该群体中，大量被访者在工作、生活压力下面临着“适龄未婚”的现状。

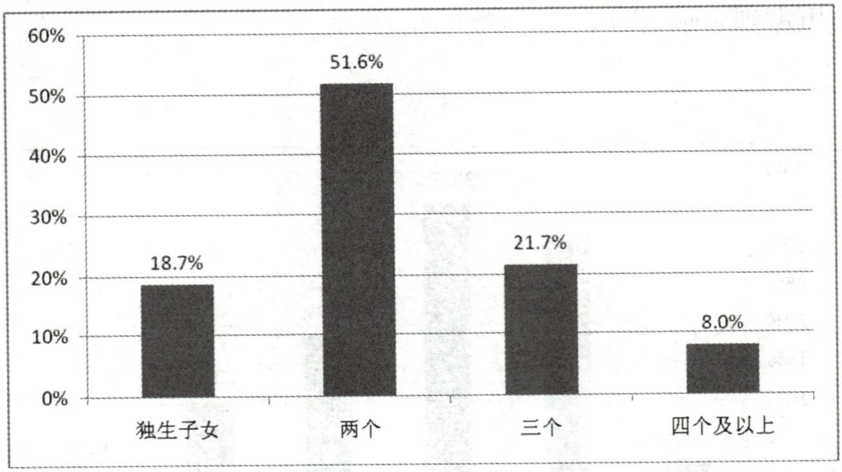

图6-11　来京新生代农民工家庭的子女数量

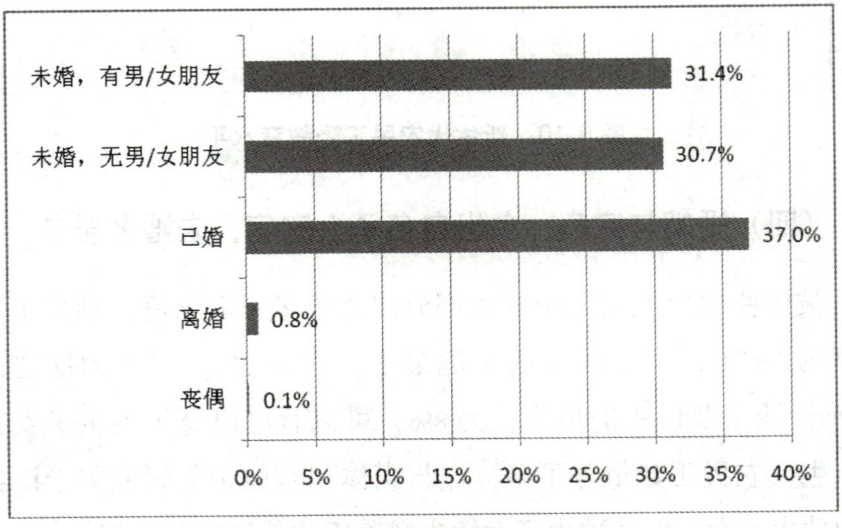

图6-12　来京新生代农民工婚姻状况

在37%已婚的被访者中，配偶在同一城市工作的为71.9%，在同一城市、无业的有7.6%，在家务农的有12.6%，不在同一城市工作的有7.4%，由此可以看出已经有八成的被访者与配偶在北京共同工作生活，与老一代农民工相比，他们许多人在北京有一个小家，对家乡的牵挂比独自在城市漂泊的老一代农民工要弱，从这个意义上讲，新生代农民工市民化的心理条件和家庭条件更具优势。

（五）务工时间：在京务工时间平均接近5年

调查结果显示，新生代农民工外出务工时间平均为68个月，即达到5年半，最长时间为197个月，最短的不到1个月。而在京务工时间平均为59个月，将近5年，其中最长的为197个月，最短的不到1个月。也就是说多数北京新生代农民工主要的流入地即是北京，且在京时间较长，稳定性较强。

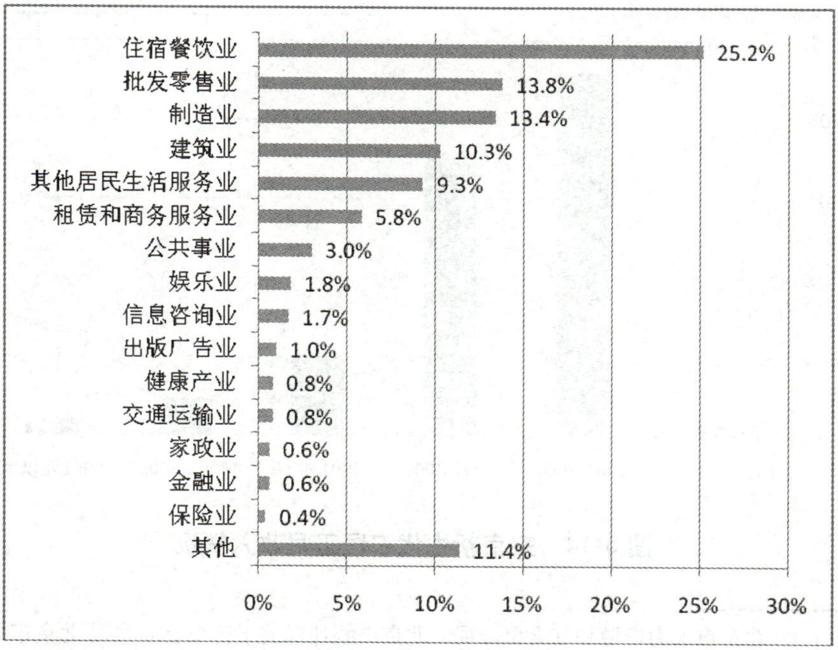

图6-13　来京新生代农民工行业分布

（六）就业状况：从事行业仍以低端服务业为主

从调查结果可以看出，北京新生代农民工仍主要从事低端服务业，包括住宿餐饮业（25.2%）、批发零售业（13.8%）、居民生活服务业（5.8%）等，其次从事制造业和建筑业的所占比例也较高，仅这五个行业就吸纳了70%的被调查新生代农民工就业。与老一代农民工相比，虽然新生代农民工的受教育程度高，但行业分布差距不大。

（七）收支情况

调查显示，北京新生代农民工的平均月收入为2558元，高于全国平均水平（1748元），却远低于北京市2011年度的职工平均工资4672元。[1]

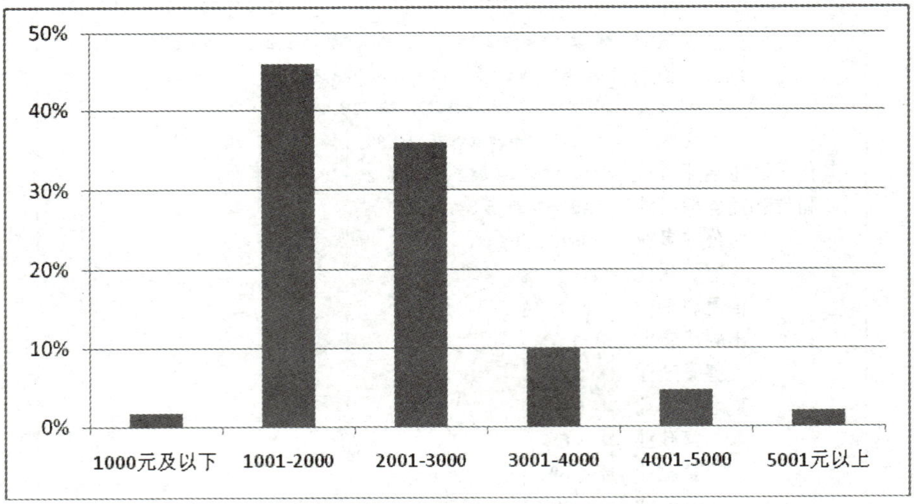

图6-14 来京新生代农民工月收入情况

[1] 北京市人力资源和社会保障局、北京市统计局关于公布2011年度北京市职工平均工资的通知 http://www.bjstats.gov.cn/tjzn/mcjs/201204/t20120409_224159.htm

其中，被访者月收入在 1001 ～ 2000 元之间的占到 46%，在 2001 ～ 3000 元之间占到 35.9%，月收入在 1000 元以下的为 1.6%，在 5000 元以上的为 1.9%。可以看出，新生代农民工中高收入者和极低收入者都相对较少，多数为中低收入者，在整体上呈现出“两头小中间大，平均水平偏低”的特点。

在支出方面，有 45.7 % 的被访者表示自己在日常最大的支出是“吃饭日用品开支”，而另有 26.1% 的人表示自己最大的支出是“支付房租水电费用”，只有极少数的个体认为“购置衣物（化妆品）等”（8.6%）、“手机充值”（2.4%）、“社交娱乐”（5.6%）等是日常最大支出，而认为“学习培训支出”是日常最大的支出人则更为稀少，仅占 1.8%。这表明，多数在京新生代农民工的日常支出仍以基本生活开销为主。

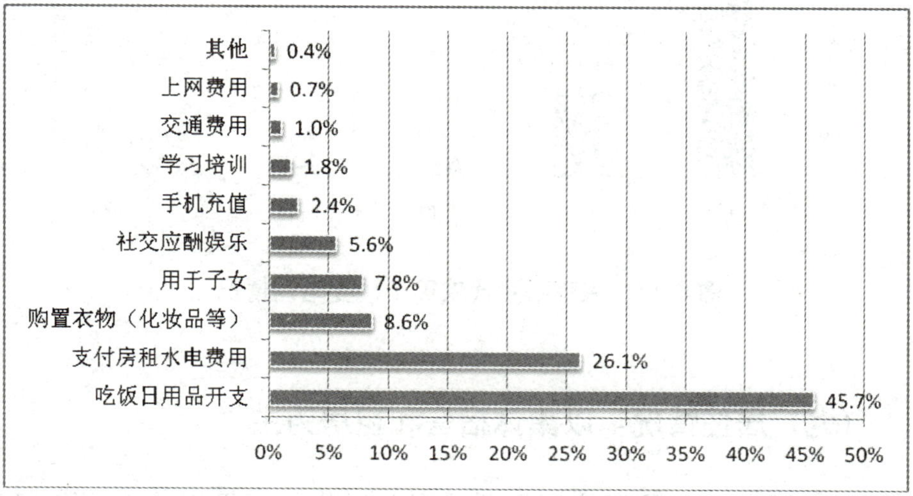

图 6-15　来京新生代农民工月支出情况

（八）职业培训：政府社会方面培训严重不足

所有被访新生代农民工中，参加过职业培训的比例为 59.8%，有超过三分之一的被访者从未接受过任何形式的培训。进一步对职业培训进行分析可知，单位培训是主体，在接受过培训的被访者中，近 80% 为单位培训；“自费参与培训”的比例接近 20%，说明北京新生代农民工已经开始认识到学历和能力，特别是职业技能已经成为个体发展的核心与关键，在闲暇时间有 10.9% 的被访者会选择“参加学习培训”；但政府社会方面培训严重不足，“政府”“社区”“职业介绍所”三个机构的培训所占比例仅为 10.0%。

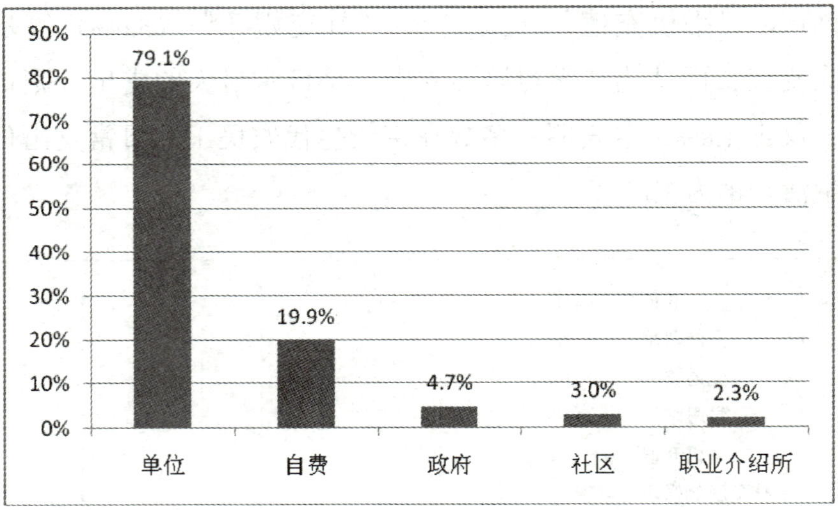

图 6-16 来京新生代农民工接受培训情况

（九）居住情况：以集体宿舍和租房为主

被访新生代农民工住宿类型呈现多样化，但仍以集体宿舍和自己租房为主，分别占到被访者中的 48.5% 与 42.0%。自购住房的所占比例很小，仅占 4.3%。老一代农民工几乎都是居住在集体宿舍，新生代农民工从事行业的多样性催生了住宿类型的多样化，也往往会因为集体宿舍条件不好，不愿凑合而选择外出租房，这反映出新生代农民工对住宿条件的要求在逐步提高。

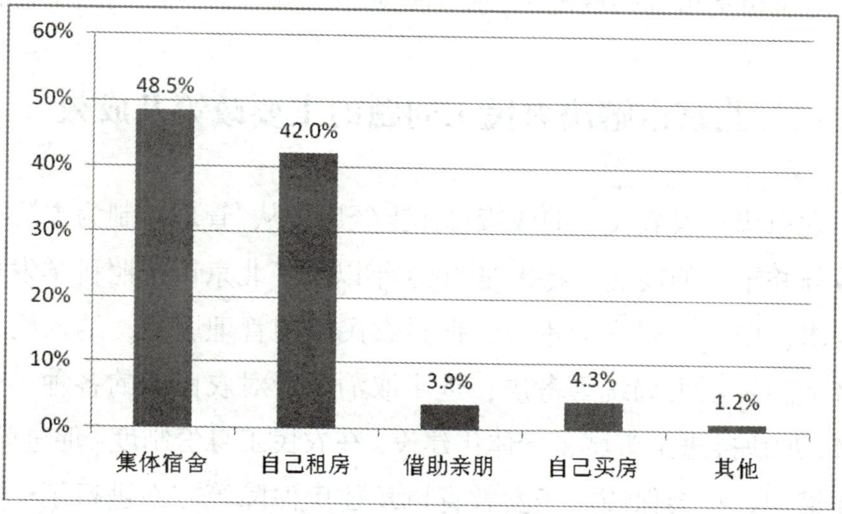

图 6-17　来京新生代农民工居住情况

调查显示，新生代农民工在住房上最期望获得的帮助是“提供廉租房”，占到 48.4%；其次是期望“稳定房租”，占 27.7%；再次

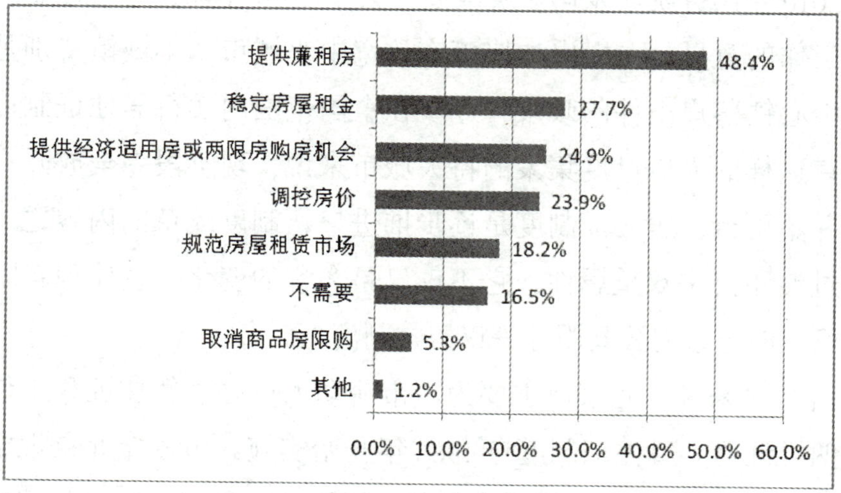

图 6-18　来京新生代农民工住房诉求

是期望能够得到“保障房的购买机会”，占 24.9%；希望“取消商品房限购”占 5%。可以看出新生代农民工最需要的是获得住房上的保障和房屋租赁市场的规范化，并不是北京一直在调控的商品房价格。

三、北京市解决农民工问题的主要政策及成效

北京市涉及农民工的政策总体上经历了从“管理控制为主”到“管理服务并重”的转变。特别是 2003 年以来，北京市按照科学发展观的要求，坚持“以人为本”，把对农民工的管理服务，纳入到首都经济社会发展大局统筹考虑，逐步取消了针对农民工的各种不平等政策，加快推进全市城乡一体化建设，在农民工身份制度、促进就业、职业培训、社会保障、子女教育以及住房保障等方面进行了一系列有益探索。

（一）户籍身份制度

2010 年国务院转发国家发改委《关于 2010 年深化经济体制改革重点工作的意见》，提出加快落实放宽中小城市、小城镇特别是县城和中心镇落户条件的政策，逐步在全国范围内实行居住证制度。就北京这样的人口过度集聚的特大城市来说，现阶段完全放开户籍制度并不可行，居住证制度是逐步推进户籍制度改革的内容之一，具有过渡和公平双重属性，它不仅仅是名称的变化，也体现着附着在户籍上的一系列公共服务等权益的剥离。

就当时来说，北京市主要为本市流动人口办理暂住证和工作居住证两类证明。暂住证制度自 1986 年开始实施。1995 年北京规定，外来人员未取得暂住证，不予办理营业执照等。2005 年这一规定取消。

但在北京居住仍要办理暂住证，公安部门协同社区会定时进行检查，与公共服务没有挂钩。

北京工作居住证原则是总量控制，市民待遇，柔性流动，依法管理。一般认为北京市工作居住证相当于一张在京居住的“绿卡”，可以买房等。但工作居住证办理资格要求比较严格，需要单位统一办理。其中资格要求包括所学专业或岗位属于本市急需专业或岗位；符合规定条件的申报单位连续聘用满 6 个月以上；具有 2 年以上工作经历并取得学士（含）以上学位或具有中级（含）以上专业技术职称或相当资格、资质；在本市有固定住所等。

（二）促进就业政策

2002 年以来，北京市认真落实“公平对待，合理引导，完善管理，搞好服务”的方针，不断出台完善就业政策，强化农民工就业服务，确保劳动者平等获得就业机会的权利。

1. 本地农民工

自 2003 年起，北京市进入了统筹城乡就业的新时期，此后不断将城镇促进就业政策和服务向农村延伸，初步形成了城乡一体化的促进就业格局，建立了城乡平等的就业制度。

（1）在管理制度上。2003 年，北京市劳动保障局、北京市农委下发《北京市加强农村富余劳动力就业工作的意见》（京劳社就发〔2003〕29 号），建立了农村富余劳动力就业登记制度，将农村转移劳动力纳入就业管理和服务范围。

2006 年，北京市劳动保障局下发《关于印发〈北京市农村劳动力转移就业管理办法〉的通知》（京劳社就发〔2006〕86 号），进一步完善农村劳动力转移就业管理制度，通过管理下沉、就业分类、动态跟踪和信息采集等措施，随时掌握有转移就业要求的农民的就业状况和就业需求。

2009 年，北京市依托人力资源市场信息系统，扩充农村劳动力转移就业管理功能，实现了日常工作信息化、动态管理经常化、业务操作标准化。

2011 年，北京市适应城市化发展的需求，加快构建城乡统一的就业失业管理制度，北京市人力社保局发布《关于印发〈关于城市化建设地区农村劳动力纳入就业失业管理制度有关问题〉的通知》（京人社就发〔2011〕233 号），将建设征地、土地储备或腾退、整建制农转非、山区搬迁、绿化隔离建设等地区的农村劳动力纳入到城镇失业登记范围，享受城镇促进就业帮扶政策。

截至 2012 年 9 月底，已将城市化建设地区的 2.52 万名农村劳动力纳入到城镇促进就业帮扶范围，海淀区、朝阳区完成农村劳动力转移就业管理制度与就业失业管理制度“并轨”，率先实现就业管理城乡统一。

(2) 在就业政策上。2006 年北京市劳动保障局、北京市财政局《关于印发〈鼓励用人单位招用本市农村就业困难人员岗位补贴试行办法〉的通知》，规定招用本市农村就业困难人员且签订一年以上劳动合同的可申请享受一次性岗位补贴[1]。岗位补贴由市、区县两级就业再就业资金分别负担、共同拨付。各区县应根据实际情况并按照本办法的要求，制订鼓励用人单位招用本区县户籍农村就业困难人员的岗位补贴办法，补贴金额按照每人不低于 200 元的标准，由各

[1] 农村就业困难人员是指具有本市农业户口、进行了求职登记且属于下列情况之一的人员：因绿化隔离地区建设导致闲置的农村劳动力；因地区资源枯竭导致闲置的农村劳动力；因矿山关闭或受到保护性限制导致闲置的农村劳动力；享受农村最低生活保障待遇的农村劳动力；由市政府确认的其他农村劳动力。

区县自行确定。在此基础上，北京市就业再就业资金再按照每人 200 元的标准给予一次性的补贴。

2008 年《北京市人民政府办公厅转发市劳动保障局关于促进农村劳动力转移就业工作指导意见的通知》（京政办发〔2008〕57 号），规定从 2009 年 1 月 1 日起，北京市实施四项促进农村劳动力转移就业政策：

一是实行鼓励用人单位招用农村就业困难人员的岗位补贴和社会保险补贴政策。各类用人单位招用“4050”、残疾、“低保”等农村就业困难人员以及绿化隔离地区、矿山关闭地区、资源枯竭地区和保护性限制地区的农村劳动力，并按规定缴纳社会保险费的，可申请享受岗位补贴和社会保险补贴[1]。

二是实行鼓励农村劳动力自谋职业自主创业的减免行政事业性收费和小额担保贷款政策。对从事个体经营的农村劳动力三年内免收管理类、登记类和证照类行政事业性收费。对从事个体经营和创办小企业的，分别给予不超过 8 万元、50 万元的小额担保贷款，对符合贷款贴息条件的给予财政贴息，在农村建立小额担保贷款信用社区，简化反担保手续。

三是实行鼓励农村劳动力增强就业竞争能力的职业培训补贴政策。有转移就业愿望的农村劳动力可享受与城镇失业人员同等的职业技能培训、职业技能鉴定和创业培训补贴政策[2]。

---

[1]　2009 年北京市劳动保障局、北京市财政局《关于印发〈鼓励用人单位招用本市农村就业困难人员的岗位补贴和社会保险补贴办法〉的通知》和《关于鼓励用人单位吸纳就业有关问题的通知》，对补贴标准作出规定：可申请享受的岗位补贴和社会保险补贴最长不超过 3 至 5 年，岗位补贴：每人每年 3000 元；社会保险补贴：以北京市上一年度职工月平均工资的 60% 为基数，城镇基本养老保险补贴 20%，城镇基本医疗保险补贴 9%，失业保险补贴 1%。

[2]　2009 年《关于印发〈北京市职业培训补贴管理办法〉的通知》（京人社办发〔2009〕5 号），规定职业技能培训补贴根据实际培训人数，按照人均 1100 元的标准给予补助。本市农村转移就业劳动力与城镇失业人员在享受培训补贴标准、培训服务等方面实现了城乡“并轨”。

四是实行帮助农村劳动力稳定就业的城乡平等的社会保险政策。农村劳动力实现转移就业并履行了与城镇职工同样的缴纳社会保险费义务的，可享受与城镇职工同等的养老、医疗等社会保险待遇。四项政策的实施标志着北京市城乡就业政策基本实现了统一。各区县、乡镇也结合本地实际，制定实施了社会保险补贴、自谋职业补贴、交通补贴、单位招工奖励、外出就业奖励等扶持政策。目前，全市已经形成了以市级政策为主体，区县、乡镇政策为补充，统筹城乡的促进就业政策体系。

(3) 在就业服务上。2003 年以来，北京市在强化乡镇社保所建设的基础上，着力推动村级就业服务站建设。2003 年北京市劳动保障局、北京市农委《北京市加强农村富余劳动力就业工作的意见》(京劳社就发〔2003〕29 号) 和北京市劳动保障局《关于贯彻〈北京市加强农村富余劳动力就业工作的意见〉的有关问题的通知》规定，到 2003 年底以前，本市所有乡镇都要成立以社会保障所为依托的职业介绍所，有条件的中心村要建立就业服务站或明确专人负责，形成区县、乡镇、村三级就业服务组织管理网络。

2006 年《北京市人民政府贯彻落实国务院关于进一步加强就业再就业工作文件的通知》(京政发〔2006〕4 号)，规定用 2 年左右的时间，在有条件的行政村建立就业服务站，配备专兼职工作人员，为农村劳动力转移就业提供岗位和培训信息、政策咨询、职业指导、劳务输出及动态跟踪等服务。

同年，北京市劳动保障局下发《关于进一步推动农村基层就业服务组织建设工作的通知》，规定 2006 年底前，在全市 80% 的行政村建立起就业服务组织，2007 年底前，全市 100% 的行政村具备就业管理服务功能。到 2007 年，全市所有行政村全部建立了就业服务站，形成了“三级管理、四级服务”的公共就业服务体系。

截至2012年8月底，全市3846个村就业服务站聘用劳动保障专（兼）职协管员4470人，还有1394名大学生“村官”从事基层人力社保工作。

为加大困难群体扶持力度，2003年，市劳动保障局下发《关于建立“4050”就业困难人员再就业援助制度的通知》（京劳社就发〔2003〕19号），建立起城镇“4050”就业困难人员再就业援助制度，以此为基础，逐步将城乡“4050”人员、低保人员、残疾劳动力、以及绿化隔离矿山关闭保护性限制地区农村劳动力纳入困难群体援助范围。

2007年，北京市劳动保障局下发《关于促进“零就业家庭”劳动力就业的通知》，建立了“零就业家庭”就业援助制度。

2010年，北京市人力社保局、北京市财政局《关于印发〈北京市“纯农就业家庭”转移就业援助工作意见〉的通知》，建立了“纯农就业家庭”转移就业援助制度。

2012年5月，北京市第十三届人大第二十九次会议通过了《北京市就业援助规定》，明确将6大类城乡困难就业人员纳入援助范围[1]。通过实施动态跟踪管理，制定个性化援助方案，强化“一对一”指导，开展就业帮扶工作，进一步健全了城乡就业困难群体长效帮扶机制。

同时，为缓解地区就业矛盾，2006年，北京建立了城乡“手拉手”就业协作机制，在区县之间、街乡之间、乡企之间等三个

---

[1]　援助范围为：1.属于零就业家庭成员的；2.享受城乡居民最低生活保障待遇的；3.女满四十周岁以上、男满五十周岁以上的；4.经残疾评定机构评定为残疾的；5.连续失业一年以上的；6.市人民政府规定的其他情形。此外，本市绿化隔离、矿山关闭、资源枯竭或者受保护性限制等地区的农村劳动力，进行转移就业登记后，纳入本市就业困难人员范围。

层面搭建起就业互助平台，以组织下乡招聘和上门应聘，开展对口技能培训和职业指导，实行就业信息网络沟通等形式，把城区的岗位资源优势与郊区的劳动力资源优势进行对接，促进了农民跨地区流动就业。

2011年以来，北京市以推广“一产员工制”用工模式为抓手，大力推进绿色就业，为农民“签合同、上保险、保工资”，促进了农民就近就地、稳定就业，截至2012年9月底，全市共开发绿色岗位2.54万个，帮助2.03万名城乡劳动力实现了绿色就业。

经过多年艰苦努力，北京市农村劳动力转移就业工作取得明显成效，形成了城乡平等的就业制度和一体化的公共就业服务体系，自2007年以来，共帮扶48.4万农村劳动力实现了转移就业。

2. 外地农民工

20世纪90年代，随着流动人口大量涌入北京，给首都资源、环境以及城市建设和运行管理带来很大的压力。1989年北京市政府颁发《北京市外地人员务工管理办法》（第37号令），采取“外地北京人员做工证”的方式，对外地北京务工人员进行严格管理控制。文件规定以本市城乡劳动力不能满足用工需要为原则，制定允许雇用外地人员务工的行业、工种范围。用工单位雇用外地人员，必须申报雇用外地人员劳动力计划，经批准后，申领记雇用人员暂住证；并凭暂住证和记雇用外地人员计划批准证明申领雇用人员外地北京人员做工证，禁止任何单位使用无做工证的外地人员。[1]

---

[1] 1990年市劳动局印发的《关于发放外地北京人员做工证的暂行规定》（京劳计发〔1990〕9号），规定市、区、县劳动局每签发一个做工证，在按照市政府第37号令规定的收取管理费的标准未确定以前，暂收取务工人员本人证件工本费和服务管理费5元，每年年检收取手续服务费1元。

为进一步加强对外地农民工的管理和控制，1995 年北京市人大颁布《北京市外地北京务工经商人员管理条例》，《条例》明确规定，“本市对务工经商人员实行规模控制，严格管理，加强服务，依法保护的方针”。北京市人民政府提出务工经商人员总量控制要求，地方负责采取措施落实。北京市对外地北京务工人员实行“外来人员就业证”制度，对使用外地北京务工人员的行业、工种进行限制，并对外来务工经商人员收取管理服务费[1]。单位或者个人招用外地北京务工人员，必须经过劳动行政机关指定的职业介绍机构办理手续，禁止私自招用外地北京务工人员。

同年，北京市政府颁布《北京市外地北京人员务工管理规定》（北京市人民政府第 14 号令），对《条例》的有关规定做了进一步细化，对批用人单位和个人招用外地人员条件，招用手续办理，申领《外来人员就业证》所需文件、证件和证明材料等做了详细的规定。

1996 年市劳动局颁布《关于用人单位招用外地务工人员有关问题的通知》（京劳就发〔1996〕74 号），规定用人单位招用外地人员应严格坚持“先城镇、后农村，先本市、后外地”的原则。下岗待工人员较为集中的系统，严格控制外地务工人员的使用数量，属于限制使用外地人员的行业、工种，必须招用本市人员；对未经明确的行业、工种需招用外地务工人员，必须首先招用本市常住户口的劳动力，如招用不足，经批准后，方可招用外地人员。

“十五”期间，北京市逐步清理和取消外地农民工就业管理限制、

[1] 1995 年，市政府办公厅《关于印发〈北京市外地北京务工经商人员管理服务费征收规定〉的通知》（京政办发〔1995〕101 号）规定，城近郊区管理服务费的征收标准为每人每月 15 元；远郊区、县管理服务费的征收标准由区、县人民政府根据本地区实际情况制定。对从事家庭服务工作的外地北京人员，免收管理服务费。对经批准成建制、有组织进京的外地北京务工人员，减半征收管理服务费。

收费和歧视性政策。2002 年 3 月，北京市修改《北京市外地北京务工经商人员管理条例》部分条款的议案，删除了原《条例》中“务工经商人员应当向基层外来人员管理机构或者劳动行政管理机关缴纳管理服务费”的条款。

2003 年 7 月《关于加强外地北京务工人员就业服务工作的通知》（京劳社就发〔2003〕121 号），取消了用人单位使用外地北京务工人员计划审批和岗位（工种）限制。

2004 年 5 月，北京市人大常委会第十二次会议取消了“外来人员就业证”；北京市政府第 24 次常务会议废止了《北京市外地北京人员务工管理规定》。

2005 年 3 月，北京市十二届人大常委会第十九次会议审议废止了《北京市外地北京务工经商人员管理条例》。在此基础上，以“输入有基地、岗前有培训、劳动有合同、工作有保险、维权有保障”的目标，以促进农民工有序流动为重点，不断健全职业培训、就业服务、劳动维权三位一体的工作机制，通过开展“春风行动”等专项服务活动，为农民工提供岗位信息、就业推荐、职业指导、政策咨询、招聘洽谈等免费就业服务，大力促进农民工就业。

北京市加强北京务工人员流动情况监测，及时了解掌握春节前后外来工农民工进出京情况，搭建农民工求职绿色通道，在农民工进出京的火车站、长途汽车站设立就业服务站，为北京务工人员第一时间送上服务并及时引导，利用宣传海报、公交站台广告、移动传媒、广播电视等媒介，广泛宣传农民工求职务工常识、岗位信息以及劳动维权知识等内容。同时，大规模开展清理拖欠农民工工资行动，建立了最低工资制度、最低工资标准正常调整机制和农民工工资支付保障机制，切实维护农民工合法权益。据调查，北京市外来农民工合同签订率达到69%，基本实现“无拖欠工资”目标。

“十二五”时期，北京市家政服务业快速发展，吸引了大量劳动力特别是外地农民工就业。在40万从业人员中，90%是外来农民工（主要来自甘肃、四川、安徽、山东及河北等地）[1]。

为促进全市家政服务企业健康发展，2011年，北京市出台《关于鼓励发展家政服务业的意见》（京政办发〔2011〕23号）（简称“家七条”），分别从鼓励实行员工制管理、加大扶持力度、维护从业人员合法权益等七个方面提出了政策和鼓励措施。对符合条件的员工制家政服务企业，给予必要的资金扶持、税收减免优惠、培训补贴和社会保险补贴；完善政府间劳务协作机制，通过政府间签订协议、给予适当支持的方式，在全国劳动力主要输出省份和北京市对口援助地区，建立一批家政服务员输入基地；同时，建立了家政服务员持证上岗制度，提高家政服务员服务水平；采取多种措施，加强家政服务员权益维护。

为切实加大对家政服务人员的权益维护力度，推动企业为家政服务人员“签合同、上保险、保工资”，2012年，北京市人力资源和社会保障局出台《关于鼓励家政服务企业实行员工制管理的试点意见》，择优认定一批具有典型示范作用的家政服务企业作为员工制家政服务试点企业，进一步加大对员工制家政服务企业支持力度。比如，加大社会保险补贴力度，第一年为全额补贴，此后逐年降低，分别为80%、60%、50%、50%；优先为员工制企业开展免费的职业技能培训和鉴定；与企业共建劳务输出基地；建立“绿色通道”，提供政策咨询、人才引进、技能鉴定、

[1]　《北京市关于鼓励发展家政服务业的意见》新闻发布会，搜狐资讯，2011年5月。

职称评审等全方位的上门服务；加大对员工制服务企业的宣传推荐力度等，鼓励员工制家政服务企业做大做强。

表 6-2 北京市促进农民工就业政策一览表

时间	文件名	主要内容
本地农民工		
1998 年	《北京市农村劳动力就业管理办法》	根据"先城镇，后农村；先本市，后外地"的就业原则，对用人单位招用本市农村劳动力建立审批制度，用人单位招用本市农村劳动力需经市、区（县）劳动局批准，并按规定向劳动力输出地的区、县劳动局缴纳使用农村劳动力的管理费。
2003 年	《北京市加强农村富余劳动力就业工作的意见》	建立农村富余劳动力就业登记制度，将农村转移劳动力纳入就业管理和服务范围。
	《关于贯彻〈北京市加强农村富余劳动力就业工作的意见〉的有关问题的通知》	规定北京市所有乡镇都要成立以社会保障所为依托的职业介绍所，有条件的中心村要建立就业服务站或明确专人负责，形成区县、乡镇、村三级就业服务组织管理网络。
	《关于建立"4050"就业困难人员再就业援助制度的通知》	将城乡"4050"人员、低保人员、残疾劳动力、以及绿化隔离矿山关闭保护性限制地区农村劳动力纳入困难群体援助范围。
2006 年	《关于印发〈鼓励用人单位招用本市农村就业困难人员岗位补贴试行办法〉的通知》	规定招用本市农村就业困难人员且签订一年以上劳动合同的可申请享受一次性岗位补贴。 补贴标准每人不低于 200 元。岗位补贴由市、区县两级就业再就业资金分别负担、共同拨付。
	《关于印发〈北京市农村劳动力转移就业管理办法〉的通知》	规定通过管理下沉、就业分类、动态跟踪和信息采集等措施，随时掌握有转移就业要求的农民的就业状况和就业需求。
	《北京市人民政府贯彻落实国务院关于进一步加强就业再就业工作文件的通知》	规定用 2 年左右的时间，在有条件的行政村建立就业服务站，配备专兼职工作人员，为农村劳动力转移就业提供岗位和培训信息、政策咨询、职业指导、劳务输出及动态跟踪等服务。
	《关于进一步推动农村基层就业服务组织建设工作的通知》	规定 2006 年底前，在全市 80% 的行政村建立起就业服务组织，2007 年底前，全市 100% 的行政村具备就业管理服务功能。

续表

时间	文件名	主要内容
2007 年	《关于转发劳动和社会保障部〈关于全面推进零就业家庭援助工作的通知〉的通知》	建立“零就业家庭”就业援助制度。
2008 年	《北京市人民政府办公厅转发市劳动保障局关于促进农村劳动力转移就业工作指导意见的通知》	鼓励用人单位招用农村就业困难人员的岗位补贴和社会保险补贴政策；实行鼓励农村劳动力自谋职业自主创业的减免行政事业性收费和小额担保贷款政策；实行鼓励农村劳动力增强就业竞争能力的职业培训补贴政策；实行帮助农村劳动力稳定就业的城乡平等的社会保险政策。
2010 年	《关于印发〈北京市“纯农就业家庭”转移就业援助工作意见〉的通知》	建立“纯农就业家庭”转移就业援助制度。
2011 年	《关于印发〈关于城市化建设地区农村劳动力纳入就业失业管理制度有关问题〉的通知》	将建设征地、土地储备或腾退、整建制农转非、山区搬迁、绿化隔离建设等地区的农村劳动力纳入到城镇失业登记范围，享受城镇促进就业帮扶政策。
2012 年	《北京市就业援助规定》	明确将六大类城乡困难就业人员纳入援助范围； 进一步健全城乡就业困难群体长效帮扶机制。
外地农民工		
1989 年	《北京市外地人员务工管理办法》(第 37 号令)	采取《外地来京人员做工证》的方式，对外地来京务工人员进行严格管理控制。
1995 年	《北京市外地来京务工经商人员管理条例》	对外地来京务工人员实行《外来人员就业证》制度，对使用外地来京务工人员的行业、工种进行限制，并对外来务工经商人员收取管理服务费；单位或个人禁止私自招用外来务工人员。
1996 年	《关于用人单位招用外地务工人员有关问题的通知》	规定应严格坚持“先城镇、后农村，先本市、后外地”的原则，下岗待工人员较为集中的系统，严格控制外地务工人员的使用数量，属于限制使用外地人员的行业、工种，必须招用本市人员；对未经明确的行业、工种需招用外地务工人员，必须首先招用本市常住户口的劳动力，如招用不足，经批准后，方可招用外地人员。
2003 年	《关于加强外地来京务工人员就业服务工作的通知》	取消了用人单位使用外地来京务工人员计划审批和岗位（工种）限制。

续表

时间	文件名	主要内容
2004 年 2005 年	—	2004 年 5 月，北京市人大常委会第十二次会议，取消了“外来人员就业证”；市政府第 24 次常务会议废止了《北京市外地来京人员务工管理规定》。2005 年 3 月，市十二届人大常委会第十九次会议审议废止了《北京市外地来京务工经商人员管理条例》。
2011 年	《关于鼓励发展家政服务业的意见》	在鼓励实行员工制管理、加大扶持力度、维护从业人员合法权益等七个方面提出政策和鼓励措施。
2012 年	《关于鼓励家政服务企业实行员工制管理的试点意见》	择优认定一批具有典型示范作用的家政服务企业作为员工制家政服务试点企业，进一步加大对员工制家政服务企业支持力度。

（三）加强职业培训

为提高农村劳动力转移就业能力，北京市建立并不断调整完善针对农民工的职业培训政策，目前已经建立了面向全体城乡劳动者的职业培训制度。其中，本市转移就业的农民劳动力，每年可参加一次免费职业培训；实施外地农民工职业技能特别培训计划，培训的职业工种范围为：家政服务员、护理员（护工）、养老护理员，外地农民工在被用人单位招用后，可由单位统一组织参加一次免费培训。

1. 本市农民工

1995 年《北京市关于就业、转业（转岗）训练实施办法的通知》（京劳培发〔1995〕8 号），明确提出为农村劳动力向非农产业转移提供职业技术培训。2003 年《关于印发北京市“三年百万”职业技能培训计划实施方案的通知》（京劳社培发〔2003〕40 号）规定，在全市启动实施“三年百万”职业技能培训计划，加大对失业人员、企业在职职工、城镇新成长劳动力和农村富余劳动力的职业技能培训力度。其中，农村富余劳动力培训的主要任务是紧密结合京郊经济发展和本地区城市化进程，在农村积极开展形式多样、内容广泛的实用技术培训工作。

2004 年《关于做好 2004—2010 年北京市农村富余劳动力转移培训工作的意见》（京政农发〔2004〕1 号）明确要求各区县、乡镇应根据自身经济发展状况和本地企业用工需求，针对不同行业、不同工种、不同岗位，大力开展定向、定岗职业技能培训，对培训经费采取市、区县、个人共同负担的原则予以支持。用人单位开展农民工培训所需经费从职工培训经费中列支，职工培训经费按职工工资总额 1.5% 比例提取。

2004 年《关于进一步加强农村富余劳动力转移培训的意见》（京政农发〔2004〕51 号）明确要求加大公共财政支持力度，建立农村富余劳动力转移培训补助机制。

2004 年《关于开展农村富余劳动力职业技能培训工作的指导意见》（京劳社培发〔2004〕75 号）对加强农村富余劳动力职业技能培训提出组织实施、培训费用、表彰奖励等政策措施。农村富余劳动力参加职业技能培训的培训、鉴定费用实行市、区县、街道镇、乡、村集体经济组织和个人共同负担的原则。各区县对在开展农村富余劳动力职业技能培训过程中表现突出的单位和个人，应当及时予以表彰，有条件的区县可以自行制定奖励办法。

2006 年北京市政府颁发《北京市人民政府贯彻落实国务院关于进一步加强就业再就业工作文件的通知》（京政发〔2006〕4 号），要求“实施农村劳动力转移就业培训工程。按照分类培训、注重实效的原则，以转移就业为目标，突出农村劳动力实际操作能力的培养，不断提高技能培训的针对性、有效性、实用性，消除农村劳动力向二三产业转移就业的技能障碍”。

2006 年《关于印发北京市农村劳动力职业培训补贴管理办法有关问题的通知》（京社就办发〔2006〕6 号）提出在全市建立起本市农村劳动力职业技能培训与就业挂钩的培训补贴制度，市支农资金、市就业再就业资金分别为参加转移培训的本市农村劳动力提供每人 100 元的一次性培训和技能鉴定补贴，各区县按照不低于 1∶1 的比例提供相应的配套资金，实现了本市农村劳动力转移培训专项补贴政策“零”的突破。

2008 年《北京市人民政府办公厅转发北京市劳动保障局关于促进农村劳动力转移就业工作指导意见的通知》（京政办发〔2008〕57 号）提出“统一培训制度，提高农村劳动力转移就业能力。有转移就业要求、参加转移就业培训的农村劳动力可以享受与城镇失业人员同等的职业技能培训、职业技能鉴定和创业培训补贴政策。技能培训补贴和鉴定补贴标准按照不同职业（工种）、培训等级由人均 400 元提高到 550 元”的意见。

2009 年，北京市劳动局颁布《关于印发北京市职业培训补贴管理办法的通知》（京人社办发〔2009〕5 号），统一了城乡职业培训政策，增加了享受免费培训次数，提高了培训补贴标准，使本市农村劳动力和城镇失业人员每年都可以选择参加一次免费职业技能培训，补贴标准也由人均 550 元调整为 1100 元。

2011 年，印发的《关于调整本市城镇失业人员、农村劳动力职业技能培训补贴标准的通知》，进一步完善了职业培训补贴制度，制定了新的《北京市职业技能培训职业（工种）补贴标准目录》，将人均 1100 元的标准提高到 1500 元。

表 6-3　北京市本地农民工职业培训补贴政策及标准

出台时间	政策名称	适用人员范围	补贴标准	资金来源
2003 年	关于印发北京市再就业培训资金管理实施办法的通知（京劳社培发〔2003〕100 号）	本市城镇失业人员	A 类：600 元 / 人；B 类：500 元 / 人；C 类：400 元 / 人；非等级：200 元 / 人	70% 失业保金 30% 区县财政
2006 年	关于印发北京市农村劳动力职业培训补贴管理办法有关问题的通知（京社就办发〔2006〕6 号）	本市农村转移就业劳动力	市级 200 元 / 人	市支农资金 100 元，市再就业资金 100 元；区县财政不少于 1:1 配套
2009 年	关于印发北京市职业培训补贴管理办法的通知（京人社办发〔2009〕5 号）	本市城镇失业人员、农村转移就业劳动力	A 类：1200 元 / 人；B 类：1000 元 / 人；C 类：800 元 / 人；非等级：400 元 / 人	失业保险金
2010 年	关于印发北京市职业培训补贴资金管理办法（试行）的通知（京人社能发〔2010〕233 号）	本市城镇失业人员、农村转移就业劳动力、外来农民工	A 类：1200 元 / 人；B 类：1000 元 / 人；C 类：800 元 / 人；非等级：400 元 / 人	失业保险金 中央财政金
2010 年	关于做好职业培训补贴资金管理有关工作的通知（京人社能发〔2010〕267 号）	本市城镇失业人员、农村转移就业劳动力、外来农民工	A 类：1200 元 / 人；B 类：1000 元 / 人；C 类：800 元 / 人；非等级：400 元 / 人	失业保险金 中央财政金
2011 年	关于调整本市城镇失业人员、农村劳动力职业技能培训补贴标准的通知（京人社能发〔2011〕253 号）	本市城镇失业人员、农村转移就业劳动力、外来农民工	人均 1500 元 / 人	失业保险金 中央财政金

2. 外地农民工

1995 年北京市《关于对外地北京务工经商、从事家庭服务工作人员进行职业技能培训和就业资格认定的通知》（京劳培发〔1995〕208 号）提出“在本市允许使用外地人员的行业、工种范围内，从事技术性工种岗位的务工人员、家庭服务员均需经过相应专业（工种）

的职业技能培训，取得北京市就业转业训练结业证书后，方可办理北京市外来人员就业证”。

2001 年《关于大力推进社区就业培训有关问题的通知》（京劳社培发〔2001〕111 号）要求“建立社区服务从业人员持证上岗制度，凡从事社区服务的失业人员、下岗职工、本市其他从业人员以及外地北京务工人员，均须接受社区就业培训，实行持证上岗”。

2003 年《关于做好外地进京务工人员职业培训服务工作的通知》（京劳社培发〔2003〕137 号）要求“企业、事业单位已招用的未取得国家职业资格证书的农民工，用人单位应利用本单位、本行业的职业培训机构或委托经劳动保障部门资质认定的职业技能培训机构对使用的农民工进行职业技能培训，取得相应职业资格证书后，方可上岗”。

2006 年《北京市人民政府贯彻落实国务院关于进一步加强就业再就业工作文件的通知》（京政发〔2006〕4 号）要求“实施农村劳动力转移就业培训工程。按照分类培训、注重实效的原则，以转移就业为目标，突出农村劳动力实际操作能力的培养，不断提高技能培训的针对性、有效性、实用性，消除农村劳动力向二、三产业转移就业的技能障碍”。

2006 年，北京市印发《关于加强外来农民工职业技能培训工作有关问题的通知》（京劳社培发〔2006〕117 号），正式启动外来农民工技能提升培训工程，利用中央财政补助资金，建立起外来农民工职业技能培训补贴制度。

2007 年，印发《关于加强外来农民工培训补贴政策工作有关问题的补充通知》（京劳社培发〔2007〕56 号），从培训机构资质认定、培训层次、工作标准、补贴标准、享受补贴的条件、资金申请等各环节上提出要求。

2009年，印发《关于实施外来农民工职业技能特别培训计划的通知》（京人社办发〔2009〕16号），在家政、护理等行业启动外来农民工职业技能特别培训计划。此后，不断提高培训补贴标准，按《关于调整本市城镇失业人员、农村劳动力职业技能培训补贴标准的通知》（京人社能发〔2011〕253号），初级培训1500元/人，中级1800元/人；岗前培训，家政服务员为650元/人，护理员为900元/人。

表6-4　北京市外来农民工职业培训补贴政策及标准

出台时间	政策名称	适用人员范围	补贴标准	资金来源
2006年	《关于加强外来农民工职业技能培训工作有关问题的通知》（京劳社培发〔2006〕117号）	外来农民工	高级：600元/人 中级：500元/人 初级：400元/人	中央财政资金
2007年	关于加强外来农民工职业技能培训工作有关问题的补充通知（京劳社培发〔2007〕56号）	外来农民工	高级：600元/人 中级：500元/人 初级：400元/人	中央财政资金
2009年	关于实施外来农民工职业技能特别培训计划的通知（京人社办发〔2009〕16号）	外来农民工（家政服务员、护理员）	岗前培训：400元/人，资格培训：800元/人	中央财政资金
2010年	关于印发北京市职业培训补贴资金管理办法（试行）的通知（京人社能发〔2010〕233号）	本市城镇失业人员、农村转移就业劳动力、外来农民工	A类：1200元/人 B类：1000元/人 C类：800元/人 非等级：400元/人	失业保险金 中央财政资金
2010年	关于做好职业培训补贴资金管理有关工作的通知（京人社能发〔2010〕267号）	本市城镇失业人员、农村转移就业劳动力、外来农民工	A类：1200元/人 B类：1000元/人 C类：800元/人 非等级：400元/人	失业保险金 中央财政资金
2011年	关于调整本市城镇失业人员、农村劳动力职业技能培训补贴标准的通知（京人社能发〔2011〕253号）	本市城镇失业人员、农村转移就业劳动力、外来农民工	人均1500元/人	失业保险金 中央财政资金

同时，积极探索家政服务培训工作的新模式。员工制企业与非员工制企业的政策区别主要如下：

表 6-5 外来农民工家政服务培训政策

区别	普惠政策	员工制政策
人员范围	外来农民工	外省市北京务工人员
培训机构认定	区县认定	市级认定
培训机构范围	各级各类职业院校、职业技能培训机构	各级各类职业院校、职业技能培训机构、员工制家政企业
鉴定机构认定	社会化鉴定	市级认定（2 所、24 所）
培训类型	岗前、等级（初、中级）	员工制培训（初、中级）
补贴标准	岗前 650 元 / 人、初级 1500 元 / 人、中级 1800 元 / 人	初级 1500 元 / 人、中级 1800 元 / 人
考核标准	合格率 90%，全额补	取证全额补，未取证 70% 补
培训补贴申请	学校垫付，学校申请	员工制家政企业申请
鉴定补贴申请	学校垫付，学校申请	鉴定机构申请
教材、证书	国家统一教材、结业证书、职业资格证书	员工制家政培训教材、《北京市家政服务员资格证书》

通过开展职业培训，农民工的就业技能和薪酬水平得到有效提升。根据调查，取得职业资格证书的外地农民工月均收入为 3894 元，没有相关证书的仅为 2752 元，二者差距千元以上。职业技能对薪酬的显著影响带动了农民工参加各类培训。

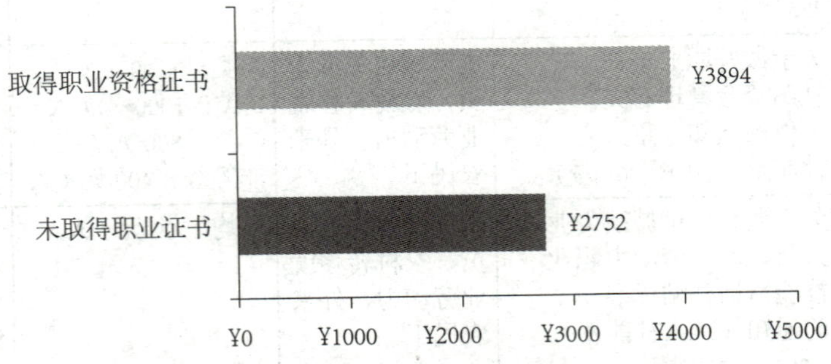

图 6-19 不同类型外地农民工月均收入

表 6-6 北京市农民工职业培训政策一览表

时间	文件名	主要内容
本地农民工		
1995 年	《北京市关于就业、转业（转岗）训练实施办法的通知》	明确提出为农村劳动力向非农产业转移提供职业技术培训。
2003 年	《关于印发北京市“三年百万”职业技能培训计划实施方案的通知》	规定在全市启动实施“三年百万”职业技能培训计划，加大对失业人员、企业在职职工、城镇新成长劳动力和农村富余劳动力的职业技能培训力度。
2004 年	《关于做好 2004—2010 年北京市农村富余劳动力转移培训工作的意见》	明确要求各区县、乡镇应根据自身经济发展状况和本地企业用工需求，针对不同行业、不同工种、不同岗位，大力开展定向、定岗职业技能培训。
	《关于进一步加强农村富余劳动力转移培训的意见》	明确要求加大公共财政支持力度，建立农村富余劳动力转移培训补助机制。
	《关于开展农村富余劳动力职业技能培训工作的指导意见》	对加强农村富余劳动力职业技能培训提出组织实施、培训费用、表彰奖励等政策措施，农村富余劳动力参加职业技能培训的培训、鉴定费用实行市、区县、街道镇乡、村集体经济组织和个人共同负担的原则，各区县对在开展农村富余劳动力职业技能培训过程中表现突出的单位和个人，需及时予以表彰，有条件的区县可自行制定奖励办法。
2006 年	《北京市人民政府贯彻落实国务院关于进一步加强就业再就业工作文件的通知》	规定实施农村劳动力转移就业培训工程，按照分类培训、注重实效的原则，以转移就业为目标，突出农村劳动力实际操作能力的培养，不断提高技能培训的针对性、有效性、实用性，消除农村劳动力向二、三产业转移就业的技能障碍。
	《关于印发北京市农村劳动力职业培训补贴管理办法有关问题的通知》	实现了本市农村劳动力转移培训专项补贴政策“零“的突破。规定在全市建立起本市农村劳动力职业技能培训与就业挂钩的培训补贴制度，市支农资金、市就业再就业资金分别为参加转移培训的本市农村劳动力提供每人 100 元的一次性培训和技能鉴定补贴，各区县按照不低于 1:1 的比例提供相应的配套资金。
2008 年	《北京市人民政府办公厅转发北京市劳动保障局关于促进农村劳动力转移就业工作指导意见的通知》	统一培训制度，提高农村劳动力转移就业能力；有转移就业要求、参加转移就业培训的农村劳动力可以享受与城镇失业人员同等的职业技能培训、职业技能鉴定和创业培训补贴政策；技能培训补贴和鉴定补贴标准按照不同职业（工种）、培训等级由人均 400 元提高到 550 元。

续表

时间	文件名	主要内容
2009 年	《关于印发北京市职业培训补贴管理办法的通知》	本市农村劳动力和城镇失业人员每年都可以选择参加一次免费职业技能培训，补贴标准也由人均 550 元调整为 1100 元。
2011 年	《关于调整本市城镇失业人员、农村劳动力职业技能培训补贴标准的通知》	进一步完善职业培训补贴制度，制定新的《北京市职业技能培训职业（工种）补贴标准目录》，将人均 1100 元的标准提高到 1500 元。
外地农民工		
1995 年	《关于对外地来京务工经商、从事家庭服务工作人员进行职业技能培训和就业资格认定的通知》	提出“在本市允许使用外地人员的行业、工种范围内，从事技术性工种岗位的务工人员、家庭服务员均需经过相应专业（工种）的职业技能培训，取得北京市就业转业训练结业证书后，方可办理北京市外来人员就业证”。
2001 年	《关于大力推进社区就业培训有关问题的通知》	要求“建立社区服务从业人员持证上岗制度。凡从事社区服务的失业人员、下岗职工、本市其他从业人员以及外地来京务工人员，均须接受社区就业培训，实行持证上岗”。
2003 年	《关于做好外地进京务工人员职业培训服务工作的通知》	要求“企业、事业单位已招用的未取得国家职业资格证书的农民工，用人单位应利用本单位、本行业的职业培训机构或委托经劳动保障部门资质认定的职业技能培训机构对使用的农民工进行职业技能培训，取得相应职业资格证书后，方可上岗”。
2006 年	《北京市人民政府贯彻落实国务院关于进一步加强就业再就业工作文件的通知》	要求“实施农村劳动力转移就业培训工程。按照分类培训、注重实效的原则，以转移就业为目标，突出农村劳动力实际操作能力的培养，不断提高技能培训的针对性、有效性、实用性，消除农村劳动力向二三产业转移就业的技能障碍”。
	《关于加强外来农民工职业技能培训工作有关问题的通知》	正式启动外来农民工技能提升培训工程，利用中央财政补助资金，建立起外来农民工职业技能培训补贴制度。
2007 年	《关于加强外来农民工培训补贴政策工作有关问题的补充通知》	规定了培训机构资质认定、培训层次、工作标准、补贴标准、享受补贴的条件、资金申请等环节。
2009 年	《关于实施外来农民工职业技能特别培训计划的通知》	家政、护理等行业启动外来农民工职业技能特别培训计划。
2011 年	《关于调整本市城镇失业人员、农村劳动力职业技能培训补贴标准的通知》	不断提高培训补贴标准，规定初级培训 1500 元 / 人，中级 1800 元 / 人；岗前培训，家政服务员为 650 元 / 人，护理员为 900 元 / 人。

（四）完善社会保障

北京市在农民工社会保障方面，主要按照“低门槛、低缴费、保大病、保当期”的原则，采取优先推进工伤保险和医疗保险的政策，并在此基础上，逐步消除保险待遇差别，使农民工享受与城镇职工同等的待遇水平。特别是2011年7月1日起施行《社会保险法》后，为落实打破“身份、户籍、地域”界限的要求，北京市稳步推进农民工参保工作，目前除失业保险外，农民工其他各项社会保险都已经实现了与本市城镇职工平等待遇。整体而言，北京市农民工的社会保障政策经历了从无到有、从自愿参保到强制参保、从制度单设到城乡一体的转变。

（1）在养老保障方面。1998年，北京市实行《北京市企业城镇劳动者养老保险规定》（北京市人民政府令1998年第2号），没有对农民工参保做出规定。

1999年，北京建立农民工养老保险制度，[1]农民工以上年本市职工最低工资标准为缴费基数，按照城镇职工的缴费比例（28%）缴纳养老保险费，但只享受一次性养老待遇。待遇由两部分组成，第

[1] 1999年北京出台《农民合同制职工参加北京市养老、失业保险暂行办法的通知》（京劳险发〔1999〕99号），针对99号文在执行过程中出现的问题，2001年8月出台《北京市农民工养老保险暂行办法》（京劳社养发〔2001〕125号），取消了个人账户可提前领取的规定，重新规定只有在农民工达到养老年龄时，才能领取个人账户存储额；若是回到农村，则将其个人账户封存，待重新就业后启用。同时，对农民工享受的一次性养老待遇组成部分中的第二部分进行了修订，提高了这部分待遇水平，除个人账户存储额及利息一次性全额支付给本人外，按其累计缴费年限，累计缴费满12个月（第1个缴费年度），发给1个月相应缴费年度的本市职工最低工资的平均数，以后累计缴费年限每满一年（按满12个月计），以此为基数，增发0.1个月相应缴费年度的本市职工最低工资的平均数。125号文出台不到两个月，又发布了《关于〈北京市农民工养老保险暂行办法〉的补充通知》（京劳社养发〔2001〕156号），156号文只补充了一处说明：“农民工参加本市养老保险社会统筹后，与用人单位终止、解决劳动关系时，经本人申请，单位同意，可以一次性领取养老保险费，终止其养老保险关系。今后再次参加本市养老保险社会统筹的，按新参加人员办理。”156号文的出台，又放开了个人账户存储额提前领取的条件，允许提前领取。

一部分是把个人账户储存额及利息一次性支付给本人；第二部分是按缴费年限，每满一个缴费年限，发给一个月相应缴费年份的本市职工最低工资。其特点为：低门槛进入、低待遇享受。

2009 年，出台《关于本市转移就业的农村劳动力参加养老保险有关问题的通知》（京劳社养发〔2009〕24 号），规定了本市农村劳动力可以选择按照城镇职工的缴费基数参保，符合条件的，可以按月领取基本养老金。

2010 年 1 月，根据《城镇企业职工基本养老保险关系转移接续暂行办法》（国办发〔2009〕66 号）文件），出台《关于农民工养老保险参保有关问题的补充通知》，对农民工参加养老保险做出强制性规定，统一了农民工与城镇职工的参保政策，通知规定农民工自 2010 年 1 月起按照城镇企业养老保险规定缴费，本市基本养老保险最低缴费基数为上一年本市职工月平均工资的 60%，为平稳过渡，最低缴费基数的调整实行五年过渡，目前为本市上一年社平工资的 40%（1490 元），上限为本市上一年社平工资的 300%（目前为 11 178 元）。这意味着社会保险首次打破了职工的城乡身份界限，实现了城乡职工“同保险、同待遇”。

《社会保险法》实施后，北京市大力推进农民工参保的扩面工作，截至 2012 年 9 月底，北京市已有 172.3 万农民工纳入本市城镇职工养老保险体系，其中外地农民工 127.3 万人。

表 6-7　北京市历年农民工社会保险政策一览表

2001 年	《北京市农民工养老保险暂行办法》	农民工以上年本市职工最低工资标准为缴费基数，按照城镇职工的缴费比例（28%）缴纳养老保险费，但只享受一次性养老待遇。特点为低门槛进入、低待遇享受。

续表

2009 年	《关于本市转移就业的农村劳动力参加养老保险有关问题的通知》	规定本市农村劳动力（本地农民工）可以选择按照城镇职工的缴费基数参保，符合条件的，可以按月领取基本养老金。
2009 年	《城镇企业职工基本养老保险关系转移接续暂行办法》	规定了城镇企业职工基本养老保险关系转移接续办法，适用于农民工。
2010 年	《关于农民工养老保险参保有关问题的补充通知》	将农民工纳入城镇企业职工养老保险范围内，规定本市基本养老保险最低缴费基数为上一年本市职工月平均工资的 60%，为平稳过渡，最低缴费基数的调整实行五年过渡，目前为本市上一年社平工资的 40%（1490 元），上限为本市上一年社平工资的 300%（目前为 11 178 元）。

（2）在医疗保障方面。2004 年，北京市颁布《北京市外地农民工参加基本医疗保险暂行办法》（京劳社办发〔2004〕101 号），按照“低门槛、保大病、保当期”的原则，在全国率先建立了农民工大病医疗保险制度，要求外地农民工参加基本医疗保险和大额医疗互助保险。用人单位以上年本市职工月平均工资 60% 为缴费基数，按 2%[1] 的比例缴纳保险费，其中 1.8% 划入基本医疗保险统筹基金，0.2% 划入大额医疗互助资金，外地农民工个人不缴费，不建个人账户。报销范围是住院治疗的医疗费用和恶性肿瘤放射治疗和化学治疗、肾透析、肾移植后服抗排异药的门诊医疗费用；在起付标准 1300 元以上的医疗费用，由统筹基金和农民工按比例分担，超过统筹基金最高支付限额 5 万元以上的医疗费用，由大额医疗互助基金负担 70%，农民工负担 30%；大额医疗互助基金最高支付限额为 10 万元。外地农民工就医，可以选择四家本市基本医疗保险定点医疗机构作为本人就医的定点医

[1]　为应对国际金融危机的影响，2009 年起，北京市劳动和社会保障局实施“一升一降、一统一分，一抓一放”六大措施，其中“一降”为五项社保费率集体减负，农民工大病医疗保险费率由 2% 调整到 1%。

疗机构，另外还可以直接到本市定点中医医疗机构和定点专科医疗机构就医。

2005年7月，北京市发布《关于加快本市农民工参加工伤保险和医疗保险有关问题的通知》（京劳社办发〔2005〕99号），将本市农民工纳入基本医疗保险和大额医疗互助保险范围。并规定，用人单位在通知实施前已按《北京市基本医疗保险规定》为本市农民工办理参保手续和缴纳费用的，本通知实施后可继续按《北京市基本医疗保险规定》规定的标准缴纳费用并享受待遇；通知实施后用人单位要求按照《北京市基本医疗保险规定》为本市农民工办理参保手续和缴纳费用的，区、县社会保险经办机构应当予以办理。2005年10月，又发布《关于简化农民工参加工伤保险和医疗保险有关管理问题的通知》（京劳社办发〔2005〕136号），简化用人单位办理参保手续，加快农民工参保工作进度，农民工参加基本医疗保险原则上实行单位集中选择两家定点医疗机构的定点就医管理办法。

2012年，为落实《社会保险法》的要求，北京市出台《关于本市职工基本医疗保险有关问题的通知》（京人社医发〔2012〕48号）和《关于农民工参加基本医疗保险有关问题的通知》（京社保发〔2012〕17号），规定，自2012年4月1日起，按照《北京市外地农民工参加基本医疗保险暂行办法》（京劳社办发〔2004〕101号）和《关于加快本市农民工参加工伤保险和医疗保险有关问题的通知》（京劳社办发〔2005〕99号）参加医疗保险的农民工，统一按照城镇职工缴费标准缴费，即医疗保险费由用人单位和个人共同缴纳，其中用人单位按全部职工缴费工资基数之和的10%缴纳；农民工个人按本人上一年月平均工资的2%和每人每月3元缴纳。

将农民工大病医保制度与城镇职工医保制度相统一，实现了农民工与城镇职工在缴费标准、个人账户、计算年限、享受待遇等方面的统一。截至 2012 年 9 月底，北京市按 12% 比例缴费（单位 9%+1%，个人 2%+3 元）的农民工达到 178.6 万人，其中外地农民工 132.8 万人。

（3）在工伤保险方面。1999 年，北京市政府颁布了《北京市企业劳动者工伤保险规定》（市政府令第 48 号），自 2000 年 4 月 1 日起进行工伤保险制度改革，建立企业职工工伤保险费用社会统筹制度。2004 年 7 月，颁布《北京市外地农民工工伤保险暂行办法》（同年 9 月与外地农民工医疗保险暂行办法同步实施），将农民工纳入工伤保险体系。用人单位以农民工上年度平均工资为缴费基数，按照一定费率缴费，农民工个人不缴费，工伤待遇享受与城镇职工完全相同。

2005 年 7 月和 10 月，相继发布《关于加快本市农民工参加工伤保险和医疗保险有关问题的通知》（京劳社办发〔2005〕99 号）和《关于简化农民工参加工伤保险和医疗保险有关管理问题的通知》（京劳社办发〔2005〕136 号），推动农民工尤其是本市农民工参保进程。

2006 年，为促进企业参加工伤保险，切实维护北京务工人员的合法权益，北京市以北京务工人员相对集中、工作风险性比较大的建筑行业为突破口，率先实行以工程项目为单位的整体参保办法。该办法规定，新开工项目，如总包企业不为农民工上工伤保险，不提交社保登记证和工伤险缴费凭证及证明，市住建委就不予核发建筑工程施工许可证，有效推动了建设施工企业的农民工参加工伤保险。2007 年以来新开工建设项目的农民工已经全部参加了工伤保险。截至 2012 年 9 月底，农民工参加工伤保险 178.1 万人，其中外地农民工 132.3 万人。

表 6-8　北京市历年农民工医疗保险政策一览表

时间	文件名	主要内容	
		本地农民工	外来农民工
2004 年	《北京市外地农民工参加基本医疗保险暂行办法》	—	建立了农民工大病医疗保险制度，要求外地农民工参加基本医疗保险和大额医疗互助保险。用人单位以上年本市职工月平均工资 60% 为缴费基数，按 2% 的比例缴纳保险费，其中 1.8% 划入基本医疗保险统筹基金，0.2% 划入大额医疗互助资金，外地农民工个人不缴费，不建个人账户。
2005 年	《关于加快本市农民工参加工伤保险和医疗保险有关问题的通知》	将本市农民工纳入基本医疗保险和大额医疗互助保险范围。并规定，用人单位在通知实施前已按《北京市基本医疗保险规定》为本市农民工办理参保手续和缴纳费用的，本通知实施后可继续按《北京市基本医疗保险规定》规定的标准缴纳费用并享受待遇；通知实施后用人单位要求按照《北京市基本医疗保险规定》为本市农民工办理参保手续和缴纳费用的，区、县社会保险经办机构应当予以办理。	—
	《关于简化农民工参加工伤保险和医疗保险有关管理问题的通知》	简化用人单位办理参保手续，加快农民工参保工作进度，农民工参加基本医疗保险原则上实行单位集中选择两家定点医疗机构的定点就医管理办法。	
2012 年	《关于本市职工基本医疗保险有关问题的通知》 《关于农民工参加基本医疗保险有关问题的通知》	规定，自 4 月 1 日起，按照《北京市外地农民工参加基本医疗保险暂行办法》（京劳社办发〔2004〕101 号）和《关于加快本市农民工参加工伤保险和医疗保险有关问题的通知》（京劳社办发〔2005〕99 号）参加医疗保险的农民工，统一按照城镇职工缴费标准缴费。即医疗保险费由用人单位和个人共同缴纳，其中用人单位按全部职工缴费工资基数之和的 10% 缴纳；农民工个人按本人上一年月平均工资的 2% 和每人每月 3 元缴纳。	

表 6-9　北京市历年农民工工伤保险政策一览表

时间	文件名	主要内容	
		本地农民工	外来农民工
2004 年	《北京市外地农民工工伤保险暂行办法》	—	用人单位以农民工上年度平均工资为缴费基数，按照一定费率缴费，农民工个人不缴费，工伤待遇享受与城镇职工完全相同。
2005 年	《关于加快本市农民工参加工伤保险和医疗保险有关问题的通知》	用人单位以农民工上年度平均工资为缴费基数，按照一定费率缴费，农民工个人不缴费，工伤待遇享受与城镇职工完全相同。	—
2006 年	《关于简化农民工参加工伤保险和基本医疗保险有关管理问题的通知》	1. 建筑企业下属项目工程经理部受企业法人委托后可作为农民工办理参加工伤保险和基本医疗保险的参保单位。项目工程经理部办理参加工伤保险和基本医疗保险手续，由单位所在区县社会保险经办机构办理，并同时递交《企业法人授权书》和用于缴费的银行账号。 2. 以项目工程经理部为参保单位参加工伤保险的农民工，受到事故伤害或患职业病后，由单位到办理参保手续的区县劳动保障行政部门、劳动能力鉴定机构、社会保险经办机构办理申请工伤认定、劳动能力鉴定、核定工伤待遇的手续。	

(4) 在失业保险方面。根据国家《失业保险条例》的原则要求，1999 年 11 月实行的《北京市失业保险规定》，将农民工纳入失业保险范围内，农民工本人无需缴纳失业保险费，但其失业保险待遇则由一次性补助替代按月领取的失业保险金，其标准为本市职工最低工资的 40%。截至 2012 年 9 月底，农民工参加失业保险 164.6 万人，其中外地农民工 120.9 万人。

表 6-10　2012 年北京市各类参保人员社会保险缴费基数及标准

缴费人员类别	参加险种	缴费工资基数（元）		缴费比例	
				单位缴费比例	个人缴费比例
城镇户口及外国籍人员（不含港澳台）	养老保险	1869 ～ 14 016		20%	8%
	失业保险			1%	0.2%
	工伤保险	2803 ～ 14 016		按行业性质确定缴费比例	不缴费
	生育保险			0.8%	不缴费
	医疗保险			9%+1%	2%+3 元
农业户口	养老保险	1869 ～ 14 016		20%	8%
	失业保险	农村劳动力	1869 ～ 14 016	1%	不缴费
		本市农村劳动力（按 24 号文参保）		1%	0.2%
	工伤保险	2803 ～ 14 016		按行业性质确定缴费比例	不缴费
	生育保险			0.8%	不缴费
	医疗保险			9%+1%	2%+3 元

（五）保障子女教育

2002 年《北京市对流动人口中适龄儿童少年实施义务教育的暂行办法》首次对农民工子女教育做出正式规定。该办法规定“流动儿童少年中凡在户籍所在地有监护条件的，应当回户籍所在地接受义务教育；户籍所在地没有监护条件，且其父母在北京居住半年以上并已取得暂住证的，可以申请在本市中小学借读，接受义务教育”，“流动儿童少年可持在京借读批准书和原就读学校出具的学籍证明，到暂住地附近学校联系借读，经学校同意后即可入学”，“流动儿童少年在本市公办中小学借读，学校可按照有关规定向其收取借读费和相应的杂费”。

2004 年北京市教委、市发展改革委等 10 所单位共同发布《关于贯彻国务院办公厅进一步做好进城务工就业农民子女义务教育工作文件的意见》，免除了全市实施义务教育的公办小学和初中对符合来京务工就业农民子女条件的借读生收取的借读费，同时规定各区县政府负责保证公办中小学办学所需正常经费，区县财政要按学校实际在校学生人数和定额标准划拨生均经费。这较 2002 年的《暂行办法》有了一些改变，但农民工仍需自己到暂住地附近的公办小学、初中或经批准的民办学校联系子女就读，这意味着决定权仍然掌握在所联系的学校手里，农民工子女虽然名义上有学上，实质上却可能没学校收。

针对这些不足，2008 年《北京市教育委员会北京市财政局关于进一步做好来京务工人员随迁子女在京接受义务教育工作的意见》着重明确了对农民工子女接受义务教育工作的管理责任和投入力度。一是规定坚持“属地管理”和“公办学校接收”两为主的原则，进一步强化了区县政府对农民工子女接受义务教育负主要责任，同时规定将富余且安全的公办学校校舍，优先用于接收农民工子女就读。二是切实保障按公办学校实际在校人数核拨公用经费和核定教师编制，并规定在年度预算中安排专项经费对接收农民工子女比较集中的区县给予重点倾斜，调动公办学校接收农民工子女就读的积极性。

2009 年《北京市人民政府办公厅关于贯彻国务院做好免除城市义务教育阶段学生学杂费工作文件精神的意见》中进一步规定免除民办学校、审批合格自办学校中持有相关证明材料的农民工子女学杂费和借读费。

2010 年北京市下发《北京市教育委员会关于认真做好来京务工人员随迁子女入学登记和宣传工作的通知》，要求各区县教委做好《来京务工人员随迁子女在京接受义务教育政策宣传卡》和《来京务工人员随迁子女入学登记卡》的组织填写工作，登记卡编号与《来京务工人员随迁子女临时学籍登记表》中编号一致。登记卡编号为8位，其中前两位为区县代码，按照北京市教育事业统计规定的区县代码编排，后6位按照自然顺序依次排列。登记卡编号即学生编号（临时学籍卡号），编号具有唯一性，学生在本区县内学校间转学，编号不变。跨区县转学，须在新转入区县的学校按照该区学生自然顺序重新编号，原号码作废。

《北京市中长期教育改革和发展规划纲要（2010—2020）》进一步阐述了以后10年北京市政府将如何增强农民工子女接受教育的能力，包括将农民工子女接受义务教育工作纳入公共财政体系保障范畴，加强农民工子女融入首都生活的教育，注重他们的学习能力、心理素质、生活习惯的培养等。

在子女升学方面，2010年北京市教委发布小升初及小学入学政策，规定本市户籍学生和来京务工人员随迁子女均按照“免试、就近入学”原则开展，并要求各区县负责解决外来子女入学。

2012年《北京市随迁子女升学考试工作方案》将其扩展到了初中毕业后的升学及后续学习问题，其中规定了近期实行的过渡期升学考试措施，可谓新的突破。该方案规定，一是自2013年起，凡进城务工人员持有有效北京市居住证明，有合法稳定的住所，合法稳定职业已满3年，在京连续缴纳社会保险已满3年，其随迁子女具有本市学籍且已在京连续就读初中3年学习年限的，可以参加北京市中等职业学校的考试录取。

二是自2014年起，凡进城务工人员持有有效北京市居住证明，有合法稳定的住所，合法稳定职业已满6年，在京连续缴纳社会保险已满6年，其随迁子女具有本市学籍且已在京连续就读高中阶段教育 3 年学习年限的，可以在北京参加高等职业学校的考试录取；学生从高等职业学校毕业后，可以参加优秀应届毕业生升入本科阶段学习的推荐与考试录取。

三是自 2014 年起，凡进城务工人员持有有效北京市居住证明，具有合法稳定职业及合法稳定住所，其随迁子女具有本市学籍且已在京连续就读高中阶段教育 3 年学习年限的，可选在在京借考高考，北京市按教育部相关文件规定、经学生户籍所在省同意后为学生提供高考文化课在京借考服务，学生回户籍所在省参加高校招生录取。

表 6-11　北京市历年农民工子女教育政策一览表

时间	文件名	主要内容
2002 年	《北京市对流动人口中适龄儿童少年实施义务教育的暂行办法》	办法规定“流动儿童少年中凡在户籍所在地有监护条件的，应当回户籍所在地接受义务教育；户籍所在地没有监护条件，且其父母在北京居住半年以上并已取得暂住证的，可以申请在本市中小学借读，接受义务教育”；“流动儿童少年可持在京借读批准书和原就读学校出具的学籍证明，到暂住地附近学校联系借读，经学校同意后即可入学”；“流动儿童少年在本市公办中小学借读，学校可按照有关规定向其收取借读费和相应的杂费”。
2004 年	《北京市人民政府办公厅转发市教委等部门关于贯彻国务院办公厅进一步做好进城务工就业农民子女义务教育工作文件意见的通知》	免除了全市实施义务教育的公办小学和初中对符合来京务工就业农民子女条件的借读生收取的借读费。同时规定各区县政府负责保证公办中小学办学所需正常经费；区县财政要按学校实际在校学生人数和定额标准划拨生均经费。
2008 年	《北京市教育委员会北京市财政局关于进一步做好来京务工人员随迁子女在京接受义务教育工作的意见》	一是规定坚持“属地管理”和“公办学校接收”两为主的原则，进一步强化了区县政府对农民工子女接受义务教育负主要责任，同时规定将富余且安全的公办学校校舍，优先用于接收农民工子女就读。二是切实保障按公办学校实际在校人数核拨公用经费和核定教师编制，并规定在年度预算中安排专项经费对接收农民工子女比较集中的区县给予重点倾斜，调动公办学校接收农民工子女就读的积极性。

续表

时间	文件名	主要内容
2009 年	《北京市人民政府办公厅关于贯彻国务院做好免除城市义务教育阶段学生学杂费工作文件精神的意见》	规定免除民办学校、审批合格自办学校中持有相关证明材料的农民工子女学杂费和借读费。
2010 年	《北京市教育委员会关于认真做好来京务工人员随迁子女入学登记和宣传工作的通知》	要求各区县教委做好《来京务工人员随迁子女在京接受义务教育政策宣传卡》和《来京务工人员随迁子女入学登记卡》的组织填写工作，登记卡编号与《来京务工人员随迁子女临时学籍登记表》中编号一致。
	《北京市中长期教育改革和发展规划纲要（2010—2020 年）》	一是将农民工子女接受义务教育工作纳入公共财政体系保障范畴，二是加强农民工子女融入首都生活的教育，注重他们的学习能力、心理素质、生活习惯的培养。
	《北京市教育委员会关于 2010 年义务教育阶段入学工作的意见》	规定本市户籍学生和来京务工人员随迁子女均按照“免试、就近入学”原则开展，并要求各区县负责解决外来子女入学。
2012 年	《随迁子女在京参加升学考试工作方案》	自 2013 年起，凡进城务工人员持有有效北京市居住证明，有合法稳定的住所，合法稳定职业已满 3 年，在京连续缴纳社会保险已满 3 年，其随迁子女具有本市学籍且已在京连续就读初中 3 年学习年限的，可以参加北京市中等职业学校的考试录取；自 2014 年起，凡进城务工人员持有有效北京市居住证明，有合法稳定的住所，合法稳定职业已满 6 年，在京连续缴纳社会保险已满 6 年，其随迁子女具有本市学籍且已在京连续就读高中阶段教育 3 年学习年限的，可以在北京参加高等职业学校的考试录取；学生从高等职业学校毕业后，可以参加优秀应届毕业生升入本科阶段学习的推荐与考试录取。自 2014 年起，凡进城务工人员持有有效北京市居住证明，具有合法稳定职业及合法稳定住所，其随迁子女具有本市学籍且已在京连续就读高中阶段教育 3 年学习年限的，可选在在京借考高考，北京市按教育部相关文件规定、经学生户籍所在省同意后为学生提供高考文化课在京借考服务，学生回户籍所在省参加高校招生录取。

资料一：北京义务教育阶段随迁子女已达约 47.8 万人

海淀区把随迁子女纳入“电脑派位”，开展自办学校教师课堂教学竞赛和“优秀教师”、“优秀学生”评选。在安置因城乡一体化进程中腾退自办校学生的过程中，坚持分流到公办中小学就读。

丰台区积极挖掘公办学校潜力接收随迁子女，公办学校接收比例达到 76%。通州区专门指定永顺小学、司空小学、南关小学、北关小学、东关小学、民族小学（均为公办学校）接收随迁子女。

朝阳区结合城市化建设推进，在来京务工人员相对聚集的东坝乡、金盏乡、崔各庄乡等地区通过整合公办资源，采取政府主导下的委托民办的模式，选派有办学经验和优秀退休干部担任校长，政府无偿提供校舍，并按全区统一标准拨付生均经费。此外，教委还给予 50% 的保险补贴以及报销取暖费等经费支持。

石景山区所有学校均接收外来务工人员子女就读，为保证入学效果，还确定 4 所公办中小学重点接收外来务工人员子女接受义务教育。

大兴区合理调配教育资源，最大限度地扩大公办学校的接收能力，2011 年，公办小学一年级新生共 7473 人，其中随迁子女 3267 人，占一年级新生总数的 43.7%。在来京务工人员子女较多的黄村镇、西红门镇、瀛海镇、旧宫镇、亦庄镇等城乡结合部地区。

昌平区采取“批办一批、保留扶持一批（待批）、撤销一批和建专门学校”等四项措施，大力扶持流动人口子女学校发展。截至目前，全区已经审批自办学校 16 所，累计投资 4523.22 万元，用于昌平区流动人口学校办学条件的改善。

资料来源：中国广播网，2011 年 11 月 7 日

（六）探索住房保障

北京市建委2011年10月正式公布《关于加强本市公共租赁住房建设和管理的通知》，通知规定外来人员持续稳定工作一定年限而无住房的可申请公租房。首先由于对流动人口主要体现对他们解决暂时居住问题的支持，故无租金补贴政策；其次，没有设定统一收入标准和工作时限，由各区县确定。原因是各区县实际情况不同。如旧城区本身就要疏散人口，标准可能会定高一些；新城由于有产业园区，希望吸引外来人才，标准可能会宽一些。这样各自制定标准会更符合实际要求[1]。

2012年8月，石景山区首次正式受理外地人租房申请，但保障对象规定为在石景山区行政区域内连续稳定工作5年以上，或经相关部门认定的专业人才，并符合北京市公共租赁住房标准的家庭。实际上这一规定将一大批层次较低的从事体力劳动的农民工排除在外。

2012年北京市民政局等六部门发布的《关于推进城乡社区自治组织全覆盖的指导意见》提出，流动人口聚居区，指居住一年以上的流动人口占全体居民20%以上的新建住宅区。1000户以上的流动人口聚居区，应及时设立社区居委会。居委会下可增设流动人口管理服务委员会，加强对流动人口信息的采集更新，在治安管理、计划生育、医疗卫生等方面为流动人口提供便捷优质的服务；同时还有责任鼓励和引导流动人口参与社区的建设和管理。

---

[1] 新浪房产专题：http://bj.house.sina.com.cn/zhuanti/wlrysqgzf/；腾讯房产专题：http://house.qq.com/zt2011/gongzufang/。

资料二：北京石景山率先出台外地人申请公租房细则

准入条件：3口之家年收入须低于10万

根据准入标准，主申请人需具有完全民事行为能力，在石景山行政区域内原则上连续稳定工作5年以上，或相关部门引进的专业人才，能够提供同期暂住证明、缴纳公积金证明、社会保险证明和纳税证明；公租房申请家庭成员包括申请人、配偶、未成年子女及已成年单身子女；家庭年可支配收入：3口及以下家庭年收入10万元（含）以下、4口及以上家庭年收入13万元（含）以下；此外，申请人及申请家庭成员在北京应均无住房。

配租家庭不享受公共租赁补贴

根据房源情况，每年年初制定外省市来石景山区工作人员申请公共租赁住房的摇号配租计划，配租采取单独摇号的方式进行。配租家庭不享受本市公共租赁住房补贴政策。

后期管理：拒不退出记入信用档案

后期管理工作参照25号文件执行，外省市到石景山区工作人员配租公共租赁住房后如租赁合同期满不在石景山区继续工作，需按程序退出所承租的公共租赁住房。

如承租家庭已不在石景山区工作或虽在石景山区工作但已不符合准入标准的，租赁合同期满后不再续租，如暂时不能腾退承租住房的，租赁合同期满后给予两个月过渡期，过渡期内按同类地段类似房屋市场租金收取租金。过渡期届满后承租家庭仍不退出承租住房的，按房屋产权单位规定的标准收取租金，具体在租赁合同中约定；拒不退出行为记入信用档案。

资料来源：《京华时报》，2012年8月9日

四、北京市农民工市民化存在的主要问题

北京市在为农民工提供管理和服务上做了大量工作，也取得了明显成绩，但在实现农民工尤其是外来农民工市民化上仍然存在许多突出的问题。

（一）至今没有出台居住证制度，户籍制度改革还没有提上公共政策日程

长期以来，北京是全国户籍控制最严的城市。目前，全国已有20多个省市开始实行城乡统一登记的居民户口制度。近年来，上海、广州、深圳、重庆、成都等特大城市也纷纷推出户籍制度改革政策。但北京对户籍制度的改革却显得相当谨慎，总体上看北京还没有户籍制度改革的总体规划和政策设计。

农民工市民化的实际意义在于农民工公共服务的均等化，也即农民工与当地城镇居民享受均等的公共服务，虽然它并不一定要求完全按照与城市居民同等标准来解决，但应允许不同水平的存在和选择权。然而，目前北京市的公共服务供给、资源配置、利益分配等仍将户籍作为最重要的分配标准。没有北京户籍，农民工就不可能实现市民化。可以说，户籍身份是北京市农民工尤其是外来农民工市民化最根本的制度阻碍。

目前我国对特大城市的城镇化路径规划是“合理设定特大城市落户条件，逐步把符合条件的农业转移人口转为城镇居民”[1]。北京市作为首都以及特大城市，常住人口已突破2000万人，人口、环境、资源的矛盾比较突出。北京短时间内可能难以开户籍制度。但建立权利公平、机会公平、制度公平的社会和构建城乡一体化新格局，对北京的户籍制度改革又提出了内在的要求。

北京市从2011年起就提出探讨建立居住证制度，设想持有居住证的居民（包括当地户籍人口、来京务工人员）可以根据居住年限、社会保险参保年限、纳税情况等享受阶梯式公共服务，但到目前为止，北京并没有正式出台居住证制度。北京的户籍制度改革至今没有提上公共政策日程。就本市户籍的农民工来说，北京的户籍改革主要尚停留在传统的征地“农转非”政策上。对外来农民工的户籍制度改革，北京还没有系统的思路和政策。2011年北京开始对优秀农民工给予落户鼓励政策，当年获得落户的优秀农民工不过二十多人，况且这样的奖励政策初定每5年实行一次。这对数百万农民工来说，只是杯水车薪。

（二）尚未完全建立起城乡平等的就业制度，且外地农民工与本地农民工就业服务差异较大

首先，北京市没有完全建立起城乡平等的就业制度。目前北京市在鼓励用人单位招用补贴政策、鼓励用人单位招用城乡就业困难人员的补贴政策上实现了城乡统一，在就业困难人员的社会保险补

[1]　2013年6月26日，在第十二届全国人大常委会第三次会议上，国家发改委主任徐绍史作了《国务院关于城镇化建设工作情况的报告》，报告中称，我国将全面放开小城镇和小城市落户限制，有序放开中等城市落户限制，逐步放宽大城市落户条件，合理设定特大城市落户条件，逐步把符合条件的农业转移人口转为城镇居民。这是我国第一次明确提出各类城市具体的城镇化路径。

贴以及特困人员的托底安置两个方面，北京市先后出台了《北京市鼓励城镇就业困难人员自谋职业（自主创业）社会保险补贴办法》《北京市城镇失业人员灵活就业社会保险补贴办法》以及《北京市社区公益性就业组织安置就业特困人员专项补贴管理办法》，鼓励城镇就业困难人员自谋职业、灵活就业，解决城镇就业困难人员的就业问题，但缺乏针对本地农民工的政策安排。

其次，本地与外地农民工的就业政策及服务存在较大差异。自1998年至今，北京市下发的有关促进当地农民工就业及就业失业管理援助的文件共计12份，包括建立农村富余劳动力就业登记制度，形成区县乡镇村三级就业服务组织管理网络，将绿化隔离矿山关闭保护性限制地区农村劳动力纳入困难群体援助范围，建立"零就业家庭"就业援助制度，建立"纯农就业家庭"转移就业援助制度。将建设征地、土地储备或腾退、整建制农转非、山区搬迁、绿化隔离建设等地区的农村劳动力纳入到城镇失业登记范围，享受城镇促进就业帮扶政策、鼓励用人单位招用农村就业困难人员的相关优惠政策等。

而对外地农民工，自2003年取消用人单位使用外地来京务工人员计划审批和岗位（工种）限制后，只在2011年和2012年为发展北京市的家政服务业出台了鼓励实行员工制管理、维护外地农民工合法权益的政策和措施。由此也可看出，北京市对当地农民工与外地农民工在管理服务理念上存在差别，对本地农民工是从农民工自身权利保护出发的重视和保护，对外地农民工则是从北京市经济发展与行业繁荣角度出发的使用和培训。

（三）外地农民工参保率低，缴费标准低，缺乏失业保险

首先，外地农民工的参保率、缴费标准较低。从参保率来看，

外地农民工养老、医疗、工伤保险的参保率在35%左右，其中养老保险参保率最低，相比较而言，本地农民工的养老、医疗、工伤保险参保率均超过90%，差距明显。外地农民工参保率低的原因主要有四个。

一是用人单位不愿为农民工参保。北京市的外地农民工所在单位多为民营、外资、乡镇企业或个体工商户，主要集中在建筑、餐饮、服装等技术含量较低的劳动密集型行业。这些用人单位为追求利润，千方百计减少人工成本，主观上不愿为农民工参加社会保险。

二是流动性高给农民工参保造成障碍。对于就业稳定性不高的农民工而言，由于从事工作技能不高，工资低、劳动强度大，且受到不平等对待，为寻找更好工作机会，多数人频繁流动，不能被有效纳入到社会保障中。

三是农民工对现行社会保险制度缺乏信任。由于现行养老保险制度规定按月享受基本养老金的最低缴费年限为15年，而农民工流动频繁，如果不能及时有效转移接续，多数很难达到该年限标准。所以农民工在离开参保地时普遍不愿将钱放在社保机构，一般都选择退保。

四是政策宣传投入不到位。由于对于相关政策的宣传投入不足，宣传的形式、范围缺乏广泛性、针对性和现实性，宣传的效果也不够理想。目前，在农民工中并没有形成一个参加社会保险的舆论氛围，不利于各有关方面和农民工自身运用法律手段和相关的政策规定进行维权。

从缴费标准来看，虽然目前北京市在养老、医疗、工伤和生育保险上已经实现了农民工与城镇职工的统筹，但在缴费标准上仍然存在较大差距。以养老保险为例，2012年北京市各类参保人员养老保险缴费系数下限是 1869 元，上限是 14 016 元，二者相差 6.5 倍，而与养老保险缴费额密切相关的是达到法定退休年龄后领取养老保险的金额，这在一定程度上决定了农民工与城镇职工在老年生活保障上的差距。

其次，北京市的失业保险制度未实现统一。目前，北京市农民工失业保险制度与城镇职工失业保险制度还未实现统一，其他四险都是同城待遇，唯独农民工不能享受到与城镇职工同等的待遇，主要原因是受《失业保险条例》限制。1990 年颁布的《失业保险条例》规定农民工参加失业保险由单位缴费，农民工个人不缴费，其失业保险待遇由一次性补助替代按月领取的失业保险金，一直沿用至今。

（四）农民工子女实际上没有与北京孩子平等的就学条件

这主要体现在三个方面。

一是学校仍掌握着农民工子女能否就学的决定权。虽然北京市在农民工子女教育方面出台多项政策，并在不断更新政府的服务管理思路，改善农民工子女的就学环境，包括免收借读费、学杂费，并将随迁子女接受义务教育纳入公共财政保障等。但从根本上来讲，2002 年出台的《北京市对流动人口中适龄儿童少年实施义务教育的暂行办法》中“流动儿童少年可持在京借读批准书和原就读学校出具的学籍证明，到暂住地附近学校联系借读，经学校同意后即可入学”的政策并未动摇，也就是说，农民工子女是否可以到所联系学校就读的决定权仍掌握在学校手中，农民工子女与北京孩子享受的就学机会并不完全平等。

二是外地农民工子女学习环境相对较差、教学质量不高，尤其是就读于民办学校和打工子弟学校的孩子。2012 年北京市义务教育阶段来京务工人员随迁子女49万人，其中公办学校接收比例达到74.7%，北京市各区县在积极采取措施，挖掘公办学校资源，扩大公办学校接收数量，这些举措及所取得效果均走在全国前列。但不可忽视的是，来京务工人员所处的社会地位低、拥有的社会资源少，因此来京务工人员随迁子女公办学校接收比例这一总的数字可能与外地农民工子女的公办学校就学率相去甚远（目前尚没有外地农民工子女就学率的确切数字）。

同时，北京的大多数农民工都居住在城乡结合部，工作地点经常发生变化，子女的流动性也随之较大，子女符合借读条件的所占比例较低，而且即使是这些地区的公办教育资源，与市区相比仍是少且落后，更勿论就读于民办学校或打工子弟学校的农民工子女，他们所拥有的是简陋的教学设施、质量参差不齐且流动性很大的教师队伍。对农民工子女，尤其是外地农民工子女来说，与教育机会不平等相伴而生的是教育资源的不平等。

三是农民工子女异地升高中问题仍是无解。2010年北京市教委发布了小升初及小学入学政策，规定本市户籍学生和来京务工人员随迁子女均按“免试、就近入学”原则开展，统一了城乡儿童义务教育阶段的就学方式。但就农民工子女异地高考即在京参加高考的问题并没有解决。2012年《北京市随迁子女升学考试工作方案》规定了符合条件的农民工子女可以参加中等职业学校、高等职业学校的考试录取，但仍不可升高中，也不能参加北京市高考。

（五）农民工居住条件差、环境恶劣，缺乏托底保障

根据北京市农民工的调查数据显示，农民工目前仍以集体宿舍和自己租房为主，由于目前住房租赁市场的不健全以及农民工的省

钱心理，他们往往选择租住最便宜的房子，包括地下室、工棚、隔断间等，居住条件差、环境恶劣，不安全性强。调查中，他们回答在住房上最期望获得的帮助是“提供廉租房”，占到 48.4%；其次是期望“稳定房租”，占到 27.7%。

就实际情况来看，目前北京市虽然已出台政策允许农民工参与申请公租房，但只有石景山区出台详细细则允许符合条件的农民工参与摇号，且租金不享受政府补贴；此外，北京市的出租房屋租金持续上涨，这无疑加大了农民工的生存压力，目前的住房政策并没有将农民工纳入住房补贴范围。近些年来引起社会高度关注的“蚁族”“蜗居”“胶囊公寓”等社会现象，正是农民工等外来流动人口缺乏体面居住的现实反映。

五、推进北京市农民工市民化的政策建议

推进农民工市民化是新型城市化的核心任务，是城乡一体化发展的重要体现。北京作为首都，更加需要在实现农民工市民化上走在前列。

（一）在户籍身份方面，必须推进户籍制度改革，赋予农民工市民身份

本地农民工是北京的市民，在户籍身份上应当完全平等一致。涉及对本地农民工的户籍改革上，一是要取消农业户口与非农业户口的划分，统一登记为北京市居民户口。现行的“农转非”政策、征地“农转居”政策是传统城乡二元社会结构的产物，应当予以废止，必须彻底改革城乡二元户籍制度，建立城乡一体化的户口登记制度。

二是原农业户口人员所享有的农村土地承包经营权、宅基地使

用权、林权、集体资产及其收益权、有关农业补贴政策等权益保持不变，不因户籍改革而变动。但要深化农村产权制度改革，规范和允许农民通过市场机制依法、自愿实行农村产权的交易。

三是征占农民土地应按照公正合理的原则给予财产补偿，不再与户口身份挂钩。新生婴儿与其他居民一样统一登记为居民户口，但不得剥夺其应当享有的农村集体财产权利。四是加快实现城乡基本公共服务均等化，确保农民与其他所有的职业阶层一样，公平享有基本公共服务。户籍改革后，农民只是一种职业，不再保留农业户籍身份。

外地农民工是北京的新市民，必须通过制度改革，实现外地农民工向市民身份的转换。对涉及外地农民工的户籍制度改革，可以分步有序推进，有步骤地实现基本公共服务均等化。

一是尽快实行居住证制度。将长期实行的外来人口暂住证改为居住证，实行居民证制度后，赋予取得居住证的农民工基本公共服务待遇。居住证制度应当覆盖签订正式劳动合同一年以上的农民工。

二是凡取得居住证一年或三年以上者，可以办理常住户口手续，从“准市民”身份转为正式市民身份，享受包括社会保障和住房保障在内的市民完全待遇。

三是居住证持有者在转为常住户口半年或一年后，可以申请办理家属落户手续，以此保护家庭，促进社会和谐。

四是不得借口资源环境交通等“城市病”而限制农民工的基本公民权利。

与当前的主流政策和主流政策研究观点不同的是，本研究认为越是大城市、特大城市，越要推进户籍制度改革。解决人口、资源和环境矛盾和“城市病”的正确途径是放弃GDP主义、切实转变经济发展方式、调整产业布局和公共资源高度集中的格局，而不是限制和剥夺公民的基本权利。户籍制度改革的价值目标是保障和实现公民的迁徙自由权。

（二）建立城乡平等的就业政策，拓宽外地农民工就业和获得信息途径，尤其重视新生代农民工的职业理想和自我实现

首先，在就业政策方面，一是进一步完善北京市的农民工就业政策，逐步将就业困难人员的社会保险补贴以及特困人员的托底安置两个救助性政策覆盖到本地农民工，实现城乡统一。二是改变对外地农民工的“用人观念”，坚持以人为本，保障公民权利，从促进和帮助外地农民工更好就业、提高收入的角度逐步完善针对外地农民工的就业政策，在公平的基础上追求效率。

其次，在就业服务方面，一是建立健全农民工就业培训工作网络，完善公共就业服务的信息化手段，动态掌握农民工就业信息，促进农民工就业培训制度化；二是充分利用社会现有教育资源，委托具有一定资格条件的各类职业培训机构开展培训工作；三是引进和培育高等技术人才、稀缺岗位人才，在对高端人才的使用和管理过程中，发挥人才示范效应，进而带动农民工素质的整体提高。四是加大公共财政用于农民工培训的比例，将农民工培训全面纳入城镇职工培训体系。

最后，在提供农民工就业信息服务上，一是要进一步拓宽农民工就业信息的渠道，建立健全农民工求职信息系统，并在农民工较为集中的区域建立职业中介园区，引导农民工合理流动；二是政府部门要进一步完善管理服务。既要为农民工从事非正规就业做好服务工作，又要加强对非正规就业用人单位和雇主的管理和监督，运用行政、法律手段规范劳资关系，杜绝对农民工各种侵权事件的发生。特别是要按照国际劳工组织的普遍做法，全方位保护农民工的各项

合法权益。三是，推行和完善新型劳务用人机制，引导和规范农民工与企业的双向自主选择权。

（三）尽快推进社会保险的跨省转移接续和全国统筹，提高外地农民工社会保险覆盖率、缴费标准，健全和完善北京市的社会保障体系

首先，目前由于社会保险没有实现全国统筹，在跨省转移接续不顺畅的前提下，农民工群体工作不稳定、流动性强的特点决定了农民工入保意愿低、用人单位逃避责任空间大。要提高外地农民工社会保险覆盖率，决定性前提是实现社会保险的跨省转移接续、全国统筹。据此，中央政府要积极承担社会保障责任，尽快从全国层面统筹谋划，加强社会保障制度建设，提高社会保险统筹层次，由人力资源和社会保障部实行统一收缴、管理、运营、结算和发放，使各省市、城乡间社会保险的转移接续顺畅有序；进一步完善公共财政制度，中央财政要对在全国跨省级行政区流动迁移人员的社会保障待遇给予相应补贴，减轻流入地的财政压力。

其次，北京市应进一步完善社会保障政策制度，全面实现农民工享有平等的社会保险权利。要加强对用人单位缴纳职工社会保险的监管力度，加大基本养老保险扩面力度，扩大“三险一金”覆盖范围，继续从制度全覆盖向人群全覆盖努力，逐步提高缴费标准；积极探讨建立失业保险的城乡统筹，进一步健全和完善城乡统一的社会保险体系。

（四）义务教育阶段的农民工子女应与北京孩子享受平等的就学机会和资源，同时探索中考、高考制度改革

首先，农民工子女的义务教育政策应以公平为首要的价值目标，

农民工子女应与北京孩子享受平等的就学机会和资源，就学的自主选择权需掌握在学生和家长手里，而非学校。

其次，加快推进基础教育均衡发展。不断提升农民工子女就学的公办学校的教学质量，包括资金投入、硬件设施和教师配置等方面，需要进一步完善政策制度，同时也要重视农民工子女就学等软环境的营造。农民工子女一般集中在城乡结合部的公办学校中，对于这些学校必须增加市一级的财政投入，帮助其达到城市学校的标准化水平。在师资方面，应通过提高待遇等方式吸引优秀教师，实行教师在城乡学校之间的正常轮岗交流。

最后，积极鼓励社会力量办学。要降低民办学校的办学门槛，鼓励社会力量参与创办多种形式的民办学校，包括社区学校、教会学校、打工子弟学校等，以接纳更多的农民工子女上学，不断提升这类学校的教育能力，制定优惠政策扶持民办学校的正常发展。

要适应城市化和人口流动的现实需要，从维护公民受教育权和实现公平正义的角度，积极探索农民工子女参加北京市中考、高考的政策制度。北京不应建立一座特大的特权城市，而应建立在公平正义基础上的更加体现包容性的现代文明城市。北京精神中的包容，需要具体的政策制度来体现。

（五）尽快将农民工全面纳入城镇住房保障体系

为农民工提供基本而有体面的住房保障，是政府保障农民工居住权的重要职责。要实现城镇基本公共服务常住人口全覆盖，必须将为农民工提供住房保障作为城镇住房政策的重中之重。

首先，逐步将农民工全面纳入公租房保障范围。要从根本上转变公租房建设的指导思想，明确将农民工作为公租房保障的主要对象。对于无住房的本地农民工和在北京市稳定就业的外地农民工，只要签订正式劳动就业合同，就可以申请公租房，给予市民同等待遇。

鉴于农民工聚居区以城乡结合部为主，应当加大农村集体建设用地发展租赁住房的试点和推广政策，进一步改革土地制度，创新集体建设用地利用方式，规范集体建设用地建设租赁住房政策，加强和完善相关管理制度。在投资形式上可借鉴浙江省公租房建设经验，鼓励和引导民间资本参与，尤其是引导用工单位、村集体等各类投资主体参与建设，出台鼓励公共租赁住房建设和运营的相关优惠政策，统一纳入北京市公共租赁住房管理，优先向出资用工单位符合条件的职工出租。同时要在农民工聚居的公租房区域按照实际需求和健康标准建设生活服务配套设施，使公租房环境达到改善农民工居住环境、提高生活质量的目的。

其次，应扩大公积金制度覆盖面，将农民工全面纳入其中。充分发挥住房公积金制度的住房保障属性，所有正式用人单位，都必须将符合条件的农民工纳入住房公积金制度范围内。

再次，规范农民工住房租赁市场，为农民工平等提供住房补贴。公租房等保障性住房起的是托底作用，对于北京市四百万农民工来说，绝大部分人住房问题的解决靠的是租赁市场。目前北京市的租赁市场仍处于发展初期，农民工租住房屋往往环境恶劣，安全性差。有关部门应大力规范房屋租赁市场，积极落实《北京市人民政府办公厅关于进一步规范房屋租赁市场稳定房屋租金工作的意见》（京政办发〔2012〕）的有关规定，各区县成立国有房屋租赁经营机构，业务对象限定为农民工群体，业务内容以农村富余房屋集体出租、单位闲置房屋低价出租为主。同时，要将农民工全面纳入城镇住房补贴政策体系，使农民工与其他城镇职工一样公平享受住房政策补贴。

参考文献

[1] 国务院研究室课题组. 中国农民工调研报告 [M]. 北京：中国言实出版社，2006.

[2] 韩俊. 中国农民工战略问题研究 [M]. 上海：上海远东出版社，2009.

[3] 国务院发展研究中心课题组. 农民工市民化：政策创新与顶层设计 [M]. 北京：中国发展出版社 2011.

[4] 宏观经济研究院课题组. “十二五”时期促进农民工市民化的总体思路 [J]. 宏观经济管理，2011（9）.

[5] 朱传华. 改善农民工的收入分配状况促进我国城市社会的和谐与稳定——北京联合大学副校长冯虹博士、教授学术观点的启示 [J]. 生产力研究，2009（9）.

[6] 国务院发展研究中心课题组. 农民工市民化进程的总体态势与战略取向 [J]. 改革，2011（5）.

[7] 张英洪. 推进北京市户籍制度改革的思考 [J]. 北京农业职业学院学报，2013（3）.

本章课题组成员

负责人：郭光磊　张秋锦

组组长：张英洪

组成员：樊汝明　周立今　王启宁　张国锋　曹永生　纪　韶
　　　　赵金望　齐振家　刘妮娜

执笔人：张英洪　赵金望　齐振家　刘妮娜

第七章　城乡一体化进程中促进农民收入较快增长的分析研究

最近10年来，北京市农民家庭人均年纯收入的平均增长率一直处于较高水平，达到10.8%；最近5年来，北京市城市居民与农村居民人均年收入的比值持续下降；最近3年来，北京市农民人均年收入同比增长速度连续超过城镇居民人均年收入同比增长速度。这说明了北京市在城乡一体化进程中促进农民收入较快增长方面取得了显著成效。

然而，由于长期以来历史形成的城乡分割的二元经济社会体制没有完全消除，以及城乡居民收入存在较大的基数差距，导致城乡居民人均年收入的绝对差值仍在持续扩大，农村居民内部的收入差距也在逐年扩大，这有悖于中国特色社会主义共同富裕、和谐发展的基本目标。因此，有必要深入研究北京市在城乡一体化进程中促进农民收入较快增长的问题，详细分析进入新世纪以来，尤其是当前城乡居民的收入状况、收入结构及其变化的规律，分析城乡一体化新形势下农民收入较快增长的机遇和挑战，找到更为有效的解决问题的路径。

一、农民增收是城乡一体化发展的必然要求

2002年11月，党的十六大提出“统筹城乡经济社会发展”的战

略。2003 年 10 月，十六届三中全会进一步提出“统筹城乡发展、统筹地区发展、统筹经济社会发展、统筹人与自然和谐发展、统筹国内发展和对外开放”的五个统筹要求。

北京市在 20 世纪 80 年代中期就明确提出郊区和城区是一个整体，城乡经济应协调发展的认识。1991 年北京市委六届十二次会议提出了“加快城乡一体化步伐”的具体内容，即城乡统一的规划、统一的生态体系、协调的城镇体系。

2009 年，时任北京市委书记刘淇强调要重新认识首都的“三农”问题，认为首都的农村是北京郊区的一部分，是北京新的战略发展空间；首都的农民是北京的市民，是推动郊区发展的动力，是拥有集体资产的市民；首都的农业是都市型现代农业，是一二三产业相互融合的产业。要在这样的认识基础上拓宽富裕农民的工作思路。2010 年 12 月，北京市在“十二五”规划建议中明确提出，要在全国“率先形成城乡经济社会发展一体化新格局”。

当前普遍认为，城乡统筹一体化发展是解决新时期“三农”问题的有效途径。进入新世纪以来，我国工业经济发展迅速、城市居民很快富裕起来、城市现代化速度明显加快，而与之相对的，是农业增效难、农民增收难、农村发展慢。

表现在诸多方面的城乡割裂、以乡保城的二元结构制度设计，导致了城乡差距、工农差距、地区差距不断扩大，在一定程度上形成了不利的生产关系，影响了经济健康发展，影响了社会和谐，必须改革。目前在北京市，一个共识就是城乡统筹一体化发展，本质上就是重新梳理和建立有利于城乡经济要素自由流动环境的系列化制度设计。

通过城乡一体化，促进城乡各种发展要素的自由流动，能够有效缓解北京市委常委牛有成同志指出的“三有三缺”。“农村有资源缺要素”，农村建设发展空间广阔，是首都发展的战略新空间，但是人才、资金、技术等要素相对匮乏，要将新空间转变为现实有很大难度。“农业有基础缺投入”，虽然农业发生了功能性的变化，但农业生产投入较少，资本相对于劳动力的有机构成不高，直接从事农业生产的农民还难以充分享受到都市型现代农业发展的成果。“农民有组织缺服务”，虽然农村有党支部、村委会、合作社，但农村的很多公共服务还刚刚起步，还有很多不完善的地方。

北京市的人均 GDP 已经超过 1 万美元，城和乡的优势都很突出而且互补性强，城乡发展要素的互动交流有利于解决北京市“三农”的“三有三缺”问题，有利于解决农业增效难、农民增收难、农村发展缓慢的问题。因此促进农民收入较快增长必然走城乡统筹一体化的道路。

中央和北京市的这些认识，北京市相关部门正在进行的不懈努力，有利于加速消除城乡二元经济社会结构的影响，有利于促进农民收入较快增长，有利于城乡居民共同富裕的战略目标。

二、农民收入较快增长的理论依据

（一）中国特色社会主义共同富裕理论

实现共同富裕是社会主义的本质和目标。邓小平同志明确指出：“社会主义的本质，是解放生产力，发展生产力，消灭剥削，消除两极分化，最终达到共同富裕。”又指出，“社会主义的目的就是要全国人民共同富裕，不是两极分化。如果我们的政策导致两极分化，我们的改革就失败了”，“富裕起来以后财富怎样分配，解决这个问题比解决发展起来的问题还困难”。

只要讲到社会主义，邓小平几乎言必讲共同富裕。1992 年 10 月，邓小平提出的这个重要理论原则正式写进党的“十四大”报告，成为邓小平理论的重要组成部分。在 2007 年党的“十七大”报告中，邓小平理论成为中国特色社会主义理论的重要内容。

改革开放 30 多年，我们取得了举世瞩目的发展成就，与此同时，缩小城乡差距、贫富差距也势在必行。2010 年，城乡居民平均年收入的比值，全国达到 3.23∶1，北京市为 2.19∶1，但北京市城乡居民年收入差值的绝对值仍在不断加大，实现城乡居民“共同富裕”任重道远。

（二）中国特色社会主义分享经济理论

李炳炎教授提倡的中国特色社会主义分享经济理论，是通过“利益分享”机制正确处理国家、集体、个人之间，经营者和职工之间，不同地区之间、不同部门之间的利益关系，建立有效实现共同富裕的理论、机制与制度，达到调动各方面积极性、激发生产力、实现共同富裕的目的。认为实行利益分享是以人为本、构建社会主义和谐社会、实现共同富裕的基本原则。

造成城乡居民收入差距逐步拉大的一个重要原因，就是在改革的过程中受传统“利益独享”观念的影响，建立了一种新的资本权威：实行了资本主义初期实行过的、古典的企业产权制度所决定的分配方式。这种古典产权制度是所有权至上的制度，由生产资料的所有权决定其他所有的经济权利，即由生产资料所有权唯一地决定企业的一切重大决策，造成单一追求利润最大化，再加上劳动力供给相对过剩、劳资双方谈判地位不对称，在劳动力市场上就表现为需求方尽其可能地压低工人的工资，使劳动力的工资水平远远低于劳动力价值。这对于越来越依赖工资性收入的农村进城务工劳动力来说是极其不利的。在这种情形下，农民务工越多，企业效益越好，城乡居民收入差距就越大。

"利益分享"的新经济观，本质上是一种产权分布于非人力资本所有者和人力资本所有者的制度安排。正像生产资料是必要的资本一样，人力也是必要的资本，所以劳动者也应该有人力资本的产权，享有经济利益按产权分配的权利。劳动者作为"经济个体"携带"人力资本"参与国家的、集体的、个体的经济活动，都应该按照一定的比例关系分享相应的经济活动利益，而不是远低于劳动价值的"工资"而已。传统的"人员工资"只是相当于机器运转时需要消耗的电力、汽油或维修的费用，而不是经济利益的分享。

"利益分享"新机制要求个体与整体在新增利益的分配中建立新的比例及变动关系，通过鼓励每一个经济个体努力追求自己的经济利益，保证社会整体经济利益的不断增长。以"鼓励个体，增强整体"的新方式，取代"否定个体，保证整体"的传统方式。

新机制可以是：在一个特定的时期内，由各种经济主体按照一定的比率去分享经济发展所取得的成果。每一个体所获利益的绝对量将取决于成果总量的增长和分享比率这两个因素。在这个过程中，各经济主体的任务是如何扩大总量，而政府的责任则是事先公平地确定这个分享的比率。由于这种分享不是对总量的一次性分享，而是对每一边际增量的逐次分享，它能够使经济个体在增量上看到自己的利益，刺激其增产节约的积极性。

这种"利益分享"是多层次的，每一个经济主体都能与代表国家整体利益的政府，和代表局部利益的集体或企业，在多个所有制层次上分享利益、共担风险。第一个层次是“社会所有制”，即社会主义一国范围内的全体劳动者共同组成全社会生产力的总和，属于整体自主联合劳动。第二个层次是“集体所有制”，即在一个或大或小的局部实现自主联合劳动，自主联合劳动者以集体劳动者成员的形式存在。第三个层次是“劳动者个人所有制”，自主劳动者个人构成联合体的细胞。这种个人所有制就是马克思当年要求重建的个人所有制，即实现劳动者个人对生产资料、劳动力和产品的个人所有权。

巩固社会主义公有制，实现多层次“利益分享”，就要按照自主联合劳动的三个层次改造原有的国家所有制和集体所有制，将传统的以工资制（补偿劳动消耗）和利润制（国家掌控）为核心的企业或集体经营机制，改造成企业或集体“净收入分成”机制，使国家、集体、个人实现各自的所有权，充分发挥各自职能，实现自主联合劳动，促进社会主义生产力的发展，逐步实现共同富裕。

（三）天赋不平等的社会补偿分配原则

美国政治哲学家罗尔斯（John Rowls）提出的分配原则，允许“分配正义的天平向最不利者倾斜”。一般来说，资源的平均分配不利于激励最具有生产能力的人，也就是说平均分配对贡献大者是不公平的。

但如果这种不公平使社会中境况最糟糕的人境况变好，社会就应该容许这种不公平存在。在罗尔斯看来，政府和社会必须更多地关注那些天赋较低和出身最不利的社会成员。因为天赋和出身的不平等是“不应得的”，这些不平等就应该给予某些补偿。从道德的角度看，不好的天赋是一种偶然的因素，因而是“不应得的”，分配就不应该受到不好天赋的干扰。人们应该把各种天赋看成是一种集体资产，在处理因天赋不同带来的差别时，需要最大限度地改善处境最差人的状况。

在城乡居民收入分配中，农民因为出生于不发达的乡村、受教育程度低、受各种制度的约束或现实状况的影响而贫穷，成为社会各阶层中境况最差者，按照这个理论，社会收入的分配就需要更多地考虑农民，优先改善农民的状况。所以，政府加大对农村的扶贫工作力度，加大农村地区的基础设施建设力度，大幅度提高农民的社会保障水平和转移性收入水平，都是必要的，合乎社会道德原则的。

（四）德国的“城乡等值化”理念

美国著名城市学家刘易斯·芒福德（Lewis Mumford）指出，“城与乡承载着同等重要的价值并需要有机结合在一起，在这方面，德国是成功的”。二战后，德国城乡差距不断扩大，城乡居民贫富悬殊，大量农村人口不断涌入城市，城市饱和、乡镇凋敝的问题相继出现。如今德国城市化水平高达90%，形成了城乡统筹、收入均衡、健康发展的独特模式。他们的基本发展理念是“城乡等值化”，即农村与城市基础条件和生活方式虽不同，但是等值。通过促进土地整理、村庄改造、合作经济和产业升级等途径，逐步实现了农村生活水平不低于城市生活水平，逐步消除了城乡在居民收入等各方面的差距。

德国在法律上明确“城乡等值”概念，政府推行“城乡等值化”发展理念，提出城乡居民要具有同等的生活、工作及交通条件，保证土地资源的合理利用，保护好水、空气、土壤等自然资源。德国的重要经验是：

（1）促进农业规模经营。通过农业法、土地整治法、政府信贷和补贴等手段，调整农村零星小块土地，使之集中连片，扩大农业规模经营，提高农业经济效益。

(2) 促进“农业合作社”化。通过《合作社法》提高农业经营水平。德国的农业合作社分为流通合作社、购销合作社、生产合作社、合作银行以及为社员提供特定服务的各种服务性合作社。法律规定，合作社员为7人以上，按其出资额的10%分红。农民参加合作社可以通过资源共享、精细分工来获得丰厚的经济利润，而且能减少中间损失和债息风险。1970年以来，德国的大多数农业合作社走上了相互联合之路，形成更大的合作组织，最后发展成为地区性的合作联盟，甚至是国际性的合作联盟。2008年德国合作经济组织达到3800家，全国每5名成人中就有1人为合作社社员。

(3) 突出生态农业价值。德国在农业用地结构上，根据自然资源特点和可持续发展要求，着力发展生态农业。目前已形成以畜牧养殖业和葡萄、小麦、大麦、玉米、牧草等种植业为特征的高度国际化的高效农业产业结构。

(4) 有序发展二三产业。通过原野风光与龙头企业的聚集功能，旅游、餐饮、娱乐、教育、信息等各项服务业在村镇遍地开花。村镇一富裕，城乡差距自然就缩小了。

按照北京城市总体规划，北京城市发展考虑了多元目标，新城建设、重点小城镇建设、产业发展布局、生态环境保护等任务明确，但在促进“城乡等值化”发展、缩小“城乡差距”上，尤其是加快提高农村居民生活水平上的考虑还不是十分突出。德国“城乡等值化”的理念，有助于我们从各种政策上采取措施，加快缩小包括居民收入在内的城乡差距。

（五）做蛋糕的两方面问题

做蛋糕有两方面的问题，一是如何把蛋糕做好做大，即做蛋糕的技术问题；二是有没有做蛋糕的原料或者权利，即做蛋糕的资源问题。

如果把农民创造经济收益比喻成做蛋糕，也有两个方面的问题，一是农民创收的技术和能力问题，二是农民创收的资源问题。实践证明，农民创收的技术和能力问题可以通过技术培训、学习实践和专业合作等途径解决；而农民创收资源相对不足的问题只能通过外部解决。例如，城镇国有土地可以是商业用途，开发经营的价值很高，而农村集体土地不能进行商业开发，只能用于比较效益很低的农业生产；农村建设用地的规划、审批和用途仍然严格限制；农村基本社会保障和农村基础设施建设严重落后，农产品价格长期普遍较低等问题，都无法由农民自己解决，必须在全社会范畴内通过城乡统筹发展解决。

（六）帕累托改进和卡尔多－希克斯改进

帕累托改进（PARETO IMPROVEMENT）是以意大利经济学家帕累托（Vilfredo Pareto）命名的，是指在不减少一方的福利时，通过改变现有的资源配置而提高另一方的福利。帕累托改进可以在资源闲置或市场失效的情况下实现。在资源闲置的情况下，一些人可以生产更多并从中受益，但又不会损害另外一些人的利益。在市场失效的情况下，一项正确的措施可以消减福利损失而使整个社会受益。

但在现实生活中，通常的情况是有人有所得就有人有所失，于是经济学家又提出了“补偿准则”，即如果一个人的境况由于变革而变好，并且能够补偿另一个人的损失而且还有剩余，那么整体的效益就改进了，这就是福利经济学的另外一个著名的准则——卡尔多-希克斯改进（KALDOR-HICKSIM-PROVEMENT）。

当前，城乡居民收入差距较大，并且收入差的绝对值还在继续扩大。人们普遍认为，可以在不影响城镇居民收入正常增长的基础上，通过市场调节或者政策改进，来实现农民收入相对于城镇居民收入较快增长。按照北京市近三年来城乡居民年收入增长率的规律，有可能在 10 ～ 20 年时间内停止城乡居民收入绝对差扩大的趋势。

根据十年来北京市城乡居民人均年收入快速增长的规律和帕累托改进的理论，在城乡统筹一体化发展的改革背景下，城乡经济发展中还有很大的资源配置优化的空间，或者经济社会政策调整优化的空间。

另外，按照卡尔多 - 希克斯改进法则，如果由于政府和社会加大对“三农”的支持力度、促进了农民收入较快增长，而影响了城镇居民的收入增长，那么农民收入增长的总额至少要超过城镇居民收入减少的总额，我们的各项调控改进措施才算是有效的。

三、农民收入增长的现状和趋势

（一）2000—2010 年北京农民人均年纯收入及增长情况

1. 北京市农民家庭人均年纯收入稳定快速增长

2000—2010 年的 10 年间，北京市农民家庭人均年纯收入稳定快速增长。2010 年为 4687 元，2005 年达到 7860 元，5 年平均年增长率为 10.5%；2010 年达到 13 262 元，10 年间同比增长率最低 9.6%，最高 12.5%，平均年增长率为 10.8%（见表 7-1、表 7-2、表 7-3）。而且，从三年滑动平均值看，10 年间北京市农民家庭人均年收入同比增加值，也是稳定增长的（表 7-4）。

2. 北京市农民家庭的非生产性收入持续较快增长

从三年滑动平均值看，北京市农民家庭非生产性收入的比重，从 2001 年的 10% 逐步稳定上升到 2010 年的 25%，上升了 15 个百分点。非生产性收入的年增长率，除 2004—2006 年在 13% ～ 19% 之间外，其余年份均在 26% ～ 37% 之间。同时生产性收入的比重则从 90% 逐步下降到 75%，生产性收入的年增长率比较稳定，维持在 8% ～ 10% 之间，略低于总收入 9% ～ 11% 的年均增长率。（见表 7-5、表 7-6）

3. 北京市农民家庭工资性收入比重最大增长最快

从三年滑动平均值看，2001—2010 年北京市农民家庭的人均年纯收入中，工资性收入所占的比例占比最高，约为 60%，10 年间这个比例基本不变。家庭经营收入的比例为次高，从 2001 年的 27% 逐步下降到 2010 年的 16%，下降趋势明显。转移性收入和财产性收入的占比相当且较低，从 2001 年的 6% 左右，逐步上升到 2010 年的 11% 左右，上升的趋势明显。（见图 7-1）

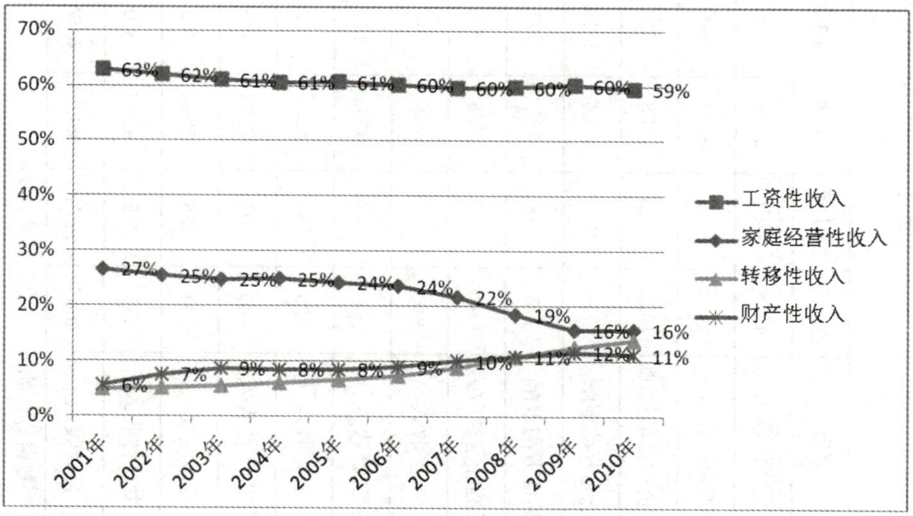

图 7-1　2001—2010 年北京市农民家庭四类收入所占比例的三年滑动平均

表 7-1　2000—2010 年北京市农民家庭人均年纯收入

单位：元

序号	项目	2000 年	2001 年	2002 年	2003 年	2004 年	2005 年	2006 年	2007 年	2008 年	2009 年	2010 年	2011 年*
1	生产性收入	4278	4771	5130	5521	6141	6735	7216	7862	8430	8994	9864	8711
1.1	工资性收入	2938	3356	3672	3909	4358	4774	5224	5676	6354	7274	8007	6549
1.1.1	非企业劳动报酬	1025	1105	1188	1164	1146	1149	1162	926	850	829	831	
1.1.2	企业劳动报酬	1779	2033	1784	1754	1956	2214	2374	2588	2764	2986	3187	
1.1.3	其他劳动报酬	133	218	701	992	1256	1411	1688	2162	2740	3459	3989	
1.2	家庭经营性收入	1340	1415	1458	1612	1783	1961	1992	2186	2076	1720	1857	2162
1.2.1	一产收入	810	791	674	690	772	899	877	1044	1076	935	934	941
1.2.2	二产收入	52	70	134	170	192	167	172	142	75	101	120	240
1.2.3	三产收入	478	554	650	752	819	895	943	1000	925	684	803	980
2	非生产性收入	409	503	750	975	1031	1125	1404	1697	2317	2992	3398	2752
2.1	转移性收入	234	258	284	365	430	508	631	770	1118	1590	1808	1648
2.2	财产性收入	175	245	466	610	601	617	773	927	1199	1402	1590	1104
	合计收入	4687	5274	5880	6496	7172	7860	8620	9559	10 747	119 86	13 262	11 463

*注：2011 年数据是根据 1—9 月数据的估计数。

表 7-2　2000—2010 年北京市农民家庭人均年纯收入同比增长数量

单位：元

序号	项目	2000 年	2001 年	2002 年	2003 年	2004 年	2005 年	2006 年	2007 年	2008 年	2009 年	2010 年
1	生产性收入	261	493	359	391	620	594	481	646	568	564	870
1.1	工资性收入	57	418	316	237	449	416	450	452	678	920	733
1.1.1	非企业劳动报酬	-89	80	83	-24	-18	3	13	-236	-76	-21	2
1.1.2	企业劳动报酬	88	253	-249	-30	203	258	160	214	176	222	201
1.1.3	其他劳动报酬	58	85	483	291	264	155	277	474	578	719	530
1.2	家庭经营性收入	204	75	43	154	171	178	31	194	-110	-356	137
1.2.1	一产收入	74	-19	-117	16	82	127	-22	167	32	-141	-1
1.2.2	二产收入	21	18	64	36	22	-25	5	-30	-67	26	19
1.2.3	三产收入	109	76	96	102	67	76	48	57	-75	-241	119
2	非生产性收入	111	94	247	225	56	94	279	293	620	675	406
2.1	转移性收入	39	24	26	81	65	78	123	139	348	472	218
2.2	财产性收入	72	70	221	144	-9	16	156	154	272	203	188
	合计收入	372	587	606	616	676	688	760	939	1188	1239	1276

表 7-3　2000—2010 年北京市农民家庭人均年纯收入同比增长率

单位：%

序号	项目	2000 年	2001 年	2002 年	2003 年	2004 年	2005 年	2006 年	2007 年	2008 年	2009 年	2010 年
1	生产性收入	6.5%	11.5%	7.5%	7.6%	11.2%	9.7%	7.1%	9.0%	7.2%	6.7%	9.7%
1.1	工资性收入	2.0%	14.2%	9.4%	6.5%	11.5%	9.5%	9.4%	8.7%	11.9%	14.5%	10.1%
1.1.1	非企业劳动报酬	-8.0%	7.8%	7.5%	-2.0%	-1.6%	0.3%	1.1%	-20.3%	-8.2%	-2.5%	0.2%
1.1.2	企业劳动报酬	5.2%	14.2%	-12.3%	-1.7%	11.6%	13.2%	7.2%	9.0%	6.8%	8.0%	6.7%
1.1.3	其他劳动报酬	75.9%	63.3%	221.6%	41.5%	26.7%	12.3%	19.6%	28.1%	26.7%	26.2%	15.3%
1.2	家庭经营性收入	17.9%	5.6%	3.0%	10.6%	10.6%	10.0%	1.6%	9.7%	-5.0%	-17.1%	8.0%
1.2.1	一产收入	10.0%	-2.3%	-14.8%	2.4%	11.9%	16.5%	-2.4%	19.0%	3.1%	-13.1%	-0.1%
1.2.2	二产收入	66.1%	34.6%	91.4%	26.9%	12.9%	-13.0%	3.0%	-17.4%	-47.2%	34.7%	18.8%
1.2.3	三产收入	29.7%	15.9%	17.3%	15.7%	8.9%	9.3%	5.4%	6.0%	-7.5%	-26.1%	17.4%
2	非生产性收入	37.0%	23.0%	49.1%	30.0%	5.7%	9.1%	24.8%	20.9%	36.5%	29.1%	13.6%
2.1	转移性收入	20.0%	10.3%	10.1%	28.5%	17.8%	18.1%	24.2%	22.0%	45.2%	42.2%	13.7%
2.2	财产性收入	70.4%	40.0%	90.2%	30.9%	-1.5%	2.7%	25.3%	19.9%	29.3%	16.9%	13.4%
	合计收入	8.6%	12.5%	11.5%	10.5%	10.4%	9.6%	9.7%	10.9%	12.4%	11.5%	10.6%

表 7-4　北京市农民家庭人均年收入及同比增加额的三年滑动平均值

单位：元

	2001 年	2002 年	2003 年	2004 年	2005 年	2006 年	2007 年	2008 年	2009 年
年收入	5280	5883	6516	7176	7884	8680	9642	10764	11998
同比增加	522	603	633	660	708	796	962	1122	1234

表 7-5　2001—2010 年北京市农民家庭年收入结构的三年滑动平均值

	2001 年	2002 年	2003 年	2004 年	2005 年	2006 年	2007 年	2008 年	2009 年	2010 年
生产性收入	90%	88%	86%	85%	85%	84%	81%	79%	76%	75%
非生产性收入	10%	12%	14%	15%	15%	16%	19%	21%	24%	25%

表 7-6　2001—2009 年北京市农民家庭人均年收入同比增长率的三年滑动平均值

	2001 年	2002 年	2003 年	2004 年	2005 年	2006 年	2007 年	2008 年	2009 年
生产性收入	8.5%	8.9%	8.8%	9.5%	9.3%	8.6%	7.8%	7.6%	7.9%
非生产性收入	36.4%	34.0%	28.3%	15.0%	13.2%	18.3%	27.4%	28.8%	26.4%
合计收入	10.9%	11.5%	10.8%	10.2%	9.9%	10.1%	11.0%	11.6%	11.5%

表 7-7　北京市农民家庭四类人均年收入三年滑动平均值

	2001 年	2002 年	2003 年	2004 年	2005 年	2006 年	2007 年	2008 年	2009 年	2010 年
工资性收入	3322	3646	3980	4347	4785	5225	5751	6435	7212	7277
家庭经营性收入	1404	1495	1618	1785	1912	2046	2085	1994	1884	1913
转移性收入	259	302	360	434	523	636	840	1159	1505	1682
财产性收入	295	440	559	609	664	772	966	1176	1397	1365

表 7-8　生产性收入和非生产性收入对北京市农民家庭增收的贡献率比较

	2001 年	2002 年	2003 年	2004 年	2005 年	2006 年	2007 年	2008 年	2009 年
生产性收入	71%	69%	71%	81%	80%	73%	60%	54%	54%
非生产性收入	29%	31%	29%	19%	20%	27%	40%	46%	46%

（基于三年滑动平均值计算）

表 7-9　不同收入来源对北京农民家庭增收贡献率的比较

	2001 年	2002 年	2003 年	2004 年	2005 年	2006 年	2007 年	2008 年	2009 年
工资性收入	46%	54%	52%	55%	62%	56%	55%	60%	63%
经营性收入	25%	15%	19%	25%	18%	17%	5%	-6%	-9%
转移性收入	6%	7%	9%	11%	12%	14%	20%	27%	28%
财产性收入	23%	24%	20%	8%	7%	13%	20%	19%	18%

（基于三年滑动平均数值计算）

表 7-10　2000—2010 年北京市农民年收入增长各来源贡献率

单位：%

		2000 年	2001 年	2002 年	2003 年	2004 年	2005 年	2006 年	2007 年	2008 年	2009 年	2010 年
1	生产性收入	70%	84%	59%	63%	92%	86%	63%	69%	48%	46%	68%
2	非生产性收入	30%	16%	41%	37%	8%	14%	37%	31%	52%	54%	32%
	合计	100	100	100	100	100	100	100	100	100	100	100
1.1	工资性收入	15%	71%	52%	38%	66%	60%	59%	48%	57%	74%	57%
1.2	经营性收入	55%	13%	7%	25%	25%	26%	4%	21%	-9%	-29%	11%
2.1	转移性收入	10%	4%	4%	13%	10%	11%	16%	15%	29%	38%	17%
2.2	财产性收入	19%	12%	36%	23%	-1%	2%	21%	16%	23%	16%	15%
	合计	100	100	100	100	100	100	100	100	100	100	100
1.1.1	非企业劳动报酬	-24.0%	13.6%	13.7%	-3.9%	-2.7%	0.5%	1.7%	-25.1%	-6.4%	-1.7%	0.2%
1.1.2	企业劳动报酬	23.6%	43.2%	-41.1%	-4.9%	30.0%	37.5%	21.1%	22.8%	14.8%	17.9%	15.8%
1.1.3	其他劳动报酬	15.5%	14.4%	79.7%	47.2%	39.1%	22.5%	36.4%	50.5%	48.7%	58.0%	41.5%
1.2.1	一产收入	19.8%	-3.2%	-19.3%	2.6%	12.1%	18.5%	-2.9%	17.8%	2.7%	-11.4%	-0.1%
1.2.2	二产收入	5.6%	3.1%	10.6%	5.8%	3.3%	-3.6%	0.7%	-3.2%	-5.6%	2.1%	1.5%
1.2.3	三产收入	29.4%	12.9%	15.8%	16.6%	9.9%	11.0%	6.3%	6.1%	-6.3%	-19.5%	9.3%
2.1.0	转移性收入	10.5%	4.1%	4.3%	13.1%	9.6%	11.3%	16.2%	14.8%	29.3%	38.1%	17.1%
2.2.0	财产性收入	19.4%	11.9%	36.5%	23.4%	-1.3%	2.3%	20.5%	16.4%	22.9%	16.4%	14.7%
	合计	100	100	100	100	100	100	100	100	100	100	100

北京市农民家庭年人均四类收入中，工资性收入的绝对值稳定增长，从2001年的3322元快速提高到2010年的7277元，10年间增长了1倍多。家庭经营性收入前七年缓慢增长，后三年缓慢下降。财产性收入和转移性收入都是稳定增长趋势，尤其是转移性收入是加快增长趋势，但两者的数量依然较小，均不足1500元。（见图7-2）

单位：元

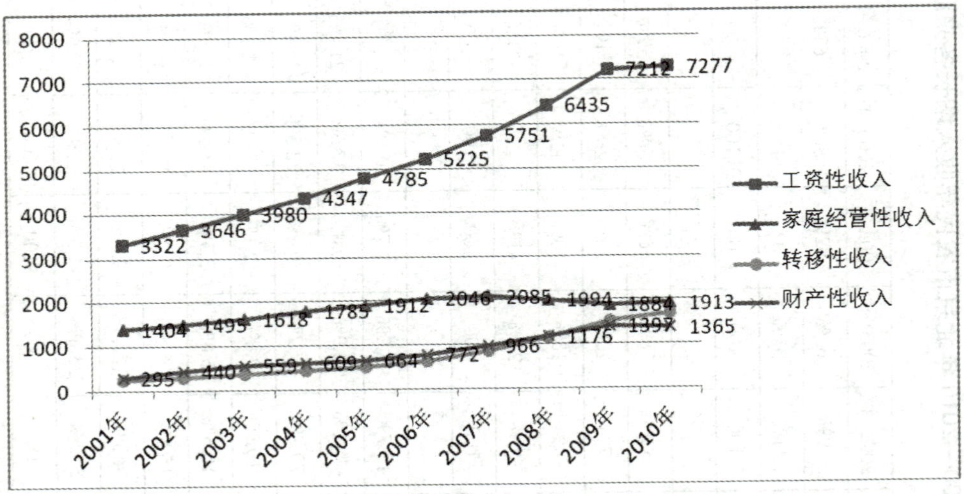

图7-2 北京市农民家庭四类收入年人均值的三年滑动平均

4. 北京市农民家庭经营年收入主要依靠一产和三产

2000—2010年北京市农民家庭经营人均年收入的90%多来自于第一产业和第三产业，并且来自一产和三产的比例相当。

在农民家庭经营收入中，来自一产的收入比重近七年来有逐步上升趋势，来自三产的收入比重稳定在40%～46%之间（见图7-3）。来自二产的收入很少，年人均不超过200元，来自三产的收入近三年有下降趋势（见图 7-4）。

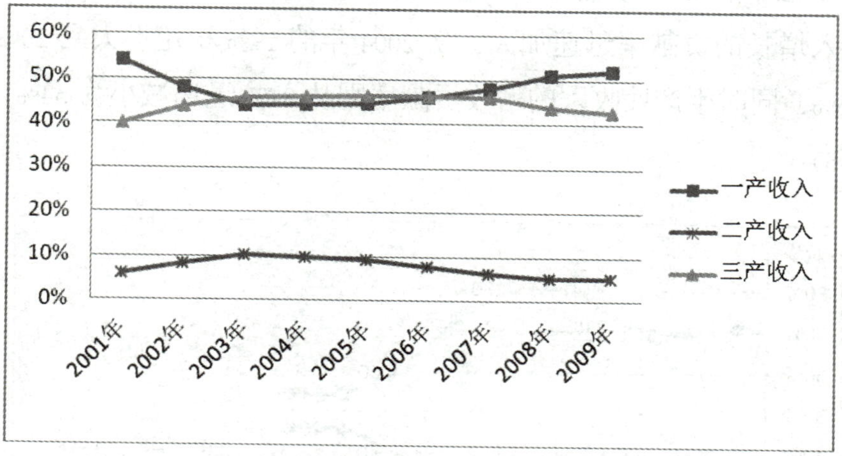

图 7-3　北京市农民家庭经营年收入中来自三次产业的比例（三年滑动平均值）

单位：元

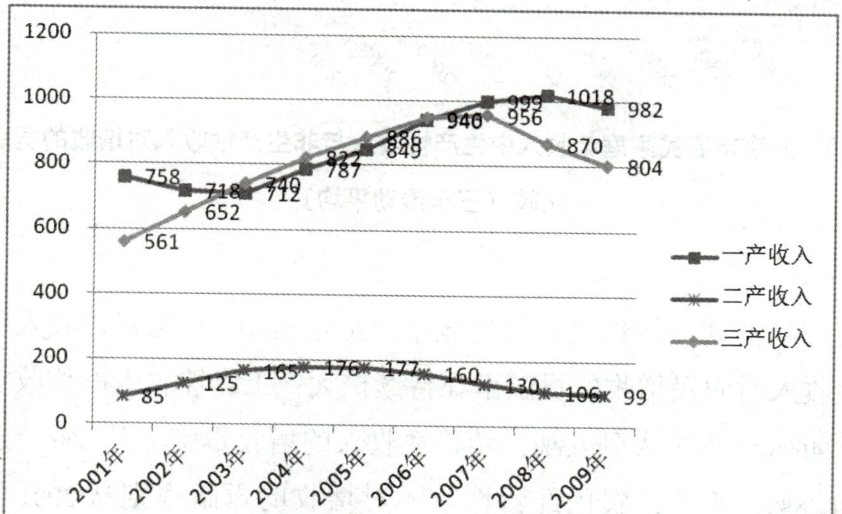

图 7-4　北京市农民家庭经营人均年收入中来自三次产业的收入（三年滑动平均值）

5. 七年来非生产性增收对北京农民增收贡献迅速扩大

从三年滑动平均数值看，近年来非生产性收入对北京市农民家庭年收入增长的贡献率迅速加大，从 2004 年的 19% 稳定扩大到 2009 年的 46%，同时生产性收入的增收贡献率则从 81% 迅速减小为 54%（见图 7-5）。

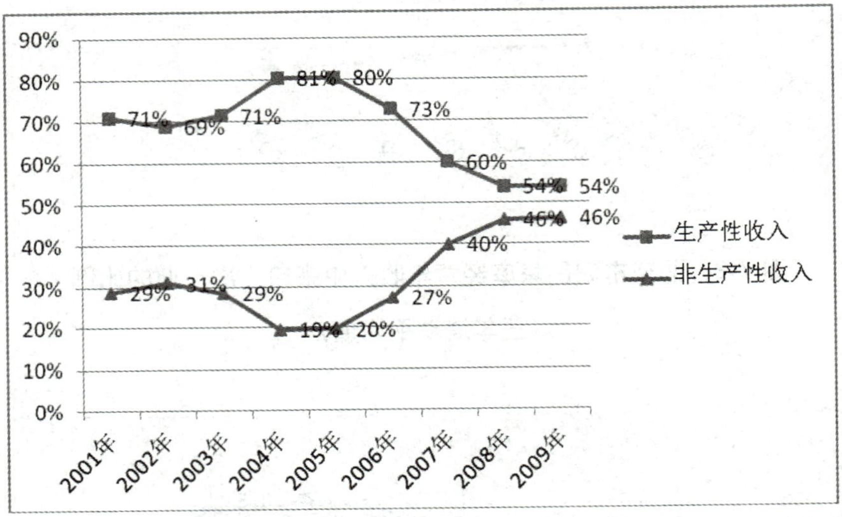

图 7-5 北京市农民家庭年收入中生产性收入与非生产性收入对增收的贡献率比较（三年滑动平均）

三年滑动平均数值同时也显示，2001—2010 年工资性收入和转移性收入对农民增收的贡献率在持续扩大，工资性收入的增收贡献率从 46% 一直扩大到 63%，转移性收入的增收贡献率从 6% 一直扩大到 28%。相反，农民经营性收入对增收的贡献率则从 2001 年、2004 年的 25%，迅速减少到 2009 年的 −9%，而财产性收入的增收贡献率则很不稳定（见图 7-6）。

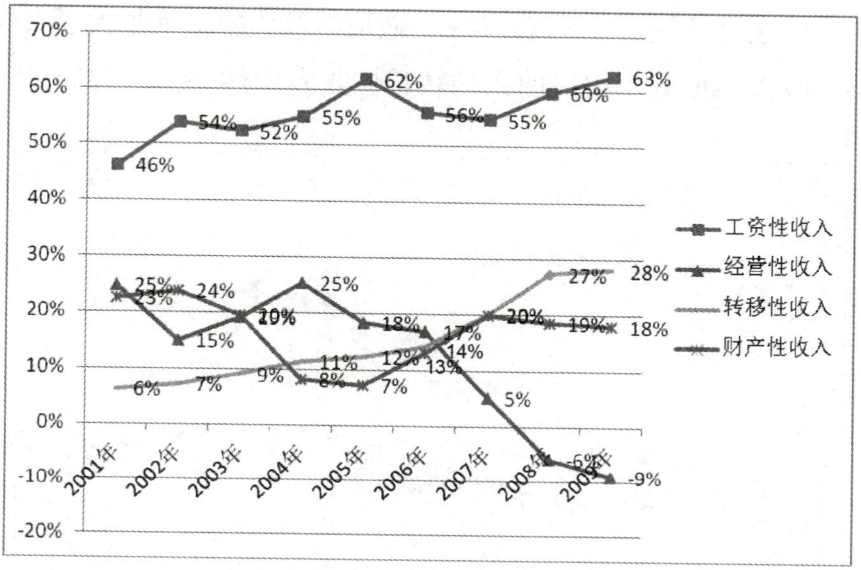

图 7-6　北京市农民家庭年收入各来源的增收贡献率比较

（三年滑动平均）

（二）2000—2010 年北京城乡居民人均年收入比较

1. 近四年北京市城乡居民人均年收入比值持续缩小

从三年滑动平均值看，从 2007 年开始，北京市城乡居民人均年收入的比值持续下降。总收入的比值从 2.58 持续下降到 2.55，可支配收入的比值从 2.33 持续下降到 2.24。说明近四年来北京市农村居民收入的增长率持续高于城镇居民收入的增长率。（见图 7-7）

2. 农村居民在人均转移性收入上持续较快增加但增长空间依然很大，在人均工资性收入上增收困难

按照收入来源对比，2001—2010 年北京市城市居民的转移性收入是农村居民转移性收入的 5.63 至 12.65 倍，差异十分显著，但这个比值是持续下降的。而同期人均工资性收入的比值变化不大，维持

在 2.48 ～ 3.04 之间。说明 10 年来，政府持续大幅度地加大了农民的转移性收入，但城市居民的人均转移性收入依然高于农村居民人均

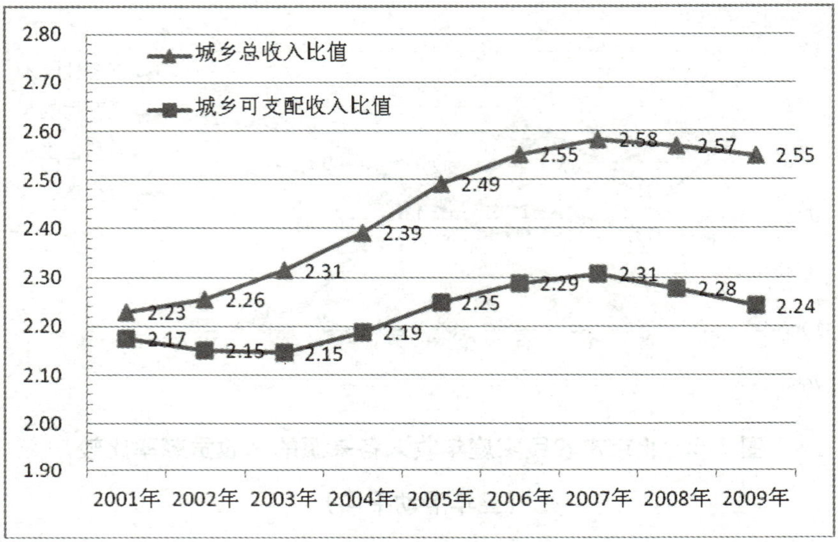

图 7-7　北京市城市居民与农村居民人均年收入的比值

（三年滑动平均值）

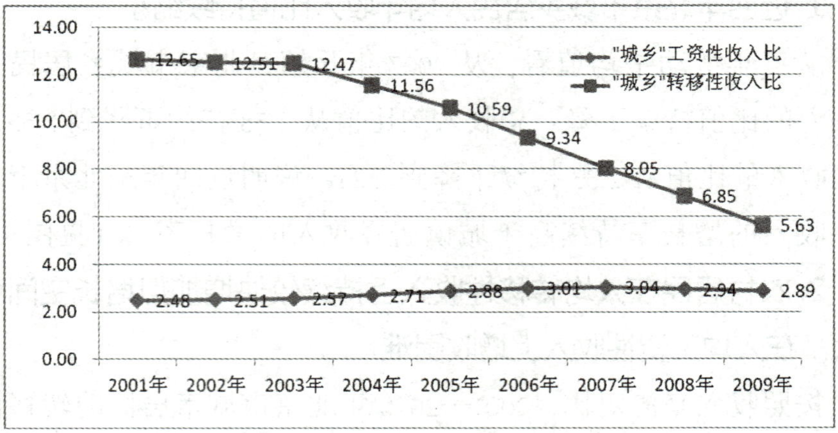

图 7-8　北京市城市居民与农村居民人均年收入中工资性收入的比值

与财产性收入的比值（三年滑动平均值）

转移性收入的 5 倍以上，通过加大农民的转移性收入来提高农民收入水平的调整空间依然很大。还说明 10 年来农民的相对就业水平变化不大，农民人均工资性收入水平只相当于城市居民的 30% ～ 40% 的水平，农民就业能力需要继续提高。（见图 7-8）

3. 农村居民正在逐步失去人均经营性收入和财产性收入上的优势

农民是拥有经营性集体资产的市民，城乡结合部的农民拥有较多可以出租的房产等资源，农民还拥有可以转包经营取得收入的承包地，所以在人均经营性收入和财产性收入方面，北京市农民的优势比城镇居民大。但是，从三年滑动平均数值看，农民在经营性收入方面的优势于 2005 年之后持续下降，从城市居民的 9.21 倍持续下降到 1.94 倍；农民在财产性收入方面的优势也从 2003 年以后持续下降，从城市居民的 4.42 倍持续下降到 2008 年的 2.26 倍，可喜的是 2009 年以后农民在财产性收入方面的优势有所回升。（见图 7-9）

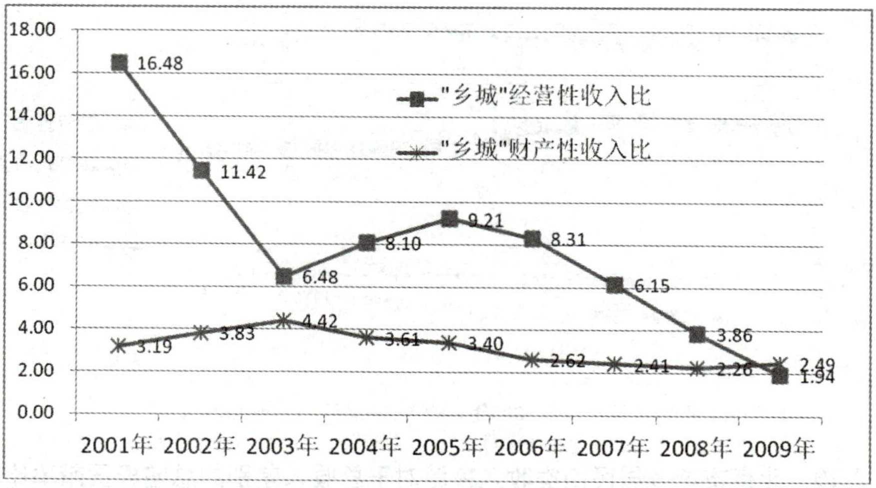

图 7-9　北京市农村居民与城市居民人均年收入中经营性收入的比值与财产性收入的比值（三年滑动平均值）

4. 农民在工资性收入和转移性收入上的差距是收入较低的主要方面

从四类收入来源形成的城乡居民收入差距分析，2001—2010 年北京市农民在工资性收入上的总差距贡献率稳定在 73% ～ 78%（见图 7-10），是最重要的收入差距来源。虽然城镇居民的人均工资水平只是农村居民的 2.49 ～ 3.04 倍（见图 7-8），但工资性收入数量达，占农民总收入的比例最高，达到 59% ～ 63%（见图 7-1），所以城乡居民人均工资性收入差距成为最主要的收入差距。然而如上分析显示，农村居民在人均工资性收入上却增收困难，这也是农民较快增收的难点之一。另外，转移性收入形成了农村居民收入落后于城镇居民收入的第二大贡献因素，转移性收入的总差异贡献率稳定在 36% ～ 48% 之间。（见图 7-10）

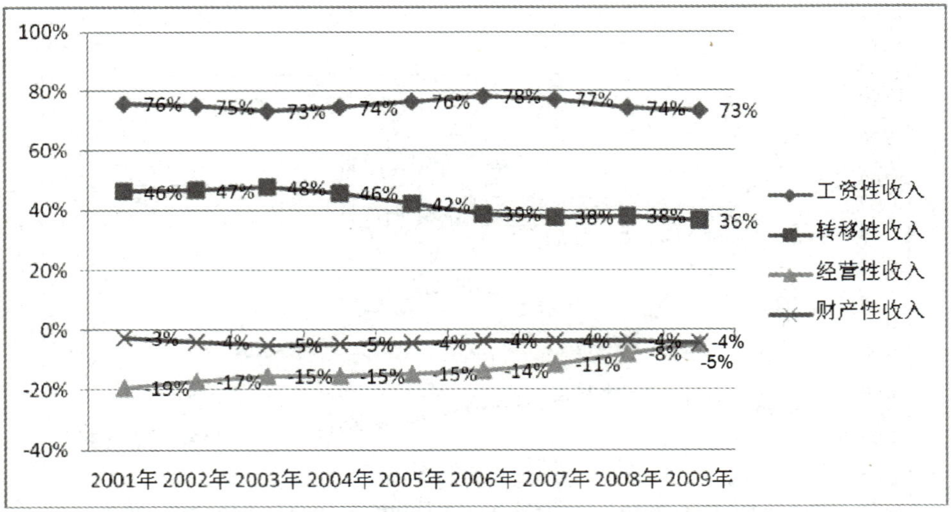

图 7-10 北京市城乡居民四类收入来源对于总收入差别的总差异贡献率比较（三年滑动平均值）

5. 农民在经营性收入和财产性收入上的优势弥补了较大的城乡收入差距

北京市农民的经营性收入优势在 8% ～ 19% 的程度上弥补了城乡居民人均总收入的差距，北京市农民的财产性收入优势在 3% ～ 5% 的程度上弥补了城乡居民人均总收入的差距。但是，农村居民在经营性收入和财产性收入上的优势，正在逐步失去。（见图 7-10）

6. 北京市城乡居民人均年收入差距的绝对值持续攀高

2000—2010 年数据显示，由于城镇居民人均收入基数较大，尽管各方面持续采取增加农民收入的措施，北京市城乡居民人均年收入差距的绝对值是持续攀升的。（见图 7-11）

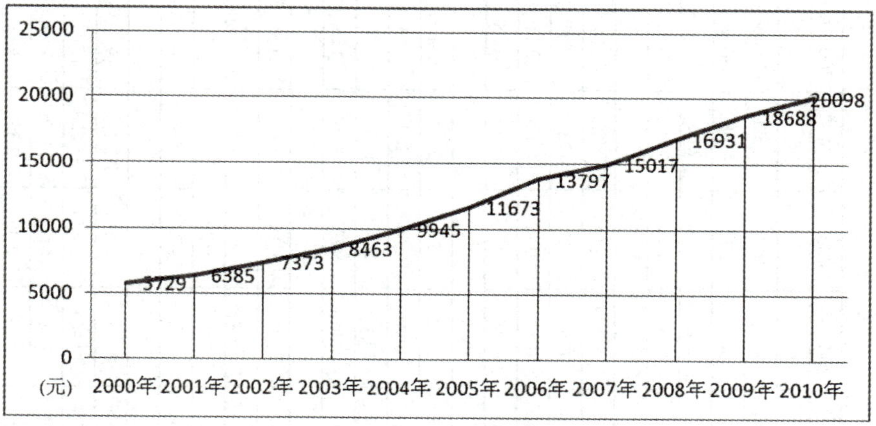

图 7-11　北京市城乡居民人均年收入差距的绝对值

《关于促进京郊农民收入较快增长的分析与建议》(2011 年 2 月) 中的分析表明，如果实现在 2020 年之前缩小城乡居民收入差距的工作目标，农民收入至少需要高于城镇居民 5 个百分点以上。因此，要缩小城乡居民收入差距，就需要保证农民收入高于城镇居民收入

表 7-11 2000—2010 年北京城乡居民人均年收入比较

单位：元，%

类别	城乡	2000 年	2001 年	2002 年	2003 年	2004 年	2005 年	2006 年	2007 年	2008 年	2009 年	2010 年	2011 年
工资性收入	城镇	7376	8344	9000	10 152	11 590	13 666	16 284	17 319	18 739	20 537	23 099	16 540
	乡村	2938	3356	3672	3909	4358	4774	5224	5676	6354	7274	8007	6549
	比值	2.51	2.49	2.45	2.60	2.66	2.86	3.12	3.05	2.95	2.82	2.88	2.53
总差异贡献率		77%	78%	72%	74%	73%	76%	80%	78%	73%	71%	75%	78%
经营性收入	城镇	66	57	339	314	178	214	236	298	778	1095	1170	779
	乡村	1340	1415	1458	1612	1783	1961	1992	2186	2076	1720	1857	2162
	比值	0.05	0.04	0.23	0.19	0.10	0.11	0.12	0.14	0.37	0.64	0.63	0.36
总差异贡献率		-22%	-21%	-15%	-15%	-16%	-15%	-13%	-13%	-8%	-3%	-3%	-11%
转移性收入	城镇	2862	3153	3832	4318	5202	5463	5626	6428	7708	8455	8435	6476
	乡村	234	258	284	365	430	508	631	770	1118	1590	1808	1648
	比值	12.23	12.22	13.49	11.83	12.10	10.75	8.92	8.35	6.89	5.32	4.67	3.93
总差异贡献率		46%	45%	48%	47%	48%	42%	36%	38%	39%	37%	33%	38%
财产性收入	城镇	112	105	82	175	147	190	271	531	453	587	656	488
	乡村	175	245	466	610	601	617	773	927	1199	1402	1590	1104
	比值	0.64	0.43	0.18	0.29	0.24	0.31	0.35	0.57	0.38	0.42	0.41	0.44
总差异贡献率		-1%	-2%	-5%	-5%	-5%	-4%	-4%	-3%	-4%	-4%	-5%	-5%
合计	城镇 1	10 416	11 659	13 253	14 959	17 117	19 533	22 417	24 576	27 678	30 674	33 360	24 283
	城镇 2	10 350	11 578	12 464	13 883	15 638	17 653	19 978	21 989	24 725	26 738	29 073	21 472
	乡村	4687	5274	5880	6496	7172	7860	8620	9559	10 747	11 986	13 262	11 463
	比值 1	2.22	2.21	2.25	2.30	2.39	2.49	2.60	2.57	2.58	2.56	2.52	2.12
	比值 2	2.21	2.20	2.12	2.14	2.18	2.25	2.32	2.30	2.30	2.23	2.19	1.87

增速。以城镇居民保持年均8%的增速测算，当农民收入以高于城镇2、3、4、5个百分点增长时，城乡居民收入差距值从逐步扩大到开始缩小出现拐点的时间分别需要42年、29年、22年和18年，拐点出现时的差距额分别为61 221元、29 144元、21 542元和18 556元。（见表7-11、表7-12）。

表7-12　农民收入以不同幅度增长时城乡收入差距出现拐点时间

单位：元/（人·年）

年份	2011	2015	2018	2022	2029	2042
农民收入增长10%	16 811	21 359	25 384	31 589	44 361	61 221
农民收入增长11%	16 678	20 371	23 249	26 814	29 144	-32 830
农民收入增长12%	16 545	19 346	20 976	21 542	11 248	-157 177
农民收入增长13%	16 413	18 283	18 556	15 726	-9768	-321 166

注：引自课题组的另一篇分析：《关于促进京郊农民收入较快增长的分析与建议》（2011年2月）

（三）2005—2010年北京农民不同收入群体的收入比较

1.北京农民不同收入群体的收入差距持续扩大

2005—2010年数据显示，北京市农民收入五等分群体的收入标准差在逐年上升，说明不同收入群体之间的收入差距在逐年拉大。按照收入来源分析，工资性收入的差距最大，其次是经营性收入或财产性收入，差距最小的是转移性收入。这反映了农民不同收入群体之间就业能力的差异是最大的，其次是经营能力。转移性收入的差异最小，恰好说明了转移性收入政策的公平性。而且也可以看出，工资性收入、财产性收入的差距拉大得比较快，而经营性收入的差距较大，但差异性有所降低。（见图7-12）

2. 缩小北京市农民群体内部收入差距的优先考虑因素

如果综合考虑不同收入群体、不同收入来源、不同年度之间的不平均性，或者分析调整农民群体内部收入差距最灵敏的收入来源，最重要的是工资性收入，其次是财产性收入，然后是转移性收入，最不灵敏的是经营性收入。因此，要有效缩小农民群体内部收入的差距，最重要的是从提高收入较低农民群体的工资性收入入手，其

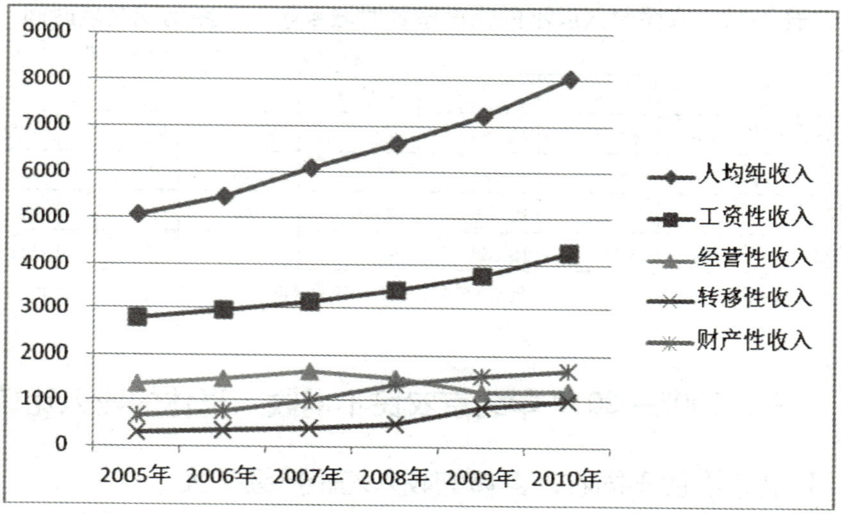

图 7-12　2005—2010 年北京市农民不同收入群体的收入标准差变化趋势

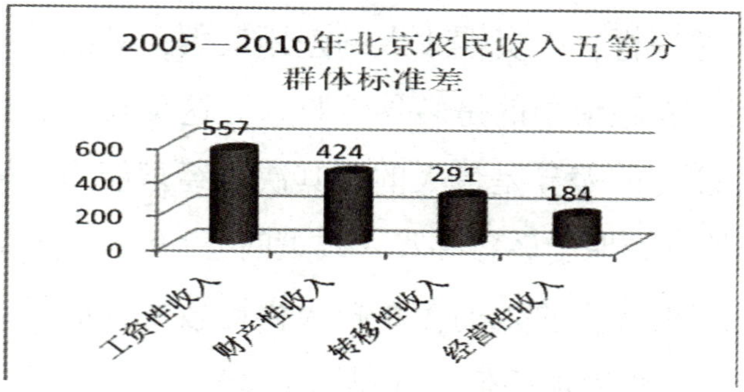

图 7-13　2005—2010 年北京市农民不同收入群体、不同收入来源的不平均性（标准差）年度之间变化的标准差

次是财产性收入，最后才是经营性收入。（见图 7-13）

表 7-13　北京市农民不同收入群体的收入比较——人均纯收入

单位：元

	2005 年	2006 年	2007 年	2008 年	2009 年	2010 年
全市平均	7860	8620	9559	10 747	11 986	13 262
低收入户 20%	3052	3275	3783	4458	4951	5358
中低收入户 20%	5233	5706	6288	7186	8170	9033
中等收入户 20%	6990	7770	8468	9566	10 795	11 903
中高收入户 20%	9471	10 350	11 277	12 790	14 267	15 789
高收入户 20%	16 206	17 513	19 562	21 629	23 739	26 335

表 7-14　北京市农民不同收入群体的收入比较——工资性收入

单位：元

	2005 年	2006 年	2007 年	2008 年	2009 年	2010 年
全市平均	4774	5224	5676	6354	7274	8007
低收入户 20%	1920	2101	2427	2707	3191	3238
中低收入户 20%	3335	3579	3983	4563	5301	5950
中等收入户 20%	4308	4822	5058	5923	6781	7478
中高收入户 20%	5995	6746	7261	7996	9227	9954
高收入户 20%	9149	9710	10 498	11 580	12 921	14 535

表 7-15　北京市农民不同收入群体的收入比较——经营性收入

单位：元

	2005 年	2006 年	2007 年	2008 年	2009 年	2010 年
全市平均	1961	1992	2186	2076	1720	1857
低收入户 20%	761	704	798	960	696	924
中低收入户 20%	1246	1389	1393	1328	1175	1396
中等收入户 20%	1813	1654	1981	1650	1626	1527
中高收入户 20%	2072	2031	2078	2125	1641	1739
高收入户 20%	4306	4569	5074	4716	3771	3991

表 7-16 北京市农民不同收入群体的收入比较——转移性收入

单位：元

	2005 年	2006 年	2007 年	2008 年	2009 年	2010 年
全市平均	508	631	770	1118	1590	1808
低收入户 20%	184	254	318	522	709	822
中低收入户 20%	377	430	519	807	1098	1113
中等收入户 20%	495	713	825	1219	1483	1724
中高收入户 20%	612	694	992	1485	1993	2367
高收入户 20%	962	1159	1340	1696	2909	3283

表 7-17 北京市农民不同收入群体的收入比较——财产性收入

单位：元

	2005 年	2006 年	2007 年	2008 年	2009 年	2010 年
全市平均	617	773	927	1199	1402	1590
低收入户 20%	187	216	240	269	355	374
中低收入户 20%	275	308	393	488	596	574
中等收入户 20%	374	581	604	774	905	1174
中高收入户 20%	792	879	946	1184	1406	1729
高收入户 20%	1789	2075	2686	3637	4138	4526

3. 收入最高和最低的农户都重视经营性收入

从 2005—2010 年北京市农民不同收入群体的收入来源分析，从 20% 低收入户到 20% 中高收入户，随着收入水平的提高，农户的经营性收入所占的比例逐步降低，然而最高 20% 收入的农户反而更加依赖于经营性收入（见图 7-14）。所以，除了工资性收入所占比例都在 54% 以上外，农户高水平的经营活动是提高收入的重要方面。

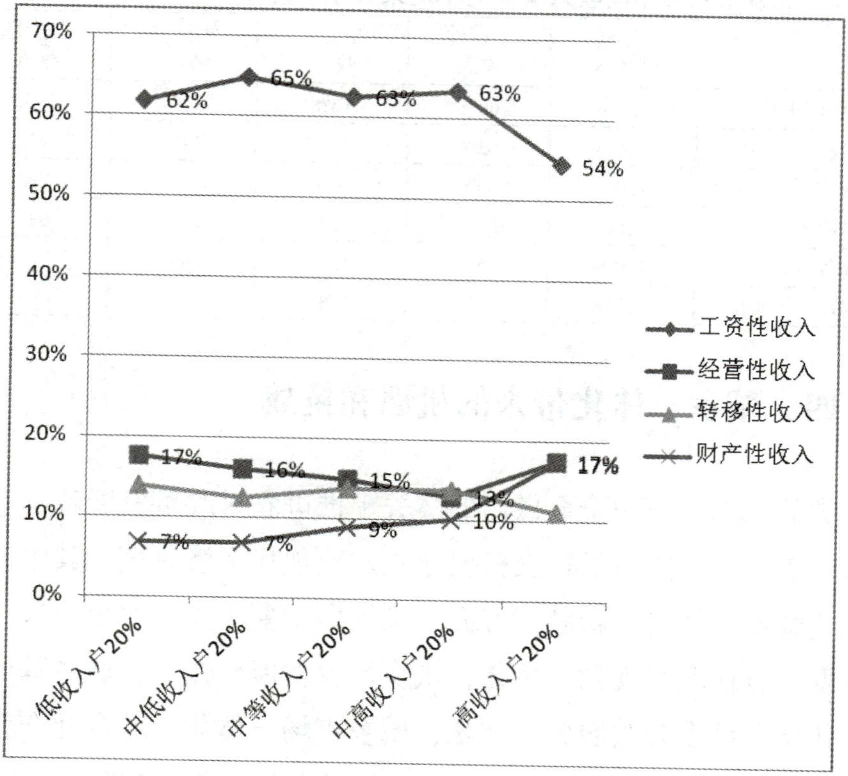

图 7-14　2005—2010 年北京市农民不同收入群体的收入结构比较

表 7-18　北京市农民不同收入群体的不同来源收入比较（2008—2010 年平均）

单位：元

	人均纯收入	工资性收入	经营性收入	转移性收入	财产性收入
全市平均	11 998	7212	1884	1505	1397
低收入户 20%	4922	3045	860	684	333
中低收入户 20%	8130	5271	1300	1006	553
中等收入户 20%	10 755	6727	1601	1475	951
中高收入户 20%	14 282	9059	1835	1948	1440
高收入户 20%	23 901	13 012	4159	2629	4100

表 7-19 北京市农民不同收入群体的不同来源收入比较（2008—2010 年平均）

	人均纯收入	工资性收入	经营性收入	转移性收入	财产性收入
全市平均	100%	60%	16%	13%	12%
低收入户 20%	100%	62%	17%	14%	7%
中低收入户 20%	100%	65%	16%	12%	7%
中等收入户 20%	100%	63%	15%	14%	9%
中高收入户 20%	100%	63%	13%	14%	10%
高收入户 20%	100%	54%	17%	11%	17%

四、城乡一体化带来的机遇和挑战

党的十七届三中全会做出的《关于推进农村改革发展若干重大问题的决定》，提出了在农村要建立六项现代经济制度。其中，在建立“城乡一体化”新制度方面，又提出了要建立“六个一体化”的制度，包括城乡规划一体化，城乡产业发展一体化，城乡基础设施一体化，城乡公共服务一体化，城乡市场一体化，城乡社会管理一体化。实现这六个一体化难度很大，是对当前农村工作的巨大挑战，同时也为实现统筹发展，缩小城乡差距，尤其是促进农民收入较快增长等目标的实现带来了难得的政策机遇。

（一）城乡规划一体化

按照德国“城乡等值化理念”，城与乡承载着同等重要的价值，需要在发展规划上和相关政策上有机地结合在一起。农业是生态的重要组成部分，北京市农林水的生态服务价值在 2008 年就达到了 1 万亿元，和全市 GDP 总量相当。虽然北京市农业年增加值不到 GDP 的 1%，但是不能忽视，因为它支撑着整个 GDP 的生态服务，离开了大农业的生态服务支撑，城市经济的价值也无从谈起，城乡居民的幸福生活就无从谈起。许多专家学者和百姓都认识到了这一点，市委、市政府相关部门也认识到了这一点。

从 2004 年起，时任市委书记刘淇七进山区，确定了第一个城乡一体化的制度设计——生态补偿。北京市陆续开展了许多这方面的探索和实践，对生态涵养发展区的生态补偿转移支付力度越来越大。生态涵养发展区为了北京市的整体健康发展做出了巨大贡献，也因为产业发展限制、城镇发展限制牺牲了许多的经济利益。城镇沿着大城市边缘扩展的发展道路，也形成了城近郊区与远郊区巨大的级差地租，进而形成了较大的区域差距。

北京市生态涵养区的常住人口占全市的 10.4%，对于生态涵养发展区的经济社会发展而言，传统上牺牲远郊农村的发展道路给消除城乡差距和区域差距制造了巨大挑战。然而，在城乡等值化发展理念、城乡一体化发展思想的指导下，通过城乡发展规划一体化，实施和完善相应的生态补偿制度，使远郊山区的农村名正言顺地精心养护山场、涵养水源，为城市发展“生产生态服务价值”，从而通过转移性收入和休闲产业经营收入等渠道，获得与城市居民差不多的收入和生活，对于这部分农村和农民而言，又是很好的发展机遇。

（二）城乡产业发展一体化

按照“天赋不平等的社会补偿分配原则”，农业由于自然和市场的双重风险，以及农民在经济基础和文化教育上的劣势，成了天然的弱势产业，因此得到世界各国政府的大量转移性补贴支持，并且普遍认为是合理的、符合社会道德的做法。随着整体经济的发展，更高的农业补贴是城乡产业发展一体化制度的合理和科学的体现。

根据帕累托改进和卡尔多 - 希克斯改进的理论，在市场失效的情况下，一项正确的外部措施可以通过调整资源配置来减少资源浪费，从而使整个社会受益。由于农业在经济效益和市场适应性上的天然弱势，纯市场调节对农业十分不利，我们就可以通过相关制度性的设计改变城乡之间生产要素，例如人力、资金、技术的资源配置，使之更加优待农业，在我国当前的条件下显然能够很好地增加农村农民的收入，也能促进整个经济科技社会的发展。

城乡产业发展一体化的制度设计，也符合现代农业是一二三产业融合发展产业的趋势。农业是关于生命的产业，是基于土壤、气候、生态等复杂未知领域的产业，必不可少，又前途无量。现代农业的发展，能带动机械、电子、通讯、信息、生物、医药、保健等技术和产业的创新发展，能促进一二三产业本身发展和融合发展，因此农业永远是基础性“母亲”产业，国家为增强经济科技实力而大力扶持发展农业，从制度上和政策上偏向农业，也是应有之理。

在城乡产业一体化发展的大背景下，社会逐步还原了农村集体土地归农民集体所有的基本概念。农民集体逐步可以并且有能力在符合相关规划的前提下，在部分集体的土地上自主发展商业服务业，例如标准厂房、写字楼、出租房屋、批发市场等城市产业，从而有利于农民收入较快增长。这对于现行规划制度和市场管理制度是挑战，对农民快速稳定提高收入是重要的机遇。

城乡产业一体化发展，也促进了城乡经济的快速融合，可以在更高层次上促进农民收入较快增长。农村独特的产业发展条件与城市高端生产要素融合，农村产业从低端业态逐步向高端业态转变，从同构化产业向特色产业转变，从分散无序发展向整体规划建设转变，这些趋势无论从全国农村改革试验区城市看还是从北京市看，都更加明显，北京市郊区的产业正在逐步走出一条高端高效、低耗低碳、可持续发展道路。这对于政府的产业规划和扶持政策体系是一个挑战，对于农村和农民来说，既是增加经营性收入，或者财产性、投资性收入的良好机遇，也是对组织能力和胆识的挑战。

（三）城乡基础设施一体化

按照“城乡统筹发展”的认识，需要统筹城镇与农村的发展，统筹城市不同功能区的发展，充分利用郊区农村作为大都市新的战略发展空间。城乡基础设施一体化，最主要的是指道路交通设施，电力设施，水利设施，风力、光伏、生物制等新型能源设施，信息通信基础设施等。

这些基础设施的城乡一体化建设，或者从城市向乡村的延伸，都有利于较快增加农民的收入水平，这主要是因为农村有独特的资源条件，例如道路交通和通信设施有利于自然风光资源、民俗旅游资源、休闲农业资源的产业化开发和提升。电力和新能源基础设施有利于农民在自己的土地上创立和发展新的产业如并网出售风电、光电、生物质电能而获得收入。

尤其是信息通信基础设施的全面提升和城乡一体化，如光纤网络进村、入户、覆盖社区，有利于农民就近在自己的土地上创业和就业，兴建新型服务业，例如大型购物广场、大型农产品批发市场、覆盖全市甚至于全国的呼叫服务中心、娱乐广场、影视基地、会议中心、科学研究基地、大学城等等，同时也有利于提升农民自身利用信息的能力，解决农民与市民信息能力不对称的问题，提高就业能力、创业能力和市场经营能力。

应允许农村合作经济组织广泛参与非垄断性基础设施的建设，这种建设的本质就是让农民集体根据自己的优势资源选择发展方式。

不能把农民局限于修路、盖房、打井，而是要在激励政策和发展典型的引导下发展出自己特色或优势的新产业来，使农民有更多的投资性、财产性、工资性收入，而且是较高的稳定收入。让农民在自己的新产业里学习和提高管理水平，追求更高级的经济发展能力。这里最大的挑战是农民集体土地的制度改革和土地利用政策，最大的机遇是新兴第三产业整体还处于较低水平，地区发展还不平衡。

城乡一体化进程中的新农村建设，从规划设计到基础设施建设、公共财政投放、城乡一体化的创业就业，都需要从城乡一体化制度设计的高度来认识和实践。这种城乡制度设计的融合性变化，是历史发展的必然，是最根本的现代社会经济转型发展的特征，也是农民收入较快增长、迅速缩小城乡差距、促进城乡等值化健康发展的根本理由和驱动力。

（四）城乡公共服务一体化

源于德国的“城乡等值化理念”，重要的一条就是城乡公共服务均等化，让人们感觉居住在城镇和乡村生活一样方便，生活质量没有多少不同。现在最重要的不是认识问题，而是公共服务供给不足，例如信息服务、家政服务、医疗服务等。要城乡公共服务均等化，就要促进城乡公共服务一体化，一体化主要指制度的一体化。

农村有丰富的劳动力资源，多数被迫外出做工，到大城市里去提供公共服务。如果土地制度允许农民在自己的集体土地上创立“呼叫中心”“购物广场”“批发市场”“体育中心”等，就能够就近提供公共服务，提供更多的公共服务，吸引更多人使用公共服务，随着收入水平的提高自己也更多地分享公共服务。农民有组织缺服务，如生产资料服务、产品营销服务、经营管理服务等。如果像有公司法一样有了农民社区合作经济法，就会引导农民组织起来强大的农业服务体系，相互提供更好的公共服务。在创业和提供新的公共服务的同时，农民的工资性收入也提高了。

（五）城乡市场一体化

按照“做蛋糕的两个方面问题”，农民要通过卖蛋糕获得收入，第一个问题是在这个大市场上允许不允许农民做蛋糕、卖蛋糕，即使允许农民做蛋糕、卖蛋糕，农民是不是能够拿到做蛋糕的原料和卖蛋糕的店铺。这是个关键资源分配和制度性保障的问题，是农民自己解决不了的问题。第一个问题解决了，下一个才是农民如何做蛋糕和怎么样把蛋糕做大的问题。这是个技术和能力的问题，是农民个人的事情，也可以通过政府扶持的培训提高农民发展产业的能力。

国家要使农民通过创业和发展优势产业来快速提高经营性收入或者财产性收入，建立统一的城乡一体化市场制度是非常必要的。农民是拥有集体资产的市民，农民最重要的资产就是集体土地，包括农用地、林地、宅基地、农村建设用地、荒山荒坡等。根据中央关于建立城乡一体化大市场的指导精神，要拓宽农民的增收路径，必须从制度和政策上引导农民，让农村集体的土地流转起来，让农村的资产经营起来，让城乡的市场要素整合起来，让农民的合作经济组织起来。

通过城乡一体化的市场，让农村的土地流转起来。需要考虑集体所有制土地向全民所有制土地的合理流转，某些全民所有制土地能不能反过来向集体所有制流转；在农民集体所有制内部，一产用地如何合理地向二三产业流转，如何保护一产必要的用地，从科学生产的角度维护一定的用地规模。

当前在全国比较热门的问题，是在城市发展规划范围内，农民集体建设用地转换为全民所有制热门土地的时候为农民集体保留一部分例如 10% 左右的产业发展用地，让农民直接分享城镇土地增值的收益，这是化解现有征地制度严重忽视农民利益的一种变通办法，是实际操作部门为农民争取的“做蛋糕的原料”，这个做法还远没有形成共识，更没有形成统一的、科学的制度。

通过城乡一体化的市场，让农村的资产经营起来。北京市农村集体资产清产核资和产权改革工作顺利进行，农民对集体资产从共同共有变成按份共有，农民成股东了，建立了现代企业制度，资产就有了经营起来的基础。在经营过程中应从统一人才大市场中聘请职业经理，执行现代企业制度，或者农民股份合作社的制度。

通过城乡一体化的市场，让城乡要素整合起来。农村有资源缺要素，而市民、城市的要素很多，关键是没有要素市场去发挥作用，贯通城乡的要素市场例如人才市场、金融信贷市场、科学技术市场等，需要创新研究，需要制度引导。2011 年北京市农村经济研究中心和平谷区人民政府在平谷区共同创建的农村产权交易服务中心，就是整合城乡要素市场的有益探索，是从点上做起，帮助把社会的、城市里的资金技术人力等要素往农村流动。

农村里的市场经济发育落后，农村的土地承包经营权、宅基地使用权和集体建设用地开发权还没有完全市场化的条件，需要加紧探索这种要素整合的市场，争取尽早实现“农村三权”的抵押和上市交易，从而释放出更大的农村经济发展活力。关键是像平谷农村产权交易服务中心一样，从试点开始，一个要素一个要素地破题，设计有利于城乡要素整合和农民持续增收的管理制度，在这个过程中让农民看到他们资产的真正价值，让他们树立起市场经济的意识，让农民成为真正自己资产的主人和市场经济的主体。

反过来，在农业弱势产业发展上如果政府调节缺失和过度市场化，也会形成伤害农民利益的结果。通过城乡一体化的市场调节和政府调节相结合，可以稳定农业生产，有效避免自然市场经济“谷贱伤农”现象对农民经济利益的损害。

最近，国务院发展研究中心对日本和美国20年的生猪市场进行了分析，发现日本过去十年生猪的价格波动没有超过10%。日本的做法简单有效，就是对生猪养殖者实行了有效的政府直接补贴。日本生猪养殖已经规模化了，一户平均养殖规模是1400头，这个规模是比较高的。

日本养猪户每头猪要交大约46块人民币的风险基金，然后政府按照1:1配套，建立了生猪市场的调节基金。当生猪的市场价格低于政府设定的基本价格的时候，就用这个基金对所有参加这个项目的养猪农户进行直接补贴。日本60%的养猪户和80%的生猪都参加了这个基金项目，所以农民不会突然大量地宰杀母猪，因为他们的基本收益是有保障的。

我们的生猪价格波动十分明显，价格低的时候大家都不去关心，价格持续过低农民就宰杀母猪，生猪价格一暴涨，各级政府对生猪养殖的各种优惠政策都出来了，又卡住了生猪市场的调控机能。我们不但应该在生猪市场价格调控上学习日本的经验，还可以探索北京市特色优质农产品的市场价格保护的类似机制，需要关注的品种包括平谷大桃、怀柔板栗、昌平苹果、门头沟京白梨、房山大盖柿等。

根据“中国特色社会主义分享经济理论”的设想，广大农民通过市场经济环境参与城市建设和新农村建设，参与集体经济活动或个体经济活动的时候，如果携带有土地等生产资料，或者资金等资本，都应该按照投入生产资料的比例或者投入资本的比例，在市场经济活动中分配相应比例的经济利益的增量。同样，劳动也是必要的资本，劳动者也应该有人力资本的产权，享有新增经济利益按产权分配的权利。

传统的“人员工资”远低于劳动者创造的市场价值，只是相当于机器运转时的损耗，而不是人力资本产权应得的新增经济利益的分配。农民劳动者与城市劳动者一样，都应该分别在国家、集体和个体的不同层次上，按照一定的比例关系，分享当年在各自范围内新增的经济利益即“净收入增加值”。

这就需要按照中国特色社会主义分享经济理论，进行全国、全行业、系统的制度创新设计。目前的普遍现象是，在净收入增加值的市场分配上，国家和集体获得比例偏高，劳动者个人获得比例偏低，尤其对在城市务工的农民来说，个人拿到的工资水平与其对社会的贡献来比就更低了。这就是近年来国家不断加大对劳动者尤其是农民的“转移性收入”，提高农民的社会保障水平，出台最低工资制度的理论依据。

（六）城乡社会管理一体化

根据“中国特色社会主义共同富裕理论”，社会主义的本质是解放生产力，发展生产力，消灭剥削，消除两极分化，最终达到共同富裕。尽管在政府各部门和农民的不断努力下，农民人均收入水平不断提高，而且农村居民收入同比增长率连续三年超过城镇居民，但由于差距本身过大，2010 年北京市城乡居民人均收入的绝对差值超过 2 万元，城乡居民的人均收入比值仍然高达 2.23∶1，城乡居民的人均转移性收入之比虽然逐年下降但仍然高达5.6∶1。北京市2005—2010年农民收入五等分群体的收入标准方差逐年上升，说明农民内部不同收入群体的收入差距在逐年扩大，这些较大的收入差距正在成为社会不稳定因素。因此必须一方面通过制度设计和完善政策，较快增加农民的收入水平，提高低收入农户的增收速度，另一方面也必须加强城乡一体的社会宣传和管理，让低收入群体了解到政府部门和社会各方面的努力，了解更多提高收入的渠道。

五、促进农民收入较快增长的思路和建议

基于以上情况和分析，总结在北京市促进农民收入较快增长的主要思路，是“完善四个制度、推动四个起来”，建议按照这些思路加紧研究和完善相关政策。

（一）完善四个制度

1. 完善生态补偿制度

（1）基本思路。按照城乡一体化发展规划，基于对农林水生态服务价值的认识，与全市经济增长同步提升对我市生态涵养发展区的生态补偿标准，进一步完善生态补偿制度，加大当地农民的转移性收入。

（2）政策建议。按照“中国特色社会主义分享经济理论”，北京市的生态补偿制度宜实行“市级城乡统筹”，全市掌握统一的分配原则：将全市当年国民经济净增加值的一部分作为“生态补偿基金”，按照科学的比例分配给生态涵养发展区和城市发展新区，重点照顾生态涵养发展区。相关区县进一步将分得的“生态补偿基金”

按照一定的比例，分配给区县财政作为生态涵养专项资金，分配给本区县的城镇居民和农村居民作为生活补贴，重点照顾农村居民。

2. 完善农业补贴制度

（1）基本思路。按照国际上的通常做法，基于对农业弱势产业和基础性产业的认识，在国家对农业的各类补贴政策基础上，完善北京市的农业补贴制度，包括研究附加的北京特色农业补贴项目和补贴政策，重点放在休闲农业、设施农业、农业科研基地、北京优质特色农产品产业化的扶持政策上，进一步稳定农业生产，增加农民的转移性收入，促进提高农民的经营性收入。

（2）政策建议。按照北京建设世界城市和城乡一体化发展的需要，针对产业对市场的适应阶段和社会经济对产业发展的需要，系统性地研究和推出北京特色系列农业补贴制度。这些制度承接国家农业补贴制度，又增强或补充北京特色农业补贴制度，系列农业补贴制度可以包括“存在补贴”如粮食直补，“创立补贴”如兴建日光温室补贴，“创新补贴”如采用良种或新技术补贴，“价格补贴”如生猪价格基金补贴，“灾害补贴”如冰雹造成的大田作物灾害补贴等。基于当前北京市的产业结构情况，建议将全市当年50%以上的农业经济增加值作为系列农业补贴基金发放下去，大力扶持农业发展。

3. 完善社会保障制度

（1）基本思路。按照城乡一体化对基本公共服务均等化的要求，基于养老、医疗、教育等社会保障问题是农民转移就业的后顾之忧的认识，充分利用当前财政相对宽裕的有利条件，进一步加快北京市城乡一体化的社会保障制度建设。通过分类过渡、分区过渡、分级过渡等办法，制定计划，融合政策，逐步市统一北京城市居民和农村居民的基本社会保障制度，促进农民向非农产业、非农地区的转移性就业，促进郊区工业化、城镇化、农业现代化同步推进，进一步提高农民的工资性增收能力。

（2）政策建议。在最新人口普查数据分析的基础上，针对养老、医疗、教育、生育、殡葬等基本社会保障专项，分别组织研究城乡一体化进程和推进计划。针对一个专项划分出 3 ～ 5 类人群，针对一类人群划分出 3 ～ 5 档过渡标准，全市统一设定城乡一体化的总体过渡期限，统一制定过渡时期每一类人群、每一个档次的市级标准。各区县在全市统一的总体过渡期限内，根据区县财力和人群情况，在市级过渡标准的基础上适当调整区县过渡标准。首先实现本区县内城乡社保一体化，再实现全市范围内的城乡社保一体化。市财政对经济困难区县给予适当补助，市民政对操作困难区县给予及时指导。

4. 完善职业教育制度

（1）基本思路。按照城乡一体化对北京郊区农民的文化和科技素质的需要，基于人的现代化是经济社会现代化的基础的认识，重点面向郊区农村居民，积极发展适合现代经济社会需要的短期职业教育，提高农民的创业能力和就业能力，较快增加农民的工资性收入和家庭经营性收入。

（2）政策建议。面向北京城市发展新区和生态涵养发展区的农民，研究制定提高农民创业能力和就业能力的职业教育计划，分区县组织实施。全市统一制定支持政策，如市财政支持位于城市发展新区和生态涵养发展区的区县建立短期职业教育培训中心；面向本市农民的基础性职业教育课程完全免费，开课费用由区县财政和市级财政按照一定比例负担；本市企业招收本市农民为合同制工人并需要进行专业性职业培训的，专业性培训费用由企业和农民所在区县的财政按照一定比例负担，不向农民收培训费用；本市农民参加职业教育培训合格的应免费发给合格证书，具有职业教育合格证书的本市农民在企业招工时优先录用，等等。

（二）推动“四个起来”

2011 年 8 月，市委常委牛有成同志在市农村经济研究中心调研时，提出要进一步做好当前北京市的“三农”工作，重要的是“跳出农村认识农村、跳出经济研究经济”，抓好“四个起来”，即土地流转起来、资产经营起来、要素整合起来、农民组织起来。结合本文的分析研究，我们认为在当前城乡一体化进程中促进北京市农民收入较快增长的主要思路，也在于这“四个起来”。

1. 土地流转起来

（1）基本思路。让农民的土地流转起来，有利于增加农民的财产性收入和经营性收入。北京市的农村经济活动已经到了以家庭联产承包为基础、统分结合的高级阶段。随着科技、经济、市场和社会的发展，不但农业用地的经营逐步走向规模化，农村建设用地越来越多地被城镇建设征用，农村的山场、林地、水面等资源性土地也更多地进入社会资本的视野。北京市的农业和农村经济已经进入 20 世纪 80 年代邓小平同志讲的“第二次飞跃”的前期阶段。在城乡一体化发展的大背景下，农村经济会加快走向规模化、集约化、现代化，要求农村集体土地资源的使用权和收益权能够有效地流转起来。

事实证明，在土地使用权和收益权流转的过程中，农村局部的集体经济面对强大的全民所有制经济，农民少量的经济积累面对庞大的社会资本，农业弱势产业面对强势发展的第三产业，都处于市场竞争的下风。在土地流转问题上，如何从制度上保障与发展农民的经济权益，保护农业基础、发展现代农业，保护与扩大农民的财产性收入，已经成为当前农村工作的难点。

(2)政策建议。按照保护农民的经济权益、发展农村集体经济、有利于首都经济社会和谐健康发展为原则，分类研究农村集体土地的流转制度。

一是制定北京市农村土地用途地方标准，规范什么是公益性用地、什么是农用地、什么是基本农田、什么是农村集体建设用地、什么是农民宅基地、什么是集体资源性土地等等。

二是在完成农村土地确权登记颁证的基础上，规范农村土地征占或流转受益人的范围和受益比例，例如规定土地所有权人、土地承包经营权人、土地当前使用权人、土地其他权人的受益比例。

三是规范农村公益性用地征占的审批条件和补偿原则，例如规范公益性用地征占的审批权限和审批条件、公益性用地征占由国家直接补偿、补偿标准高于非公益性用地征占、公益性用地征占分年度由高到低阶梯式补偿等。

四是规范农村非公益性土地征占的审批条件和补偿原则，例如非公益性征占农村土地的审批权限和审批标准、非公益性用地征占由征占土地的法人直接补偿、非公益性用地征占分年度由高到低阶梯式补偿、非公益性用地征占的补偿额不得高于同等地块的公益性用地征占补偿、国家向非公益性用地征占收取税金并通过税金的高低调节土地市场秩序等等。

五是规范农用地流转政策，按照农民对土地“依法、自愿、有偿”流转的原则完善北京市农地流转政策，主要研究在一产内部如何流转，坚持“农地农用”“农地农民用”鼓励在产权清晰的条件下建立农村社区的“土地股份合作制农场”，扩大土地经营规模，“让更少的农民种更多的地”，同时“让拥有土地的农民有长期的收益”。

2. 资产经营起来

（1）基本思路。让农民的资产经营起来，有利于提高农民集体的财产性收入和农民家庭的经营性收入。2010 年，北京市有超过 3450 亿元的农村集体资产（不包括土地等资源性资产）。2011 年，北京市集体林权制度改革基本完成，以农村集体资产清产核资为主要内容的产权制度改革进展顺利，村级改革基本完成，乡镇改革试点正在进行，朝阳区进行了整体式产权制度改革试验。经过产权制度改革，农民对集体资产的占有从“共同占有”变为“按份占有”，农民变成了股东。

通过这一次生产关系调整，农民看到了实实在在的资产，自己的财产权更加清晰，生产积极性更加高涨。在北京市农村，农民越来越认可和依靠“股份合作制经济”和“现代企业经营制度”。接下来的重要的问题，是如何监督管理这种新型的集体经济，才不至于让少数人不当的经营损害了农民的资产性收益，损失了财产性收入。

（2）政策建议。监督管理好新型农村集体经济组织的行为，保护和发展好农民的资产收益权，关键在于规范和实施好内部管理制度和外部监督制度。实行现代企业制度的，按照公司法规范监督管理工作；实行农民股份合作制的，尚没有相关法律可以依靠，北京市作为具有地方立法权的行政区，应积极开展相关条例的制定工作。

新型农村集体经济组织的资产如何经营壮大，不能全靠农民集体经济组织成员，必须引入职业经理人员。新型农村集体经济组织如何引入资金、引入人才、引入专利，如何增资扩股，在增资扩股中如何保护农民的财产收益权等，都是必须加紧研究和出台规范的方面。新型农村集体经济组织的内部管理制度，主要指经理人聘任制度、经营奖惩制度、内部分配制度、信息公开制度、经营监督制度等；外部监督制度主要是政府部门开展的保护农村集体经济的经济审计制度，以及其他相关法律法规。

3. 要素整合起来

（1）基本思路。让城乡的要素整合起来，有利于多渠道提高农民的收入。农村有广阔的土地、宜人的景观、大量的劳动力等农村要素，缺少发展资金、专门人才、适用技术和管理规范等城市要素。农村要发展，农民要增收，关键是需要建立适当的要素市场，把农村的要素和城市的要素恰当地融合起来。北京市总体规划、城乡一体化发展、新农村建设、郊区城镇化、农业现代化、农村产权制度改革等，为新时期北京市城乡要素整合发挥作用提供了良好机遇。

（2）政策建议。结合“三农”发展的具体项目，例如北京市农村经济研究中心和平谷区人民政府建立的农村经济发展创新研究试验区的工作，在试点中积极探索城市要素向农村流动的市场规律，建立相关扶持支持政策。可以从农业保险、农村信贷、农村产权交易、良种培育、休闲农业等方面着手，一个一个破题，让农民看到手中资源和资产的价值，树立起农民的市场经济意识，引导农民成为市场的主体。

4. 农民组织起来

（1）基本思路。引导农民组织起来面向市场，有利于提高农民抗击市场风险的能力，增加农民的投资性或财产性收入，增加农民的家庭经营性收入。在农村集体资产产权明晰的基础上组建起来的农民专业合作社、农村社区股份合作社、农民现代企业经济组织等，都是新型农村合作经济组织，都是农民组织起来面向市场，争取更加稳定和更多收益的好办法。

（2）政策建议。根据北京市和江苏省等地的实践经验，可以通过多种途径引导农民组织起来面向市场，为农民争取更好的经济收入。

一是引导农民建立“土地股份合作制农场”，把农业经营的决策权和管理权交给农业经营能手，农民通过土地股份的多少获得相应的收益，农民可以参与具体生产获得工资性收入，或者通过转移性就业从事其他行业得到工资性收入。

二是引导农民建立“社区投资性股份合作社”，将闲散的资金投入到合作社里，合作社聘请职业经理人从事批发市场、影视基地、观光园区、呼叫中心、标准厂房、出租房屋等新兴服务业等高回报行业的经营，农民在承担一定投资风险的同时，获得较高的投资性收入。

三是引导从事市场风险较大的农民建立和加入特定农产品的市场风险基金，争取一部分政府市场风险基金支持，在农产品价格持续走低时保证农民的基本收入，等等。

本章课题组成员

负责人：郭光磊　曹四发

组　长：葛继新

成　员：张文华　张春林　冯学静　贾启山　陈丹梅　黄　丽
　　　　韩　娇

执笔人：葛继新

第八章 城乡一体化中农村经管体系建设研究

农村经管工作是“三农”工作的重要基础性工作，是把党的各项农村政策落到实处的重要环节，在推进农村经济社会发展中承担着重要的职责任务，发挥着不可替代的作用。

随着统筹城乡发展方略实施力度的不断推进，特别是在北京市城乡一体化建设的新形势下，作为“三农”工作的重要组成部分，农村经管工作也将承担更加艰巨和重要的任务。摸清农村经管工作体系建设情况，特别是农村经管职能和队伍建设现状、存在的主要问题，对于进一步完善和加强农村经管工作体系建设，积极适应我市农村改革发展的新形势，站在全局的战略高度来认识定位农村经管工作，充分发挥好农村经管工作服务首都城乡一体化建设的重要作用，具有重要的意义。

一、全市农村经管体系建设现状

目前，我市农村经管工作形成了市、区县和乡镇三级管理体系。主要承担全市农村集体“三资”管理、土地承包管理、推进集体经济产权制度改革、农民专业合作社发展、农经统计与分析、农村信息化、农民负担监督管理等职能。2012 年 6 月底，全市共有农村经管工作人员1815人，其中有行政编制或者事业编制的共1122人，没有编制的481人。具有本科学历1075人，研究生及以上学历41人。下面是我市农经队伍的基本情况及法律法规赋予的职能情况。

（一）全市农村经管机构队伍基本情况

1. 市级农村经管机构

北京市农村经济研究中心为市政府直属、并承担农村经管职能的正局级事业单位，参照公务员管理。2012年6月，北京市农研中心及所属单位现有全额预算事业编制141人，内设12个处室，下设市城乡经济信息中心、市农村合作经济经营管理站、市农研中心培训部3个事业单位。其中，市城乡经济信息中心为副局级全额拨款事业单位，全额预算编制35人；市农村合作经济经营管理站为正处级全额拨款事业单位，参照公务员管理，全额预算编制35人，与市农研中心内设相关处室实行合署办公。

北京市农研中心拥有硕士研究生以上学历16人(其中博士9人)，本科学历73人，分别占在职人员的12.4%和56.6%。从专业结构看，经济、管理类77人，法律及其他专业类21人，计算机技术类9人，分别占在职人员的59.7%、16.3%和7.0%。从职称结构看，高级职称21人，中级职称33人，初级职称26人，分别占在职人员的16.3%、25.6%和20.2%。

2. 区县级农村经管机构

全市14个区县全部设立了农村经管工作机构，为区县政府直属的正处级全额拨款事业单位，参照公务员管理，拥有编制516名，在编在岗466名。区县在编在岗人员中大学本科以上学历的有385人，占区县农经部门在编在岗人数的82.6%，其中，研究生以上学历16人，占区县农经部门在编在岗人数的3.4%。

3. 乡镇级农村经管机构

本研究调查的全市177个乡镇全部设立了正科级农经工作机构[1]，其中，全额拨款事业单位84个，行政单位71个，规范工资管理的事业单位20个，参照公务员管理的事业单位1个，差额拨款事业单位1个。

表8-1 全市乡镇农村经管机构性质情况表 单位：个

全额拨款事业单位	行政单位	规范工资事业单位	参公管理事业单位	差额拨款事业单位	合计
84	71	20	1	1	177

乡镇级经管干部编制940名，在编在岗515名。另外，在农村管理信息化全面建设的基础上，村级设专职经管人员1947人。乡镇在编在岗人员中大学本科以上学历的有315人，占乡镇农经部门在编在岗人数的61.2%，其中，研究生以上学历5人，占乡镇农经部门在编在岗人数的1.0%。

（二）现行法律法规赋予农村经管机构的职能

农村经管机构的职能，在《国务院关于深化改革加强基层农业技术推广体系建设的意见》，农业部《关于贯彻落实〈国务院关于加强农村集体资产管理工作的通知〉的通知》，《农村土地承包经营权流转管理办法》，《北京市农业承包合同条例》及《北京市农民负担管理条例》等14部中央、部委及北京市有关法律法规、规范

[1] 根据市农研中心编制的《北京市农村经济收益分配统计资料（2011）》，2011年，北京市乡镇数量182个，由于条件所限，本研究只调查到177个乡镇的数据情况。

性文件中的20余条相关条款有明确规定。

1. 关于农村土地承包和合同管理

国务院有关土地政策和法规明确规定各级农村经济经营管理部门具体负责本级农村土地承包和合同管理工作。《农村土地承包经营权流转管理办法》（2005年1月19日农业部令第47号公布，自2005年3月1日起施行）。其中，第五条规定："县级以上人民政府农业行政主管（或农村经营管理）部门依照同级人民政府规定的职责负责本行政区域内的农村土地承包经营权流转及合同管理的指导。"第三十二条规定："县级以上地方人民政府农业行政（或农村经营管理）主管部门应当加强对乡（镇）人民政府农村土地承包管理部门工作的指导。"

《北京市农业承包合同条例》（1998年9月15日起施行）第六条规定："市和区、县以及乡、镇农村合作经济经营管理部门负责本行政区域内承包合同的管理工作。"第七条规定：区、县农业承包合同仲裁委员会负责本区、县承包合同纠纷的仲裁，日常办事机构设在区、县农村合作经济经营管理部门。

2. 关于依法管理农民负担

《农民承担费用和劳务管理条例》（1991年11月5日国务院第九十二次常务会议通过，自1991年12月7日实施）第三条第二款规定："乡人民政府主管本乡的农民负担监督管理工作，日常工作由乡农村经营管理部门负责。"

《北京市农民负担管理条例》（1994年6月1日起施行）第二十五条第三款规定："日常工作由同级农村合作经济管理部门负责。"

3. 关于依法管理农村集体资产及财务

《村集体经济组织会计制度》（2004 年 12 月 13 日财政部财会〔2004〕21 号发布）第一条第八款第二项“农村经营管理部门依照有关法律、行政法规等规定对村集体经济组织的财务会计工作进行指导和监督。”“依照本办法对本行政区域内农村集体经济组织经营管理农村集体资产进行指导与监督，所属的农村合作经济经营管理机构负责具体工作。”

《农村合作经济内部审计暂行规定》（1992 年 5 月 12 日农业部第 11 号令）第三条规定：“县级以上地方人民政府农村合作经济经营管理部门（以下简称农村经营管理部门）负责指导农村合作经济的审计工作。”

《关于健全和完善村务公开和民主管理制度的意见》（中共中央办公厅、国务院办公厅 2004 年 6 月 22 日）中明确：县、乡两级农村集体资产和财务管理指导部门，要切实组织好对农村集体财务的审计监督工作。

农业部《关于贯彻落实〈国务院关于加强农村集体资产管理工作的通知〉的通知》（农经发〔1996〕4 号，1996 年 9 月 13 日）明确：指导和监督集体资产管理工作是各级农业行政部门的重要职责，是农村经营管理工作的重要基础业务。乡（镇）经管站要加强对集体资产管理工作的组织、监督和检查。

《北京市集体资产管理条例》（1993 年 7 月 1 日起施行）第七条规定：各级人民政府农村合作经济管理部门负责农村集体资产管理工作的指导，对本条例的实施进行监督。

《北京市农村股份合作企业暂行条例》（1997 年 1 月 1 日起施行）第十六条第三款规定：农村合作经济管理部门要加强对集体资产评

估工作的指导和监督。第五十六条、五十七条、五十八条、五十九条中明确：违反相关规定的，由企业所在乡、镇或区、县农村合作经济管理部门责令改正。

（7）《北京市农村集体经济审计条例》（1997 年 4 月 1 日起施行）第三条规定：“市和区、县人民政府农林办公室是本行政区域内农村集体经济审计工作的主管机关，日常工作由同级农村合作经济管理部门负责。”第十五条规定：“根据法律、法规的规定或者必要时，农村合作经济管理部门可以对合作社及其所属企事业单位进行审计。”

《北京市农村集体所有荒山荒滩租赁条例》（1994 年 10 月 1 日起施行）。其中，第二十三条第二款规定：合同管理的具体工作由农村合作经济管理部门负责。

4. 关于依法履行行政管理、行政监督和行政执法的职能

关于各级农经机构的设置问题，农业部农经发〔2001〕1 号文件指出：“各级设立的农经机构，应承担起相应的行政管理、行政监督和行政执法职能。”中发〔2003〕3 号文件也明确指出“农村经营管理工作面广量大，政策性强，各级党委和政府要高度重视，列入重要议事日程。要建立健全有权威的工作机构和经常性的工作制度……”。

农业部、中央编办、科技部、财政部《关于开展基层农技推广体系改革试点工作的意见》（农经发〔2003〕5 号）明确：“经国务院同意，经营管理机构不再列入农技推广体系，农村土地承包管理、农民负担监督管理、农村集体资产和财务管理等经营管理工作列入政府职能。”《国务院关于深化改革加强基层农业技术推广体系建设的意见》（国发〔2006〕30 号）明确指出：农村经营管理系统不再列入基层农业技术推广体系，农村土地承包管理、农民负担监督管理、

农村集体资产财务管理等行政管理职能列入政府职责，确保履行好职能。

二、近年来北京市农村经管机构开展的工作

随着城乡一体化进程的加快推进，城乡经济交往日益活络，农村集体资产产权关系变动更加频繁，农村集体经济经营管理工作面临着新的形势和任务。刘淇同志提出“首都市民是拥有集体资产的市民”的重要论断，指出了新时期加强经管工作的方向。多年来，按照市委、市政府赋予的职责，各级农村经管机构在积极推进改革，加强管理，维护农民权益，促进农民增收等方面做了大量工作。

（一）加强农村土地承包管理

农村土地承包管理是农村工作的重点，也是最重要的基础工作之一，直接关系到农村基本经营制度的稳定、农村社会的稳定和农民长期合法权益的保护。党的十七届三中全会决定要求，赋予农民更加充分而有保障的土地承包经营权，保持现有土地承包关系稳定并长久不变。

近年来，各级农村经管机构认真落实党的各项农村政策，坚持稳定和完善家庭承包经营为基础，统分结合的双层经营体制，开展了农村土地确权、土地流转、农村土地承包经营权登记等工作。据统计，截止到 2011 年底，全市农村土地确权面积 463.1 万亩。其中确权确地 264.8 万亩，占 57.2%；确权确利 148 万亩，占 32%；确权确股 50.3 万亩，占 10.8%。主要包括以下四个方面。

一是维护和落实农民承包土地的各项权利。贯彻落实党在农村

的基本政策和经营制度，抓好《农村土地承包法》《农村土地承包经营纠纷调解仲裁法》《北京市农业承包合同条例》的贯彻实施工作，完善土地承包经营的体制机制。

二是实施推进农村土地承包经营权登记试点工作。加强调查研究和监督检查，实施与平谷区签订战略协议中确定的全面推进农村土地承包经营权试点工作，探索建立和完善相关程序与制度，开展土地承包经营权登记工作。

三是加强土地承包经营权流转管理和服务。2012 年上半年完成了 2011 年全市 33 个监测点农村土地流转指导信息汇总上报工作，全市土地流转总面积 13 546.4 亩，平均价格每年每亩 1283 元。今后每半年上报一次土地流转价格信息，为领导决策和基层土地流转提供信息参考。

四是全面推进农村土地承包仲裁体系建设。健全乡村调解、区县仲裁、司法保障为基本框架的土地承包经营纠纷调处体系，推进调解仲裁工作的规范化、制度化和队伍建设，改善仲裁工作手段和条件以及加强与司法信访部门的协调配合，推进调解仲裁工作水平的全面提高。2011 年，时任市委书记刘淇同志到平谷区经管站视察土地承包经营仲裁调解工作并给予充分肯定，2012 年，有成常委在平谷调研时视察了平谷土地承包经营纠纷仲裁中心时指出：“受理的纠纷仲裁基本上法院没有驳回的，保护了农民的利益，也保护了集体经济，干部行为也更加规范了，这项工作很有意义”。

（二）深化推进乡村集体经济产权制度改革

从 1951 年算起，北京郊区农村合作化、集体化事业先后经历了互助组、初级社、高级社、人民公社、家庭承包为基础的双层经营体制等多个历史发展阶段，已经走过了 60 多年的艰难曲折光辉的历程。1993 年以来，按照“资产变股权、社员当股东”的改革方向，经历了近郊区试点、远郊区扩大试点和全面推开三个阶段，目前村级新型集体经济组织已普遍建立。

通过产权制度改革，郊区集体经济较好地适应了快速的城市化进程，保护了农民和集体的利益。截至 2012 年 5 月底，全市累计完成产权制度改革的单位达到 3663 个，其中村级 3653 个，村级完成产权制度改革的比例达到 91.9%。截至 2011 年底，有 301 万农村居民当上了农村新型集体经济组织的股东，全市以按股分红方式享受集体收益分配权的农民约 58 万人，人均分红收入 3525 元。集体林权制度主体改革任务基本完成，确权生态林地面积 1067 万亩，119.3 万山区农民从生态效益补偿中得到实惠。

2011 年，农民人均纯收入 14 736 元，其中，财产性收入 1537 元，占 10.4%。农民从新型集体经济组织得到的股份分红和集体生态林公益补偿金收入占农民财产性收入的比重为 45.5%，同比提高 8.6 个百分点。2012 年 1 月 18 日，夏占义副市长出席了昌平区南口镇花塔村股份经济合作社 2011 年度分红大会，对农村产权制度改革工作给予了充分肯定，这项工作也得到了农民的拥护和热烈欢迎。

（三）加强农村“三资”管理工作

近年来，农村集体资金、资产规模增长迅速，如一些拆迁村短时间内集聚起大量的资金、资产，农村集体“三资”管理日益成为一个社会性热点问题，引起了中央领导层的高度关注，如何管理好这些资产成为一个难题。农村经管工作要遵循市场的逻辑走市场化的途径，通过建立一套科学的委托代理制度，利用专业依托机构在资产经营和风险控制方面的优势来确保集体资产的安全和保值增值。用市场化的资本运营来全面提升经营管理的理念和工作水平，使农村集体和农民的财产性收入在市场化、资本化过程中实现流动、变革和增值，在科学发展中保护和发展农民的利益。具体工作有以下四方面。

一是进一步加强对农村清产核资和资源清查工作的指导。市区两级通过部署工作、扩大试点、下发文件、推广典型经验等多种形式，推动农村集体资产清产核资和资源清查工作全面展开。

二是夯实农村集体“三资”管理的基础。按照新型农村集体经济改革发展和党风廉政建设的要求，首先是加强了农村集体“三资”管理的制度建设，建立健全了集体资产台账和资源登记簿管理制度、重要经济事项招投标管理制度（含资产承包租赁出让、招标投标）、农村审计监督管理制度、农村集体经济合同管理制度、集体土地征用占用收入专项管理制度。

1991 年通过了《中共北京市委、北京市人民政府关于加强乡村合作社建设巩固发展集体经济的决定》。1993 年市人大常委会通过了《北京市农村集体资产管理条例》。2003 年市委、市政府发布了《关于进一步深化农村集体经济体制改革，加强农村集体资产管理的通知》。各区县针对农村集体“三资”管理中存在的突出问题，相继出台了一系列关于加强农村集体“三资”管理的制度、办法和政策意见。

其次，推进了经管信息化建设。2011 年，组织实施了在线审计、信息化平台整合，农村集体资产监管的现代化水平不断提升；同时，加强了与市纪委、法院等部门的工作与合作，推进农村三资管理的体制机制创新。

三是加快农村财务管理规范化建设。2009年，市农研中心制定了《北京市村集体经济组织财务规范管理制度（试行）》，从14个方面对农村财务管理进行了规范。2010年，市农研中心又修订了《北京市村合作经济组织会计制度实施细则》，调整了会计科目。在总结2011年农村集体财务管理规范化建设工作基础上，不断健全完善农村集体经济组织财务会计制度，制定了《关于农村集体财务管理规范化建设的实施意见》，进一步明确了农村集体财务管理规范化建设的目标、标准、内容和措施，使工作推进更加规范有序。

四是加强农村经济审计工作。1997年市人大常委会通过了《北京市农村集体经济审计条例》。按照条例要求，严格落实农村集体经济组织审计规定，搞好集体财务收支审计和专项审计。研究建立农村审计违纪问题移交制度和责任追究制度，加强村干部任期、离任经济责任审计。全面推广农村集体经济在线审计系统。

（四）创新农村集体资产经营管理方式

随着城乡一体化进程深入推进，市场配置资源范围不断扩大，产业结构不断向高端升级，农村集体资产经营管理在交易方式、经营方式和监管方式等方面进行了不断的探索和创新。在通州区村级重大经济事项管理、昌平区农村民主管理“148”制度体系等经验的基础上，农村集体“三资”经营管理又创造了许多新的好做法和经验。

一是积极探索农村产权交易，破解农村集体资产的公正公开定价问题。平谷区在全市率先探索建立了区（县）级农村产权交易服务中心，在交易资格审查程序中，明确“必须经过全体村民或股东的签字确认”，确保了农民的民主权利。到 2012 年 5 月底，该服务中心已经成功受理 15 宗交易，涉及土地 3732.2 亩、山场 1810 亩、集体企业两家，总交易额为 8217.37 万元，溢价近 2000 万元。如北杨桥村 280 户农民委托村委会将 900 亩土地承包经营权进行流转交易。流转期为 10 年，底价为每年每亩 400 元，10 年流转总额 360 万元。经区、镇组织公开招投标，有 6 家企业参与竞标，最终以 1007 万元成交，为农民直接增加收入 647 万元。

二是推进农村“三资”的委托管理工作。房山区实施了农村集体“三资”的委托管理工作，在各街道、乡镇组建农村集体资产监管服务中心，接受各农村集体经济组织的自愿委托，具体负责农村集体“三资”的服务和管理工作。房山区纪委、经管站还印发了《村级资金、资产、资源监管暂行办法》，对各镇经管科和监管服务中心的机构职责、监管工作程序做出了详细规定。大兴区创新农村集体资金经营管理模式，2011 年有 7 个镇通过财务托管中心，集中 91 个村、81.3 亿元资金，委托国有商业银行进行贷款，实现集体理财收益 3.4 亿元。

三是推进农村集体“三资”监管网络平台建设。2011 年，组织实施了“农村经济在线审计”和“四级网络”推广项目，建设部署了 300 个触摸屏党务村务公开示范村，建成农村集体资产管理等 14 个管理系统，是国内体系最完整、覆盖比例最高、数据量最大的专门信息监管网络平台。目前，正在实施和开展市、区（县）、乡（镇）三级农村经管工作体系 2400 多名专业人员和 4500 多名村级农村经管信息人员一网办公、在线应用工作。在最近召开的全国农村经管信息化经验交流会上做了典型经验介绍。

（五）推进农民专业合作社发展

改革开放后，在“家庭承包，双层经营”的体制框架下，农民有了进入市场的客观要求，进而产生了组织起来的需要，在各级政府的支持引导下，郊区农民通过自愿联合和各种组织牵头领办，围绕同类农产品的生产、加工、储运、销售以及生产资料购买、技术信息服务等经营活动，兴办了大量专业合作组织。

截至2011年底，全市成立农民专业合作社4878个，同比增长12.7%，实有注册资本达到46.1亿元，同比增长14.54%，带动农户40.6万户，占从事第一产业农户的70%。据初步调查，从事同类农产品生产的，合作社成员农户比非成员农户收入提高20%左右。延庆、平谷、通州等区县相继组建了一批联合社。在数量快速增加的同时，合作社的规范化水平也不断提高，产权结构日益明晰、分配制度日益规范、管理制度逐步健全，决策趋于民主。

截至2011年底，农民专业合作社市级示范社共99家。合作社积极与区域主导产业、特色产业紧密结合，注重产业融合和产业链条的延伸，合作社间的联合以及内部的资金互助机制也不断创新，成为远郊地区提高都市型现代农业生产市场组织化程度、促进农民增收、推进城乡统筹发展的一支重要力量。

（六）加强农村统计分析和信息化工作

由市农研中心建设的“221信息平台”，已整合了15个委办局、13个郊区县的农业资源数据105类、490项数据，可以对全市9万个农业地块的作物种植适宜性、生产决策进行综合查询。拥有300多万农业户籍人口信息、180多万农村劳动力就业信息的、100多万份农村土地承包合同信息，以及5个层级、三次产业的资产、负债、收益、分配等1358个指标的农村集体经济组织的财务信息。初步实现京郊农村社会经济的精细化管理。

三、对农村经管体系现状的调查问卷分析

为了更好地了解我市基层农村经管体系的现状，本研究对区县及乡镇两级科级以上的农经干部进行了问卷调查，共收回问卷249份，其中，有效问卷247份。根据对247份问卷的统计汇总结果，对有关情况分析如下:

（一）农村经管部门负责的主要工作

统计结果显示，区县及乡镇农村经管部门负责的主要工作包括农村合同管理、集体三资管理、产权制度改革、集体财务管理、农民负担监督、农村管理信息化建设、农村合作社管理、农村集体经济审计和农村经济统计等9个方面，选择率分别占到74.1%、72.9%、72.1%、70.0%、68.4%、68.4%、67.6%、66.8%和64.0%；在开展相关调研、制定相关制度和农村产业发展、农民就业增收等4个方面较弱，选择率分别占到47.0%、46.2%、27.5%和21.1%。

区县层面，农村经管部门在农民就业增收方面和农村产业发展的职能相对较弱，选择率分别为19.6%和16.8%；农村合作社管理、集体三资管理、产权制度改革、农村管理信息化建设和农村合同管理等5个方面的选择率均超过50%，集体经济审计、农村财务管理、农村经济统计等3项职能选择率接近50%。

乡镇层面，农村经管部门在开展调查研究、农民就业增收、

农村产业发展等 3 个方面的职能相对较弱，选择率分别为 44.4%、33.3% 和 24.6%；农村合同管理、集体三资管理、农民负担监督、产权制度改革、农村财务管理、农村管理信息化建设、集体经济审计、农村经济统计、农村合作社管理和制定相关制度等 9 个方面的选择率均超过 50%。

（二）农村经管部门的工作量

根据统计结果来看，70.9% 的人认为目前农村经管工作的工作量很大，25.9% 的人认为目前农村经管工作的工作量比较大，两项认识占比 96.8%。

区县层面，62.6% 的人认为目前农村经管工作的工作量很大，29.0% 的人认为目前农村经管工作的工作量比较大，两项占比 91.6%。

乡镇层面，75.4% 的人认为目前农村经管工作的工作量很大，23.8% 的人认为目前农村经管工作的工作量比较大，两项占比 99.2%。

（三）农村经管部门所处的地位

调查结果显示，77.0% 和 19.4% 的人认为农村经管工作应处于很重要的位置和比较重要的位置，两项占比 96.4%。

48.4% 和 8.9% 的人认为目前农村经管工作所处地位一般和不重要，两项占比 56.3%；认为很重要和比较重要的分别占 25.8% 和 16.9%，两项占比 42.7%。

区县层面，77.4% 和 20.8% 的人认为农村经管工作应处于很重要的位置和比较重要的位置，两项占比 98.2%。

45.3% 和 9.4% 的人认为目前农村经管工作所处地位一般和不重要，两项占比 54.7%；认为很重要和比较重要的分别占 28.3% 和 17.0%，两项占比 45.3%。

乡镇层面，75.4% 和 19.0% 的人认为农村经管工作应处于很重要的位置和比较重要的位置，两项占比 94.4%。

53.2% 和 8.7% 的人认为目前农村经管工作所处地位一般和不重要，两项占比 61.9%；认为很重要和比较重要的分别占 23.8% 和 14.3%，两项占比 38.1%。

（四）三级农经工作体系建设的建议

根据调查结果来看，认为乡镇级农经体系建设最需要得到加强，所占比例为 70.7%；认为需要加强区级和市级农经体系建设的分别占 20.9% 和 8.4%。

区县层面，61.3% 的人认为乡镇级农经体系建设最需要得到加强；33.0% 和 5.7% 的人分别认为区县级农经体系建设和市级农经体系建设最需得到加强。

乡镇层面，79.4% 的人认为乡镇级农经体系建设最需要得到加强；认为区县级农经体系建设和市级农经体系建设最需得到加强均为 10.3%。

另外，区县及乡镇两级 90% 以上的调查对象认为村级应配备专职农经员。

（五）农村经管工作作用的发挥

调查结果显示，48.6% 和 31.4% 的人认为目前农村经管工作发挥的作用很大和比较大，两项占比 80.0%。

区县层面，51.4% 和 33.3% 的人认为目前农村经管工作发挥的作用很大和比较大，两项占比 84.7%。

乡镇层面，46.8% 和 29.0% 的人认为目前农村经管工作发挥的作用很大和比较大，两项占比 75.8%。

（六）目前农村经管工作面临的主要问题

从调查结果来看，大家认为单位不够权威、队伍不够稳定、领导不够重视和工作力量不足是最主要的问题，选择率分别占 78.1%、72.1%、61.9% 和 58.3%。

在区县和乡镇两个层面，单位不够权威、队伍不够稳定、领导不够重视和工作力量均是最主要的问题，区县的选择率分别为 85.0%、69.2%、57.9%、51.4%，乡镇的选择率分别为 74.6%、73.0%、62.7% 和 65.1%。

（七）加强农经机构建设的建议

调查结果显示，农经机构建设最应在强化行政职责、加强人员培训和稳定工作队伍三个方面得到加强，以上三项的选择率分别为 81.8%、79.8% 和 78.1%。

区县层面，同样认为应在强化行政职责、加强人员培训和稳定工作队伍三个方面得到加强，以上三项的选择率分别为 86.9%、73.8% 和 73.8%。

乡镇层面，则认为加强垂直管理、优化年龄结果和强化行政职责是最主要的，三项选择率分别为 84.9%、78.6% 和 77.0%。

同时，区县及乡镇两个层次，95% 以上的人认为农村经管部门应设置为行政管理单位。

四、当前城乡发展一体化新形势对加强农村经管工作的新要求

党的十八大报告指出：解决好农业农村和农民问题是全党工作重中之重，城乡发展一体化是解决“三农”问题的根本途径。要加大统筹城乡发展力度，增强农村发展活力，逐步缩小城乡差距，促进城乡共同繁荣。贯彻落实中央关于统筹城乡发展的方针政策，北京市确定了率先形成城乡经济社会发展一体化新格局、统筹城乡发展的战略任务。

北京市第十一次党代会确定了建设中国特色世界城市的宏伟目标，要求加大城乡统筹发展力度，专门就农村集体经济经营管理、农村集体土地流转和提高农民组织化程度等工作提出了明确要求。农村经管工作肩负着农村合作经济经营指导和管理监督的重要职责，是把党和国家各项“三农”政策落到实处的一个重要基础和主要抓手，在推进首都农村经济社会发展中始终发挥着重要作用。在当前加快推进首都城乡一体化进程的关键时期，进一步加强农村经管工作，对于深入贯彻落实党的十八大、市第十一次党代会精神和首都“十二五”规划，具有十分重要的意义。

强化城乡统筹，促进资源科学配置和城乡协调发展要求加强农村经管工作。郊区农村作为北京城市发展的战略腹地，需要统筹推动资源在城乡之间的合理配置，依靠农村资源解决城市化快速发展中带来的诸多难题，同时需要郊区农村改善自身发展环境，转变经济发展方式，主动融入城市化进程，建设与世界城市相适应的社会主义新农村。这亟需深入研究、探索农村集体建设用地的经营方略、流转方式、管理模式、政策支持，与城市功能规划有效对接，提升

农村产业发展水平，实现农村地区现代化。

大力发展都市型现代农业，需要在坚持和完善农村基本经营制度，保护好农民土地承包经营权的基础上，建立健全农用地流转市场，实现土地多种形式的适度规模经营，促进土地资源的集约利用。

维护农民以土地为核心的财产权，需要着力研究、完善农村宅基地的管理机制，保障好农户宅基地的用益物权。

加快消除制约城乡协调发展的体制障碍，需要深入研究农村城市化进程中公共服务和公共投入均等化等问题，提高农村基础设施建设和农民社会保障水平，减轻农民和集体经济组织的社会负担，使广大农民在城市化进程中共享改革发展成果。

深化农村产权制度改革，促进集体经济发展和农民增收致富要求加强农村经管工作。繁荣发展农村经济，壮大集体经济实力，是建设与中国特色世界城市相适应的社会主义新农村的重要内容。落实市委、市政府提出的“使更多农民成为拥有集体资产的新市民”的要求，要加快建立与市场经济、世界城市相适应的农村经济所有制结构，保护好农民的资产权益，处理好农民与资产的关系，使首都农民真正拥有集体资产产权、参与集体资产管理、分享集体资产收益，充分调动农民主动参与城乡一体化建设的积极性。

截至 2011 年底，全市集体资产总额已达 4116.6 亿元，但当前农村集体经济经营管理模式仍然比较落后、规范化程度不高、经营效益偏低，需要进一步深化农村产权制度改革，探索和建立适应生产力发展需要的集体经济新的有效实现形式，加快建立健全集体经济组织法人治理结构，完善集体经济的经营管理体制机制，推进集体资产配置市场化，促进集体资产保值增值。

针对目前农民组织化程度较低，有效应对市场冲击不够的问题，根本出路在于加强合作经济。这需要创新农民合作经济组织发展途径，规范合作社管理，完善集体经济的分配制度，从经济利益上把农民联系起来、组织起来，落实好农民的主体地位，切实提升农民应对市场经济的能力，促进农民就业增收。

强化农村集体“三资”监管，促进农村社会和谐稳定要求加强农村经管工作。农村集体资金、资产、资源是发展农村经济和实现农民增收致富的重要基础，也是我们党和政府巩固党在农村执政地位的重要基础。随着首都城市化进程的不断加快，农村集体资金、资产规模迅速扩大，集体资源快速升值，集体经济活动日益频繁，农村基层干部廉政风险明显增大，集体“三资”管理中的问题和矛盾已成为农民上访的主要原因之一。

为维护农村经济社会的和谐稳定，亟需加快建立管理科学、运行规范、监督到位的集体“三资”管理工作机制和政策体系。按照十七届三中全会提出的“健全农村集体资金、资产、资源管理制度，做到用制度管权、管事、管人”的要求，围绕集体“三资”管理面临的新情况、新问题，完善管理制度，夯实工作基础。按照农业部《关于进一步加强农村集体资金资产资源管理指导的意见》（农经发〔2009〕4号）的要求，切实履行职责，利用信息技术等手段，健全农村集体“三资”监管体系，实施科学规范管理。

这充分发挥农村集体经济“在线审计”的作用，加大对农村集体“三资”管理的日常监督和检查力度，有效监控日常管理中的风险。通过全面加强对农村集体“三资”的监管，促进农村基层组织建设和党风廉政建设，推进城乡一体化建设的顺利进行。

五、当前农村经管体系建设中存在的主要问题

做好农经工作的前提是必须要建立健全管理顺畅、运转协调的工作体系。建立一支合格的、稳定的、有权威的基层队伍是完善农经工作体系的关键，是开展好各项工作的基础和保障。但是，目前北京市基层农经队伍，特别是乡镇基层队伍建设在改革以后仍存在以下几个方面的问题。

（一）乡镇农经机构性质不够明确

乡镇经管站承担的是国家法律、法规和规章赋予的行政工作职责和管理监督服务职能，而大部分区县把乡镇经管站作为全额拨款事业单位，没有明确其行政执法、行政管理和行政监督的机构性质和法律地位，在客观上影响了执法力度、管理效力和工作效果。

还有些区县在乡镇机构改革中虽然将经管站由原来的差额拨款事业单位调整为全额拨款事业单位，但把经管站具有的行政管理职能划入经济办等其他部门，经管站只发挥辅助的服务性作用。个别区县还将经管站改为农村经济合作服务中心，削弱了其经管职能。有的区县把经管站与其他行政部门合并，原经管站的人由于事业身份的原因却享受不到同岗位的待遇，伤害了农经干部的感情。

全额拨款事业单位与行政单位和参公管理事业单位退休人员的待遇也存在明显差距，有些乡镇的经管站的部分人员在岗多年但未纳入任何编制或编制还在乡级所属企业里，这在很大程度上影响了工作人员的积极性。

（二）实际在编在岗人员不足

按照核定的编制，区县及乡镇农经干部编制为1456人，截止到2012年6月底，实际在编在岗人员981人，占编制总数的67.4%。而在岗不在编（多种身份）的人员有693人，占区县及乡镇农村经管在岗工作人员总数的41.4%。

岗位与编制不对应的情况在乡镇一级表现得更突出。目前，乡镇级农经干部编制为940人，在岗在编人员515人，占编制总数的55%；剩余425个编制中，有279个编制被乡镇政府其他们部门、乡镇所属企业或乡村干部占用，空编146个，空编率达15%。

另外，乡镇级农经队伍在岗不在编的人员有687人（40岁以下的占到64.2%），占乡镇及农村经管在岗工作人员总数的57%，已超过在编在岗人数，势必影响经管工作的持续性开展。

表8-2　全市乡镇农村经管系统编制分布及人员占用编制情况表

	在编在岗	在编不在岗	空编	在岗不在编
数量	515人	279人	146人	687人
占编制总数百分比	55%	30%	15%	73%
占乡镇农村经管工作人员总数百分比	43%	23%	12%	57%

（三）年龄结构相对老化

区县及乡镇级农经队伍中40岁以上的有940人，占总数的56.2%，其中，50岁以上的有300人，占总数的17.9%。30岁以下的有296人，占总数的17.7%。

从区县来看，40岁以上的有333人，占区县总人数的70.6%，其中，50岁以上的有111人，占区县总人数的23.5%。30岁以下的有 44 人，只占区县总人数的 9.3%。

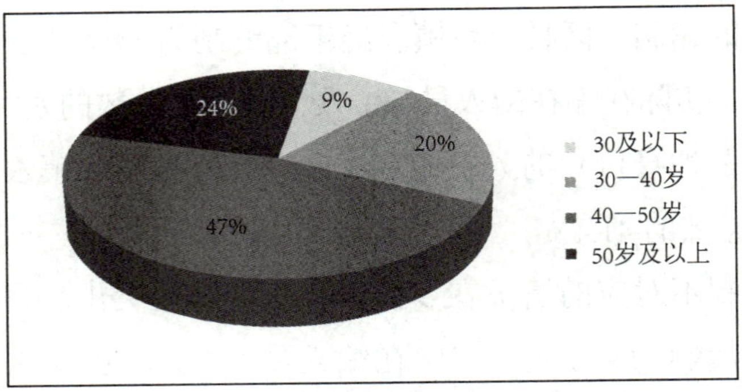

图 8-1 全市区县农村经管系统工作人员年龄结构分布图

从乡镇来看，40 岁以上的有 605 人，占乡镇总人数的 53.3%，其中，50 岁以上的有 188 人，占乡镇总人数的 15.6%。30 岁以下的有 249 人，占乡镇总人数的 20.7%。

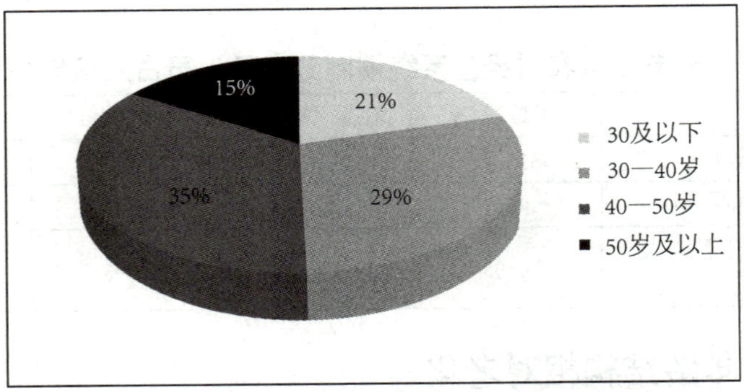

图 8-2 全市乡镇农村经管系统工作人员年龄结构分布图

（四）专业技术水平有待提高

区县及乡镇农村经管在岗工作人员中，拥有中级以上技术职称的有 379 人，只占在岗人数的 22.6%；没有职称的有 962 人，占在岗人数的 57.5%。

从区县来看，拥有中级以上技术职称的有127人，只占区县农经部门在岗人数的26.9%；没有职称的有242人，占区县农经部门在

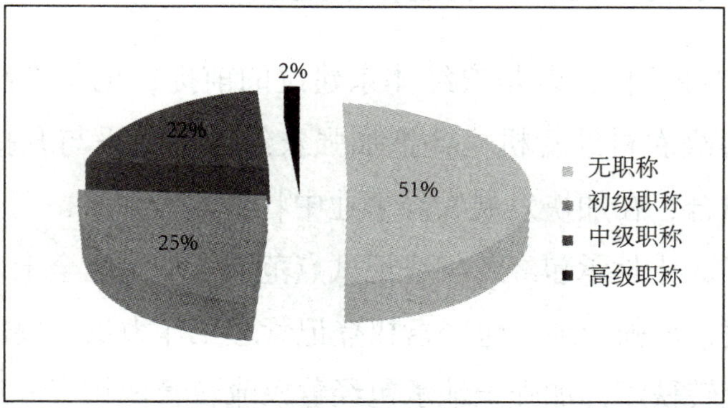

图8-3　全市区县农村经管工作人员技术职称情况分布图

岗人数的51.3%。

从乡镇来看，拥有中级以上技术职称的有227人，只占乡镇农经部门在岗人数的20%；没有职称的有720人，占乡镇农经部门在岗人数的65%，其中，有435人为在岗不在编人员。

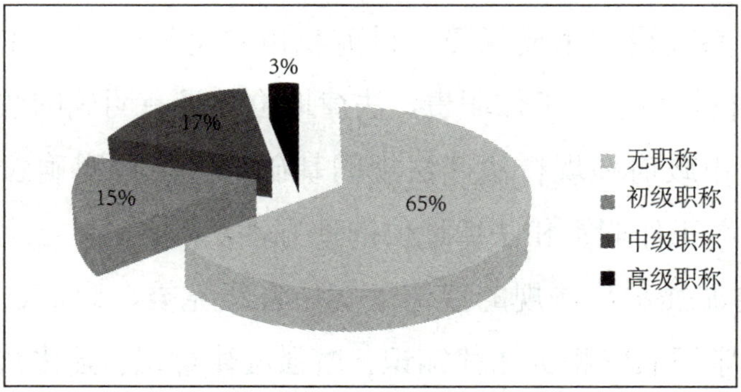

图8-4　全市乡镇农村经管工作人员技术职称情况分布图

六、加强农村经管体系建设的对策建议

（一）抓好农经工作促进体系建设

做好农经工作，既是农经体系建设的前提，也是农经体系建设的目的。各级农村经管机构要把加强农经体系建设与开拓创新农经工作紧密结合，在加快发展农经事业中壮大农经体系。

即要扩大土地承包经营权登记试点范围，加快健全土地承包经营权登记制度，加强土地承包经营权登记管理工作力量；要规范土地承包经营权流转秩序，加强土地承包经营权流转管理和服务工作力量；要贯彻落实《农村土地承包经营纠纷调解仲裁法》，依法指导设立农村土地承包仲裁委员会，加强土地承包经营纠纷调解仲裁工作力量；要加强农民负担监督管理；要加强农村集体资金资产资源管理和审计监督，稳步推进农村集体产权制度改革，大力发展农民专业合作社。

（二）全面推进依法行政

一是要加强法制建设。加强法制建设是依法行政的必然要求，也是农经体系建设的重要保障。目前我市农村经管工作体系基本建成，但是其机构性质、工作职责、法律地位并没有明确的法律规范。建议市委、市政府在现行法律法规的基础上，出台明确农村经管工作机构性质、工作职责和法律地位的地方性法规。

二是要加强法律法规的宣传落实。各级党委、政府、农村经管机构要认真学习农经相关法律知识，增强法律意识，强化法治观念，坚持依法行政、依法办事。加强法律宣传，普及法律知识，采取多种形式开展法律宣传教育活动。当前，要认真贯彻落实《农村土地承包法》《农村土地承包经营纠纷调解仲裁法》《农民专业合作社法》

和《农民承担费用和劳务管理条例》等法律法规，加强执法检查监督，推进农经工作规范化、法制化建设。加快制定相关地方配套法规，积极推进有关法律法规修订完善，加强其他领域农经立法，不断健全农经法律体系。

（三）推进农经事业单位改革

事业单位改革是推进政府职能转变、建设服务型政府的重要举措。按照中央关于事业单位分类改革的有关精神，主要承担行政职能的事业单位将逐步转为行政机构或将行政职能划归行政机构。

目前，市级和 14 个区县农村经管工作机构，全部是参照公务员法管理的全额拨款事业单位，下一步在事业单位改革过程中，争取转为行政机构。全市 177 个乡镇正科级农经工作机构中，全额拨款事业单位 84 个，行政单位 71 个，规范工资管理的事业单位 20 个，参照公务员管理的事业单位 1 个，差额拨款事业单位 1 个。

在事业单位改革中，各级党委、政府要根据乡镇农经事业单位主要承担行政职能的实际和有关法律法规文件授权，正确划分其类别，争取全部转为行政机构。暂时不能转为行政机构的，要继续争取乡镇农经事业单位参照公务员法管理，为分类改革打下良好基础。

（四）确保乡镇农经职能履行

乡镇农经工作处在整个农经系统的最前沿，是将农经任务落到实处的关键。各乡镇要按照确保履行好职能的要求，切实把农经职责落到实处，确保有机构管事，有专人理事，有经费办事；要进一步理顺管理体制，规范机构名称，健全工作机构。

特别是要配齐配强农经管理干部，从年龄结构、学历结构等方面，确保乡镇农经干部队伍与当前所承担的管理工作相适应，并做到乡镇经管站工作人员在岗在编；对于那些多年从事基层农经工作的“老经管”，要充分考虑他们的实际情况，在机构纳入行政管理体系或参公管理后，解决好老同志的身份问题，保证好他们的待遇；要完善岗位责任制，明确任务分工，加强目标管理；健全绩效考核制度，充分运用考核结果，采取表扬、奖励等多种形式鼓励先进，营造积极向上的农经工作氛围。

（五）加强农经队伍素质能力建设

一是要创建学习型组织。建设学习型组织是农经体系建设的一项战略任务。用中国特色社会主义理论武装头脑，深入学习实践科学发展观，开展社会主义核心价值体系学习教育，努力掌握“三农”工作必备知识，形成重视学习、崇尚学习、坚持学习的良好氛围。

二是要加强农经干部培训。培训是提高干部素质的有效途径。围绕建设一支政治素质高、业务能力强、专业知识精的队伍，切实加强干部培训。通过教育培训、交流考察、挂职锻炼等多种形式，提高农经队伍的政治素质、职业素质、业务能力和大局意识，了解熟悉全市的经济发展情况。

本章课题组成员

负责人：王瑞华

组　长：戚书平

成　员：李笑英　李　明　魏　杰　万敏波

执笔人：魏　杰　万敏波

第九章　“十二五”时期北京城乡一体化发展评估及“十三五”规划相关问题研究

2008年12月，中共北京市委十届五次全会通过《中共北京市委关于率先形成城乡经济社会发展一体化新格局的意见》，提出“到2020年在全国率先形成城乡经济社会发展一体化的新格局”。

2010年12月，中共北京市委十届八次全会将这一目标写进北京“十二五”规划建议。经过七年的发展，我们认为，北京市城乡一体化发展新格局已经基本实现，主要体现在三个方面：一是城乡一体化的制度设计已经基本实现，除属于中央事权的土地制度、行政管理体制等领域外，省市级的制度设计已经基本实现城乡一体化；二是制度的覆盖程度较高；三是城乡之间的收入水平、基础设施、公共服务等差距进一步缩小。下一步重点是在继续做好制度设计的基础上，进一步提高水平，解决分配格局和发展空间等问题。

“十三五”时期，是全面建成小康社会决胜阶段。全面建成小康社会，最艰巨最繁重的任务在农村特别是农村贫困地区。对北京而言，需要在统筹城乡关系上取得进一步突破，深入推进城乡发展一体化。要牢牢把握“创新、协调、绿色、开放、共享”的发展理念，以破解城乡二元土地问题为突破口，促进城乡资源要素的自由流动，打造市、区、镇三级统筹的协同治理体系，推进生态文明建设和基本公共资源均衡配置，给农村发展注入新的动力，让广大农民平等参与改革发展进程、共同享受改革发展成果。

引 言

本节首先对近十年北京的宏观环境进行总体回顾，对城乡一体化发展的外部环境进行整体把握。

从宏观经济来看，北京市 GDP 从 2005 年的 6886.31 亿元增长到 2014 年的 21 330.83 亿元，实现了 3 倍增长；人均 GDP 完成了从 5000 美元到 16 000 美元的突破，为城乡一体化发展提供了良好的资金保障。

从动力机制来看，大规模的土地开发是推动北京市城乡一体化发展的主要动力，形成了土地极差的溢价动力、红利分享的参与动力、土地财政的投入动力和跨级投入的政策动力。

从功能定位来看，北京市功能区的差异化定位为城乡一体化指明了方向。根据城市功能定位与发展阶段的差异，本研究将北京分为城乡结合部、城市发展新区和生态涵养区三类地区，引导地区分类发展。

从政策机遇来看，自 2002 年中共十六大首次提出“统筹城乡经济社会发展”的发展战略以来，北京市委市政府树立了城乡统筹发展的思想观念。

2008 年 12 月，中共北京市委十届五次全会通过《中共北京市委关于率先形成城乡经济社会发展一体化新格局的意见》，提出“加快北京农村改革发展步伐，率先形成城乡经济社会发展一体化新格局”，对推进北京城乡一体化发展工作进行了明确和全面的部署。

2010年11月，中共北京市委十届八次全会审议通过《中共北京市委关于制定北京市国民经济和社会发展第十二个五年规划的建议》，明确提出到2020年在全国“率先形成城乡经济社会发展一体化新格局”。

2014年2月，习总书记考察北京，提出要明确“四个中心”的城市战略定位，调整疏解非首都核心功能，为北京城乡融合带来新的机遇。

2015年4月，中共中央政治局会议通过《京津冀协同发展规划纲要》，北京城乡一体化发展进入新的战略发展期。

2015年8月，中共中央办公厅和国务院办公厅印发《深化农村改革综合性实施方案》，指出城乡发展一体化是解决我国“三农”问题的根本途径，进一步明确了推进城乡一体化发展的重要意义。

2015年底，《中共中央关于制定国民经济和社会发展第十三个五年规划的建议》提出“创新、协调、绿色、开放、共享”的发展理念，中共北京市委十一届八次全会审议通过《中共北京市委关于制定北京市国民经济和社会发展第十三个五年规划的建议》，对“十三五”时期进一步提升北京市城乡一体化发展水平作出纲领性的指导和部署。

一、“十二五”时期北京市城乡一体化发展进程评估与回顾

本节由三部分构成，首先，结合《北京市“十二五”时期城乡经济社会一体发展规划》指标体系对“十二五”时期北京城乡一体化发展程度进行评估分析。其次，对“十二五”时期北京市城乡结

合部、城市发展新区和生态涵养区的城乡一体化发展进程进行回顾。第三，以指标所反映的问题为基础，结合北京城乡一体化进程中的五大问题进行分析，挖掘问题背后的深层次原因，为“十三五”时期解决城乡一体化相关问题奠定基础。

（一）北京市城乡一体化发展评估[1]

北京市“十二五”规划明确提出“率先形成城乡经济社会发展一体化新格局”，此后制定的各项制度均贯彻了城乡一体化的基本要求。包括：《北京市“十二五”时期社会公共服务发展规划》《北京市“十二五”时期社会保障发展规划》《北京市“十二五”时期社会建设规划》《北京市“十二五”时期教育改革和发展规划》《北京市“十二五”时期卫生发展改革规划》《北京市“十二五”时期体育发展改革规划》等，并首次制定了《北京市“十二五”时期城乡经济社会一体化发展规划》，使北京的城乡一体化制度建设实现了整体水平的提升，并带动各项指标的改进。

本节选取全市“十二五”期间经济发展、基本公共服务、城乡居民生活、城乡环境建设等领域的指标[2]，通过横向（郊区与北京市、城六区）与纵向（时间维度）分析，对“十二五”时期北京城乡一体化发展程度进行了评估。研究发现，“十二五”时期，北京郊区经济发展态势较好、公共服务均等化正在落实、农村居民生活质量不断改善、城乡环境越来越宜居，北京市城乡一体化新格局已经基本形成。

[1] 关于本节的详细内容，参见课题分报告2：《“十二五”时期北京市城乡一体化指标体系及发展分析报告》。

[2] 本节数据均来源于北京市统计年鉴、北京市区域统计年鉴。

1. 郊区经济发展态势较好

（1）都市型现代农业生态服务价值年值增速波动较大，前两年增速较快，之后两年增速回落，保持在 2012 年水平。2011 年至 2014 年，都市型现代农业生态服务价值年值增速分别为 5.7%、6.1%、0.3% 和－0.4%。

（2）第一产业劳动生产率达到 81 884.45 元，高于 65 000 元的目标值。“十二五”期间，全市第一产业劳动生产率从 2011 年的 62 502.16 元 / 人，提高到 2014 年的 81 884.45 元 / 人，增长了 31.01%。

（3）2014 年发展新区 GDP 占全市比重为 21.06%，离 25% 目标值尚有差距。近年来发展新区 GDP 占全市比重呈“U”形分布，增长不明显，2014 年比重为 21.06%，距离 2015 年 25% 的目标值尚有一定差距。

（4）郊区万元 GDP 能耗有待进一步下降。“十二五”期间，郊区万元 GDP 能耗平均为 0.69 万吨标准煤，远高于北京市（0.40 万吨标准煤）和城六区（0.25 万吨标准煤）。

根据市农委数据，郊区万元 GDP 水耗由 2011 年的 59.0 立方下降到 2014 年的 45 立方，已经低于 60 立方的目标值。

2. 公共服务均等化正在落实

（1）郊区固定资产投资比重不断增加，2014 年达到 53.3%，提前完成目标。郊区固定资产投资的比重由 2011 年的 51.8%，提高到 2014 年的 53.3%，提前完成“十二五”50% 以上的目标。

（2）农民医疗参合率 2014 年达到 99.56%，提前完成目标。2011 年以来，全市农民医疗参合率不断提高，由 2011 年的 97.70%，提高到 2014 年的 99.56%，提前达到“十二五”城乡一体化 98% 的目标。

（3）城乡居民人均养老保险待遇水平不断提高，接近 500 元目标值。从 2011 年的 430 元，提高到 2013 年的 490 元，接近北京市“十二五”500 元目标。

（4）义务教育完成率保持高水平，仅 2014 年（97.89%）略低于目标值（98%）。近五年北京市大力推行义务教育均衡发展，全市义务教育完成率基本在 97.8% 以上，与“十二五”98% 的水平接近。

3. 农村居民生活质量不断改善

（1）“十二五”时期农村居民人均纯收入年增速均高于 10%，超过 8% 的目标值。近年来北京市农村居民人均纯收入增速每年均保持在 10% 以上，高于“十二五”城乡一体化农村居民人均纯收入增速 8% 以上的目标，也高于城镇居民可支配收入增速。城乡收入比值从 2011 年的 2.233 缩小到 2014 年的 2.171，呈略微缩小的态势。

（2）农村居民家用计算机普及率提前达到目标值。近五年来北京市农村居民家用计算机普及率不断提高，由 2009 年的 58% 提高到 2013 年的 74%。已经达到了“十二五”城乡一体化的 70% 的目标，但与城镇居民仍然有一定差距。

（3）农村居民使用液化气比重越来越高。从 2011 年的 82.7%，增加到了 2013 年的 90.5%，提高了 14.5%。由于该指标是对“农村居民家庭清洁能源普及率”，目标值 90% 仅供参考。

4. 城乡环境越来越宜居

（1）郊区林木绿化率不断提高。“十二五”时期，全市林木绿化率从 2011 年的 54.0%，提高到了 2014 年的 58.4%，绿化不断改善。

（2）郊区污水处理率不断提高，但距离目标值尚有一定差距。郊区区污水处理率从 2012 年的 59.86%，提高到 2014 年的 66.16%，距离“十二五”70% 的目标还有一定距离，也远不如全市水平。

（3）各郊区生活垃圾无害化处理率全部提前实现目标。2011 以来，各郊区生活垃圾无害化处理率不断提高。2011 年生活垃圾无害化处理率最低的是延庆县，为 89.77%，最高为平谷，为 100%。到 2014 年，各郊区生活垃圾无害化处理率均达到 97% 以上，提前实现“十二五”城乡一体化规划中垃圾无害化处理率 92% 的目标。

（二）北京市三类地区城乡一体化发展进程回顾

根据城市功能定位与发展阶段的差异，本课题将北京市分为城乡结合部、城市发展新区和生态涵养区三类地区，分类研究城乡一体化发展进程。

“十二五”时期，在城乡结合部地区，以绿隔建设、功能区带动、土地储备和重点村改造四种方式实现土地开发和产业功能升级，带动区域整体发展。在城市发展新区，以城市功能扩散为契机，通过空间和投资的扩张，引导产业转移，并带来大量人口的聚集，推动了地区城镇化建设。在生态涵养区，主要以城市生态服务功能为主，通过山区人口向中心区域聚集提升发展效率。然而，通过进一步分析可以看到，三类地区仍然受到城乡二元体制的限制，影响了发展水平的提升。

1. 城乡结合部城乡一体化发展进程回顾

（1）绿隔建设。“十二五”时期，北京全面实施一道绿隔建设，通过资金平衡、用地补偿、财政贴息等一系列政策，促进地产开发、劳动力安置、绿化养护、新村建设和开发融资。以区、镇、村和农民四级土地开发红利分享为动力，通过合作开发、成立乡级公司、土地储备等多种方式推进土地开发，构建多中心、分散集团式发展格局，阻隔中心城的无序扩张。但在实施过程中，也产生了资金指标不足、上楼不转居、集体产业发展受限、公共配套设施滞后、土地出让金不能及时到位等遗留问题。

(2) 功能区带动。首都的经济战略转型支持产业功能区拓展，通过专项规划、政策倾斜、资源布局带动高端产业功能区发展，以功能区溢出效应提升周边农村地区发展动力和区位价值，优化产业升级，集聚高端功能，提升区域经济综合竞争力，加快经济社会发展步伐。但在实施过程中，由于空间规划、城乡二元土地制度、基础设施和阶段发展等因素限制，使得功能区溢出效应、高端产业的梯度扩散受到影响。

(3) 土地储备。2009年开始，北京响应国家“保增长、扩内需”的要求，启动了千亿土储计划，通过财政担保、绿色审批、规划调整、整建制转居等多项政策支持有条件的区县实施规模土储。在实施过程中，采用区级统筹、信贷放大、滚动开发、先易后难、突出重点的方式推进。也产生了债务压力过大、拆迁成本高昂、土储资金成本加大、产业发展缓慢等遗留问题。

(4) 重点村改造。推进城乡一体化，城乡结合部是重点地区，北京针对性地启动50个重点村综合改造，国土、金融、财政等部门出台相关政策，以分类推进、“一村一策”、流程监管等方式推进，改善城乡结合部人口、资源、环境问题。但由于农村地区总体建设指标突破难，造成重点村改造挤占乡、区级建设指标，以商品房开发平衡成本的模式也占用产业发展空间，农村地区依赖市区外部资源投入，缺乏内生发展动力。

2. 城市发展新区城乡一体化发展进程回顾

(1) 城市发展新区城乡一体化的发展机遇

一是新城建设带来的机遇。“十二五”时期，北京城市发展重点已经逐步向发展新区转移，在中心城区进入存量发展阶段的背景下，城市发展新区将成为最大的受益区域。

二是首都功能疏解带来的机遇。在京津冀协同发展的带动下，中心城区的功能逐步向城市发展新区转移，带来政策、资源等要素投入，引导市场主体、人口向城市发展新区聚集，促进城乡一体化发展。

(2) 城市发展新区城乡一体化的动力机制

一是空间的放量。“十二五”时期，城市发展新区空间扩张能力明显高于城乡结合部地区，为新城产业植入、人口聚集提供充足的空间，带动区域经济增长。

二是投资的增长。从2009年起，城市发展新区的全社会固定资产投资与房地产投资增速开始加快，政府投资重点逐步向发展新区转移，将带动区域基础设施、大型市政建设项目和房地产开发投资等投资项目的增长。

三是产业的植入。城市发展新区的企业数量已初具规模，产业逐步向发展新区转移，形成一定的经济增长极，进而成为城乡一体化的动力来源。

四是人口的集聚。城市发展新区的常住人口增速与就业人口增速已超越城乡结合部地区的人口增速，人口的集聚将成为区域产业发展的重要支撑，进而推动区域城乡一体化。

(3) 城市发展新区城乡一体化发展中遭遇的问题

一是资源不足问题，包括建设规划指标不足，收益无法覆盖成本，对各级实施主体缺乏有效监管等。

二是收益成本问题，集体经济组织土地收益无法覆盖长期的劳动力安置、农民社会保障等支出，农民家庭土地补偿不能支撑上楼后长期生活成本。

三是产业发展问题，空间开发的住宅化、地产化挤占农村地区产业发展空间，短期收支压力导致农村产业低端化发展。四是农民市民化问题，农村整体基础设施环境建设不足，教育、医疗、文化等公共服务配套设施滞后，导致农民市民化问题凸显。

3. 生态涵养区城乡一体化发展进程回顾

（1）生态涵养区在城乡一体化过程中的模式选择

“十二五”时期，生态涵养区的发展具有两大特征：一是限制性。生态涵养区肩负资源保护与生态服务功能，其自身的发展受到诸多限制。

二是聚集性。生态涵养区周边往往被山体环绕，更多是通过推动山区人口向中心区域聚集，提升区域发展效率。综合这两大特点，生态涵养区在“十二五”时期通过新农村建设来促进城乡一体化发展，开展生态建设的同时发展休闲农业和沟域经济，并逐渐从促进产业的发展，转向促进社会服务、社会民生、社会福利改善等方面。

（2）生态涵养区在推动新农村建设过程中的核心问题

一是经济发展缓慢。2014 年生态涵养区农民纯收入仅占全市城镇居民人均可支配收入的 50.6%，同时未就业人数为全市的 30% 以上。

二是产业发展受限，生态友好型产业体系在短时间内还难以形成。

三是生态补偿机制仍不完善，生态林补偿标准与其他公益岗位补助标准不统一，缺少激励作用。

四是生态建管资金投入不足，资金补偿渠道单一，难以支撑发展。

五是资源环境问题依然突出。2013 年，生态涵养区万元 GDP 能耗（0.59 万吨标准煤）仅略好于城市发展新区（0.8 万吨标准煤），节能降耗状况较差。

六是农村城镇化动力不足，山区乡镇工业外迁后，缺乏产业和人口集聚度，使得基础设施和公用设施的单位投资成本高，对人口和投资的吸引力不强，影响三产发展，反过来又影响城镇发展。

（三）北京市城乡一体化进程中存在的主要问题及原因分析[1]

“十二五”时期北京城乡一体化进程中存在的主要问题，表现在土地、经济、环境、人口和管理五大领域，且相互影响、相互制约，在北京市城乡结合部地区，这些问题表现得更加突出。“十三五”时期，随着京津冀协同发展和非首都核心功能疏解，需要在继续完善城乡一体化制度体系建设基础上，重点解决分配格局和发展空间的问题，避免城市发展新区和生态涵养区遇到相同问题的重复蔓延。

1. 北京市城乡一体化进程中存在的五大问题

（1）城乡二元土地问题是导致城乡二元发展最根本的因素

一是集体土地权利和制度设计上存在缺陷，导致在集体成员权界定、集体资产安排和集体管理模式上需要进一步改革。

二是集体建设用地利用的政策限制较多，制约了农民从事非农产业发展的机会，也使得违法使用集体建设用地的情况层出不穷。

三是集体建设用地利用缺乏有效的城乡统筹机制，无法形成城乡统一的建设用地市场，土地和财产的市场化交易程度不高，农村居民无法公平分享城镇化带来的成果，不但限制了农业现代化进程，也不利于城市整体发展。

[1] 关于本节的详细内容，参见课题分报告 3：《“十二五”时期北京市城乡一体化主要问题及原因分析报告》。

（2）低效的农村土地利用导致集体经济收支平衡与农民就业增收陷于两难之中

一是农村集体经济收入与支出平衡难，集体经济组织收入不足以承担农民市民化所需的公共服务、社区建设、社区管理等服务支出。二是农民就业增收与福利改善难，土地的低效利用使得农村地区的产业结构始终以低端产业为主，影响农民就业安置、增收和社会保障。

（3）生态文明建设缺乏有效的资金投入和管护机制产生环境问题

一是规划绿地被违规占用，低端产业和违法建筑取代了原有的绿地规划，造成各类环境问题和安全隐患。二是生态建设投入和支持不足，导致农村地区绿化任务实施水平低、遗留问题多。三是城乡一体的生态补偿和管护机制不衔接，农村地区绿化养护标准明显低于城市地区，导致统筹城乡生态管护难度大。

（4）人口问题体现在征地农民的安置保障与流动人口的管理两个方面

一是城乡二元体制衍生城市居民、农村居民和城市流动人口的三元矛盾，尤其在城乡结合部地区，拥有大量流动人口，利益诉求多样，管理难度大。二是农民增收缓慢加大管理难度，农村地区拆迁之后，农民市民化进程受到指标、资金等限制，难以享受公共资源和服务，农民人均纯收入增长缓慢，加大了农村地区人口管理难度。

（5）城乡二元结构造成管理不衔接，权责不统一，基层组织保障难以落实

一是基层治理政经不分，无法构建起城乡一体的要素市场，以集体所有制为代表的产权结构并不完整，限制了农民享受相关权益

(比如集体资产和宅基地收益权)，造成农村产业的“小散低劣”现象，农民生活无法得到根本改善。二是各部门权责不匹配，基层依法行政困难。三是农村地区执法人员和经费不足，容易出现管理漏洞和职能缺位。

(6) 城乡一体化发展进程中五大问题相互影响制约

第一，土地问题是影响经济、人口、环境和管理的根源性问题。由于集体土地无法按照市场定价和经济规律进行交易，客观上损害了农民利益，造成产业低端化发展、环境恶化和基层组织财力不足等问题。

第二，经济问题直接引发人口和环境问题。基层组织经济实力薄弱，难以建立完善的社会保障体系，造成流动人口聚集，环境压力大，加剧低端产业的聚集发展。

第三，土地问题导致低端聚集，发展环境恶化，最终表现为管理问题的突出。一方面，土地、经济、人口和环境的各种问题，都或多或少地以管理问题的形式表现出来；另一方面，这些问题可以通过短时间内在管理领域增大投入、增设管理部门、扩充管理队伍等方式得到一定缓解，但无法得到根治。

2. 引发问题的深层次原因分析

(1) 城市发展规律未能充分把握

第一，城市快速发展进程中的“摊大饼”问题未能有效预防。北京在城市发展过程中，没有很好地吸取发达国家的经验教训，低成本“摊大饼”式的发展未能有效预防。

第二，农村地区内在发展动力不强。农村地区在发展进程中很大程度上依靠大工程、大项目带动，内生发展动力不强，对市场力量和发展规律不够重视，造成粗放开发、无序蔓延等问题。

第三，对发展中的问题处理不及时，导致问题累积。对于真正影响农村地区发展的深层次原因，如区域功能定位问题、城乡二元结构问题等破解方法不多，长期治理让位于短期举措。

(2) 区域功能定位没有得到有效落实

第一，城市扩张需求和生态功能没有有效平衡，区域自身发展需求无法得到满足。目前，城乡二元问题突出表现在城乡结合部，在城市强烈的扩张需求背景下，区域“绿隔地带”的功能定位过于片面，忽视了地区自身发展需要，以至于区域规划无法执行。

第二，区域规划执行不到位，将加剧问题累积和蔓延。城乡一体化进程中的诸多问题突出表现在城乡结合部地区，如果原有问题得不到有效解决，将很有可能导致这些问题在城市发展新区的扩张中重复蔓延，影响北京市城乡一体化的推进。

(3) 城乡二元体制改革还需要进一步落实

第一，新中国成立以来逐渐形成的城乡二元体制固化，破解难度大、时间长，需要进一步落实。

第二，城乡二元体制下，国有土地和集体土地同地不同权，相当数量的农民并未在土地开发的再分配过程中得到长期的社会福利保障。

第三，二元体制下，城乡社会保障体制分割，城市社会保障制度在管理体制已趋于成熟，而农村社会保障制度则呈现出社会化程度低、非制度性和保障模式改造相对滞后的特点。

第四，二元体制下，城乡公共服务不均等，农村基本公共服务和基础设施在投入和建管机制上仍有待完善。

二、外省市城乡一体化特点及其对北京的启示[1]

成都、宜兴、珠海分别位于西南地区、长三角城市群和珠三角城市群，根据各自地理位置、经济状况、历史沿革等因素探索出不同特点的城乡一体化模式。作为超大城市的北京，可以借鉴这三个城市的经验，创新理念、统筹规划、分类实施，加快推进城乡一体化进程。

（一）成都、宜兴、珠海城乡一体化主要特点分析

1. 成都市：以制度改革引领城乡统筹各项工作

对成都市来说，城乡一体化工作不仅仅是农业农村农民的事情，而是事关全市工作全局，其中又以各项制度的改革为引领，在城乡建设、城乡产业、城乡公共服务和城乡社会治理等方面均建立起统筹发展的体制机制，使得城乡一体化工作不仅是思想观念的更新，也是政策措施的调整，不仅是发展思路和增长方式的转变，也是利益格局和产业布局的调整，不仅是体制机制的改革，也是各级部门工作方式的改进。

成都市立足实际，以制度改革为引领，将城乡一体化工作放到统揽全局的高度，以确保农民利益不受损为基本目标，创新政府与市场的关系，建立起城乡统筹发展的体制机制，不仅颇具特色，而且有推广价值。

2. 宜兴市：从农村内生发展走向城乡融合互动

宜兴市位于江浙地区，是我国乡镇企业最发达的地区，在乡镇

---

[1] 关于本节的详细内容，参见课题分报告 5：《外省市城乡一体化体制机制对比研究》。

企业的带动下，农村工业化和城市化大踏步前进，也因此具有明显的江浙地域特点。一方面，通过乡镇企业的发展聚集了大量的本地甚至外地农民，另一方面，依靠农村工业化和集体经济壮大，带动了区域的发展。

因此宜兴市的特点在于：农村地区在发展过程中具有乡镇企业这一内生动力，并提供了丰富的劳动力、资源和市场，实现区域的能动发展，并逐渐向城市渗透，通过城乡互助、工农联动，实现城乡一体化。在这一自发过程之后，当城镇体系建立起来，城乡融合进入更高层次，通过以城带乡，进一步完善农村的各项设施和服务，推进生态文明建设，使越来越多的外出农民返乡创业、就业，越来越多的城市人走进农村休闲、养老，城乡进入良性互动阶段。

3. 珠海市：政府与市场合作实现三方共赢

珠海市的“城中村”改造是城乡一体化过程中矛盾最集中、利益相关方最多、推进难度相对最大的环节，北京与之类似的是城乡结合部的改造。在这个过程中，珠海市政府让出了巨大利益空间，吸引市场的介入，兼顾村民利益，取得了良好的效果。从一开始对“最优规划”方案的选取，使得改造过程定位在一个高水平，不是市政建设的补齐，而是实现区域整体价值的提升。

三个利益主体通过合作实现了三方共赢：政府通过优惠政策让出未来几年的潜在收益，但是困扰政府的各种难题有了解决的可能，农村地区可以向现代社区转变，生态环境得以改善，区域综合竞争力得以提升；社会资本通过参与改造，提高了农村城市化的效率，获得了市场利润，实现了社会价值；村民获得了更好的生活环境，得到了可持续的收益分配。

（二）对北京城乡一体化发展的启示

1. 因地制宜，结合本地区发展阶段和特点制定城乡统筹模式

城乡一体化是一项复杂、艰巨的系统工程，解决城乡二元结构问题，必须因地制宜找准最适合当地的发展方式，要从宏观环境、政策机遇、发展阶段、遗留问题等方面找准症结，在提高农村发展水平的同时，也要注意尽可能地保留乡村风貌和乡土味道，让人有乡情可亲、有乡愁可寻。

“十三五”时期，北京的城乡一体化应以破解城乡二元体制、改善城乡生态环境、提供城乡均等服务、提高农村管理水平为目标，不应重复过去城市扩张、拆旧盖新的方式。要创新观念，从实际情况出发，发挥自身优势，有效实现城乡一体化。

2. 坚持新型城镇化与新农村建设相结合的双轮驱动

从外省市和发达国家的经验来看，要实现城乡协调发展，大中城市应当与小城镇形成布局明确、功能互补的现代城镇体系，避免两者之间形成发展的严重失衡。把壮大小城镇经济和推进农业现代化作为转移农业人口、促进城乡协调发展的切入点。

从北京的情况来看，“十三五”时期要结合首都非核心功能疏解，推动城乡一体化发展，关键是要从解决城乡二元土地问题着手，通过构建城乡统一的建设用地市场，促进集体土地与国有土地同地同权，提升农村地区的发展驱动力。

3. 打造城乡要素交流平台，注重培育农村的内生发展动力

北京发展都市型现代农业，重点是要培育“高精尖”的产业业态，其中非常关键的一点是要借助金融工具进行制度、产品和平台的设计。制度上让集体资产的所有者与经营者分离，通过资产委托

代理的方式，让专业经营团队实现资产增值，逐渐与市场化的城市经济融为一体；产品上通过资产信托化、土地信托以及产权颁证抵押贷款等方式进行探索；平台上借助土地股份合作社、集体经济组织成员参股合作、组建资产管理公司等方式实现城乡要素的交流。

4. 处理好政府与市场的关系，实现合作共赢

在珠海市的改造进程中，政府选择了让利给市场和村民，成都和宜兴也具有相似的过程，政府让利的幅度，是影响城乡一体化推进速度和质量的关键因素。

北京市的城乡一体化发展已经持续数年，取得了很大的成效，也到了攻坚克难的深水阶段，必然触发各大利益主体的博弈，因此，城乡一体化的推进实际上是一场利益博弈，尤其是在城乡结合部地区，是矛盾的焦点所在。在这个博弈过程中，不应该回避各主体的利益需求，政府应当破除制度障碍，发挥土地尤其是集体土地的杠杆作用，让市场充分参与进来，政府层面做好制度设计，保证参与各方的利益平衡。

三、“十三五”时期北京市城乡一体化规划研究

“十三五”时期是全面建成小康社会决胜阶段，全面建成小康社会，最艰巨最繁重的任务在农村特别是农村贫困地区。

对北京市而言，需要在目前城乡经济社会发展一体化新格局基本建立的基础上，进一步提升发展水平，解决好农民市民化、农村基层社会治理转型和基本公共服务均等化等问题；要牢牢把握“创新、协调、绿色、开放、共享”的发展理念，抓住深入实施京津冀协同发展战略、有序疏解非首都功能的契机，以破解城乡二元土地

问题为突破口，促进城乡资源要素的自由流动，打造市、区、镇三级统筹的协同治理体系，推进生态文明建设和基本公共资源均衡配置，给农村发展注入新的动力，让广大农民平等参与改革发展进程、共同享受改革发展成果。

（一）以创新理念破解城乡二元体制，建立城乡资源要素交换市场

创新理念，通过促进首都城乡资源要素的自由流动，构建城乡统一的建设用地市场，推动北京郊区基层治理结构现代化等方面的制度改革，为逐步破解城乡二元结构扫清体制机制上的障碍。

1. 加快构建城乡统一的建设用地市场

构建城乡统一的建设用地市场，是打破城乡二元体制最为关键的环节。在城市规划区、城镇化地区和新农村社区形成统筹规划、试点先行、集约配置的集体建设用地利用机制，逐步推进城乡一体的土地市场的形成。

（1）城市规划范围内的集体建设用地与国有土地同地同权

一是地上总结大兴区集体经营性建设用地入市试点的工作经验，逐步推动城市规划范围内集体经营性建设用地进入市场。

二是调整相关政策，完善入市交易规则、服务监管制度和土地增值收益的合理分配机制。

三是加快旧村和“工业大院”改造，将低密度的集体工业用地转变为符合城市功能发展的商业服务用地和居住用地。

四是以基本规划实施单元为载体进行区域统筹，探索城市规划范围内集中建设区与周边城乡结合部改造捆绑实施政策。

五是通过存量集体建设用地入市，新增建设用地与现状低效用地

盘活减量挂钩等途径，解决区域发展空间受限、产业升级受阻、基础设施和公共服务不足、巨额安置补偿成本等带来的资金平衡问题。

六是逐步建立市场化配置集体土地资源的机制，实现非首都功能疏解和“高精尖”产业结构优化，提升高端资源集聚能力和产出水平，实现集体土地空间综合效益的最大化，促进集体资产增值和农民增收。

(2) 城镇化地区按照规划体系集聚利用土地资源

一是通过新型城镇化推进重点镇以及新城周边辐射乡镇建设，构建合理的现代城镇体系，实现农民就地城镇化。

二是推动城市发展建设重心向“多点一城”转移，实现城市功能由中心城和新城共同支撑的格局。

三是形成产城融合、职住平衡的格局。

四是培育一批功能性特色小城镇，关键是通过乡镇统筹的方式加强土地资源和建设资金的集约利用，合理承接城六区疏解功能，引导功能性项目、特色文化活动和品牌企业进驻小城镇，吸引高端要素聚集和人口迁住，促进教育、医疗、旅游休闲、农产品深加工和农村服务业聚集发展，统筹推动基础设施和市政重大项目建设，提升公共服务水平和生态环境治理。

(3) 农村地区集体建设用地向新型农村社区配置

一是郊区农村存在自然演变的过程，最终的保留村庄通过建设新型农村社区的形式实现土地和人口的集中配置，非保留村庄通过山区搬迁工程逐渐向适宜地区迁移。

二是增强生态服务功能，取消山区乡镇生产总值考核，全面退出高耗能、高耗水、高污染行业。建立以沟域经济、生态农业和旅游服务业为主的生态友好型产业体系，使生态环境得到根本改善。

三是完善生态补偿机制，缩小基础设施、基本公共服务和人民生活水平等方面的差距，使传统农村风貌和习俗得以保留，农民生活质量得到根本性的改善，与城区形成良性互动的整体。

2. 深化农村改革促进城乡治理结构对接

农村改革要以建立城乡对接的机制为出发点，完善农村“三资”监管工作，将推进农村基层治理结构现代化作为深化农村改革的关键手段，构建集体经济的现代经营体系，确保农民享受改革发展成果。

（1）探索“三资”监管机制的有效实现方式

即要破解放松监管容易出现“小官巨腐”、加强监管容易造成农民主体地位缺失的难题，跳出通过加强政府部门权力来加强监督管理的传统思维，在市、区两级探索成立政府特设部门“农资委”，为推进“三资”监管工作提供体制保障。

市级层面，积极转变职能和强化监督，进一步明确农村经管部门对集体资产的监督管理职责和权力，确保集体资产规范运行。

区县层面，继续推动海淀区“农资委”改革试点，与农业部经管总站、市编办协调配合，对区县、乡镇农村“三资”监督管理体制机制建设进行试点研究，结合事业单位改革探索农经部门列入行政部门或政府特设机构的可能性。

（2）推进基层治理结构现代化

即“十三五”期间，要站在市场化改革的大背景下，积极推进农村基层治理结构现代化，明确集体经济组织的市场主体地位。按照《深化农村改革综合性实施方案》[1]的文件要求，开展村级组织“政经分离”试点工作。

---

[1] 《深化农村改革综合性实施方案》（第22页）提到，要“在进行农村集体产权制度改革、组建农村股份合作经济组织的地区，探索剥离村‘两委’对集体资产经营管理的职能，开展实行‘政经分开’试验，完善农村基层党组织领导的村民自治组织和集体经济组织运行机制”。

一是在城乡结合部集体经济实力比较雄厚的地区，加快实现村级“政经分离”和“政社分离”。通过制度化的形式将党支部、村委会和集体经济组织的职责界定清楚：党支部发挥基层领导的核心作用；村委会落实社会管理和公共服务职能；集体经济组织构建现代法人治理结构，明确市场主体地位，集中精力发展集体经济。

二是在远郊的农村地区，着力加强基层干部治理能力的培养，不但要培养干部党务、政务管理能力，而且要培养干部搞活经济、创新经营的能力，通过集体经济的发展壮大，为逐步实现基层治理结构现代化提供坚实的组织保障。

（3）构建集体经济现代经营体系，确保农民享受改革发展成果

一是完善农村市场经济制度体系，包括产权界定、交易制度、经济合同规范化、集体增值收益分配制度等，大力发展社区性金融市场，结合北京实际进一步做好农村确权颁证工作。

二是加快构建新型农业经营体系，推动土地经营权规范有序流转，发展多种形式适度规模经营，培育新型经营主体。

三是深入推进农村集体经济产权制度改革，集体经济组织学习现代股份制企业经营模式，完善法人治理结构和内部管理制度，推动集体经济发展壮大。

四是通过土地股份合作社、集体资产委托代理、信托化经营试点等工作，推进集体经济资本化运作和市场化经营。

五是通过集体股份分红、土地入股、创造就业岗位等方式确保农民从集体经济发展中同步享受收益成果。

3. 加快建立城乡资源要素交换市场

促进北京城乡资源要素交换市场的形成，要改变过去“行政郊区”的思维，树立“市场郊区”意识，搭建农产品、要素和产权交易平台，

完善农村金融服务体系，让市场引导资源配置和要素交流。

（1）树立“市场郊区”意识

一是“十三五”时期，要树立“市场郊区”理念，转换政府角色，强化市场主体地位，激发市场活力，加快推进郊区市场化进程，通过市场流通的方式实现农产品供给与需求的总量平衡。

二是改变过去以中心城区为单一增长极的“行政郊区”现象，跳出强调“控制力”“自给率”的传统计划经济的行政郊区理念，按照市场郊区的思维方式规划北京郊区的农业地位、功能、目标和发展路径。

三是发挥市场配置资源的决定性作用，引导人才、资金、科研成果等资源要素的流动，增强郊区镇域经济发展动力。

（2）建立多种形式的交易市场

一是以“新三起来”为引领，加强京津冀农产品流通基础设施建设，发展农产品交易市场。推进农业标准化和信息化发展，充分发挥农村三资监管平台的作用。

二是完善要素交易市场，发展以土地股份为核心的农民股份合作，通过集体资产股份权能的细分和市场化的配置途径，实现集体资产保值增值。

三是继续加强农村产权交易体系的建设，探索建立农村集体资产评估体系，使农村集体资产可以直接利用市场化的方式进行配置。

四是建立多种形式的农村服务平台，提高农村要素资源配置和利用效率。

（3）完善农村地区金融服务

一是加强农村金融服务工作的调查研究，为大资管体系建设和郊区金融体系建设提供支持。

二是积极推动北京市农村金融协会工作，完善制度建设。稳步推进农民专业合作社内部资金互助试点工作，培育一批专业合作社示范单位。

三是探索开展农村承包土地经营权和农民住房财产权抵押贷款试点，落实农村土地的用益物权、赋予农民更多财产权利，有效盘活农村资源、资金、资产，促进农民增收致富和农业现代化加快发展。

四是建立绿色金融体系，完善对节能低碳、生态环保项目的各类担保机制，在环境高风险领域建立环境污染强制责任保险制度，建立绿色评级体系以及公益性的环境成本核算和影响评估体系。

（二）以协调理念统筹城乡发展建设，打造协同治理体系

以协调的理念贯穿城乡发展建设，通过市、区、镇三级联动、统筹资源，优化空间结构和产业布局，打造区域协同、城乡一体的治理体系。

1. 市级层面，强化规划引领作用

（1）强化规划引领与实施

一是以中央和北京市“十三五”规划为指导，加强与津冀规划对接，坚持以水定城、以水定地、以水定人、以水定产，尊重城市发展规律。

二是将农村地区纳入城市总体规划范围考虑，而不仅仅是通过改变土地性质分摊城市化成本。

三是科学布局生产空间、生活空间、生态空间，综合调控各种空间需求，使农村发展符合城市总体功能定位，并落实到空间布局上。

四是严格按照“两线三区”控制开发强度，遏制“摊大饼”式发展。

提高规划的公众参与度，完善规划的实施机制，建立有效的规划实施评估预警、依法管理和责任追究机制，提高规划约束力。

（2）合理引导非首都核心功能疏解

一是按照京津冀协同发展规划，加快编制土地利用、城乡、生态环境保护等专项规划。

二是根据功能定位做好地方规划与专项规划的衔接，调整各区县发展方向及重点产业，推动形成各区县主体功能清晰、发展导向明确、建设秩序规范的发展格局。

三是城六区通过优化产业结构引导流动人口向外疏解，以高密度和高效益的产业功能实现人口结构的自然优化。

四是建立与承接地对接机制，统筹安排周边新城对城六区优质教育医疗文化资源的承接工作，发展区域性特色产业，提高常住人口职住比，实现疏解人口与功能的就地结合与包容性发展。培育郊区农村发展内生动力，提升农民就业水平和集体土地价值，实现区域协调发展。

（3）建立市级统筹机制

一是实现经济、土地、城市、人口、资源与环境、交通与基础设施、公共服务以及配套财政政策之间的统筹协调。

二是建立各区县差异化发展的统筹机制，建立重大项目落地市级统筹机制，健全财政转移支付同落实区功能定位、承接中心城区功能疏解、实施人口调控挂钩机制。协调城乡之间、区县之间、经济发展与社会发展、经济发展与生态文明建设之间的不平衡问题。

三是加大市级财政改革，将农村土地用途改变的收益优先用于本地区发展，尽快实现转居各项支出纳入公共财政预算体系，缓解城乡二元的公共服务支出责任。

2. 区级层面，分类推进地区发展

按照京津冀协同发展中部核心功能区、西北部生态涵养区的功能定位，北京市的城乡一体化发展要建立城乡结合部、城市发展新区和生态涵养区差异化发展统筹机制，推进分区治理。

（1）城乡结合部地区完成分类改造

一是落实《北京市城乡结合部建设三年行动计划（2015—2017年）》，有序疏解低端产业，严格执行新增产业的禁止和限制目录，依托区位优势，大力发展符合城市功能定位的科技研发、文化创意、休闲旅游等新兴产业。

二是创新建设融资机制，通过企业债券、政策性贷款、政府与社会资本合作等方式，拓展城市化建设的融资渠道。

三是集体产业发展要以升级换代为核心，增加就业岗位，提高就业质量，逐步建立城乡一体的基本社会保障体系，推进农民市民化工作。

四是按照“一绿建成、全面实现城市化，二绿建好、加快城乡一体化”的总体目标，逐步破解人口资源环境矛盾和城乡二元结构的矛盾。

五是编制覆盖“一绿”和“二绿”区域的专项规划，明确功能定位、发展重点和建设任务。一绿地区由区级统筹，以乡（镇）域为基本规划实施单元，全面完成拆建、农民身份转变和规划绿地的实现，“十三五”期间完成城市化转型。二绿地区继续开展集体经营性建设用地乡镇统筹试点工作，加快推进城乡规划、产业发展、基础设施、公共服务和社会治理。

（2）城市发展新区提高新城发展质量

一是合理承接城六区功能疏解，逐步提升新城的城市发展质量。

二是调整各区发展方向及重点产业，推动形成与各区主体功能相一致的发展格局。

三是加快编制新城地区的详细规划，对核心区、辐射区范围进行界定，明确各区域建设目标。

四是核心区实现全面城市化，通过全区统筹资源指标，推进城市化建设收尾工作，利用存量建设用地解决区域内剩余村庄整建制上楼转居问题，推进农村居民市民化进程。

五是辐射区重点解决因人口迁移带来的基础设施和公共服务配置不足问题。

六是完善区级事权、财权配置和考核评价制度。

七是调整各乡镇产业布局和功能定位，推进产业转型升级，统筹解决进城农民的身份转变。

（3）生态涵养区建设宜居环境

一是建立生态文明目标体系，研究制定可操作、可视化的绿色发展指标体系，制定生态文明建设目标评价考核办法，把资源消耗、环境损害、生态效益纳入经济社会发展评价体系，根据不同区域主体功能定位，实行差异化绩效评价考核。

二是建立生态环境损害责任终身追究制，明确地方党委和政府领导班子主要负责人、有关领导人员、部门负责人对生态文明建设的一岗双责制，对造成生态环境损害的，予以诫勉、责令公开道歉、组织处理或党纪政纪处分，对构成犯罪的依法追究刑事责任，对领导干部离任后出现重大生态环境损害并认定其需要承担责任的，实行终身追责。

三是加大生态补偿力度，建立城乡生态补偿一体化机制。

四是减少能耗、水耗和污染产业，发展与功能定位相适应的生态产业。

五是缩小基础设施通达水平、基本公共服务均等化水平等方面的差距，提高农民生活质量。

3. 乡镇层面，统筹破解村自为战难题

乡镇是联系城乡发展的纽带，非常关键，镇域经济得不到发展，城乡之间将形成断层，加剧城乡二元结构的分割。

（1）统筹土地资源

一是继续推广大兴西红门、海淀东升乡镇统筹利用各村集体建设用地经验，提高集体建设用地集约利用程度，盘活存量集体资产。

二是在区镇两级统筹下，适应联村发展需要，乡镇层面引导组建拥有集体经营性建设用地使用权的新型集体经济组织，采取多村股份合作、联营等方式，进行自主开发或引进社会资本合作开发，促进生产、生活、生态用地的合理使用。

三是完善农村宅基地用益物权，赋予宅基地使用者转让权和收益权，探索郊区农民住房财产权实现路径。

（2）统筹产业发展

即在统筹土地资源基础上，实现产业布局和产业升级的综合调控，促进产业集聚发展；通过市场机制引入社会资本，由乡镇层面进行项目选择、合作方式、收益分配、环境保护的统筹安排，集体成员充分享有其收益权；同时建立社会资本进入退出机制，确保农民长期利益得到保障和提高。

（3）统筹支农政策与公共建设

一是乡镇对各部门支农政策和项目资金进行合理安排，重点解决规划保留地区的配套设施建设，避免村庄各自为战。

二是推进公共教育、公共卫生、公共文化等社会服务设施建设

项目，推动公共服务资源向乡镇和农村地区转移和辐射。

三是促进基层社区化发展，优化社区生活设施布局，完善便民利民服务网络，打造便捷生活服务圈。

四是落实农业结构调整、平原造林工程，增加生态容量。推动绿化建设、旧村拆迁、新农村建设以及河道综合整治相结合，多渠道增加绿化面积，优化生态结构。

（4）统筹人口集聚

一是通过土地和产业的集中布局推动人口城镇化转移，由乡镇统筹提供就业、居住等方面的保障，依托集体产业吸纳农民就业，绿地养护和公益型就业岗位向就业困难人群倾斜，积极拓宽就业渠道，提高农民组织化程度。

二是落实城乡一体化的就业帮扶政策，通过订单培训、创业指导、安排在岗实习等措施，不断提高农民就业能力。

三是培育和引导农民树立正确就业观念，通过单位招用、自谋职业、自主创业形式，不断提高就业水平。

（三）以绿色理念改善城乡生态环境，建设和谐宜居之都

坚持绿色理念，重视农业的生态价值。走生产发展、生活富裕、生态良好的可持续发展道路，在建设国际一流的和谐宜居之都上取得重大进展。

1. 实现农业生态价值的整体提升

（1）发展与功能定位相适应的都市型生态农业

一是落实《中共北京市委北京市人民政府关于调结构转方式发展高效节水农业的意见》和主体功能区规划，发展生态农业、节水农业和景观农业，形成连接城乡、覆盖平原的绿色生态网络。

二是提升农产品质量和食品安全水平，推进农业标准化生产，打造“北京安全农业”品牌，建立健全农产品质量和食品安全信息平台，推进“全国农产品质量安全县”创建，完善动植物疫病防控体系。

三是积极推进现代种业发展，重点围绕农作物、畜禽、水产和林果花卉四大种业，发挥首都科技和人才优势，构建产学研一体的现代种业体系，强化种业之都建设。

四是在城乡结合部地区，以绿色隔离带和景观农业为主要业态推进环境治理，疏解腾退建绿、拆违还绿、多元增绿，加快与中心城区的深度融合，缓解大城市病；在城市发展新区，以精品农业和会展农业为主要业态，发挥重点镇和小城镇的节点效应；在生态涵养区，以休闲农业和沟域经济为主要业态，深入推进重点流域生态修复和生态清洁小流域建设，加强绿色生态河流廊道建设，营造和谐宜居环境。

（2）打造一二三产业融合的产业链

一是改变过去以生产为目的的京郊农业发展方式，通过一二三产业融合的路径延伸农产品价值链，促进农业附加值的增加和农民增收。

二是积极培育农业龙头企业，提高龙头企业示范效应，扶持一批具有竞争力的农业龙头企业进入资本市场。发展农业产业化示范基地，打造优质农产品品牌，带动农业生产、加工、销售和服务业发展。积极开发农业多种功能，挖掘乡村生态休闲、旅游观光、文化教育价值。

三是培育沟域经济产业集群，打造主题鲜明、层次多样的农业景观，优化产业结构，提升区域竞争力。

(3) 京津冀协同建设森林绿地体系和环首都国家公园体系

一是加大中心区绿化隔离地区建设力度，推进城市森林、健康绿道、郊野公园、公共绿地和湿地建设管理。

二是继续完善平原造林，形成村庄周围森林化、河渠道路风景化、基本农田林网化。巩固山区绿色生态屏障，建设浅山休闲游憩景观带。

三是合理界定国家公园范围，实行更严格的保护措施，除不损害生态系统的原住民生活生产设施改造和自然观光科研教育旅游外，禁止其他开发建设，保护自然生态和自然文化遗产原真性、完整性。

2. 完善生态补偿机制

(1) 健全山区生态补偿制度

一是探索建立多元化补偿机制，增加对生态涵养区财政转移支付，完善生态保护成效与资金分配挂钩的激励约束机制。制定横向生态补偿机制办法，以市、区两级财政补偿为主，争取中央财政给予支持。

二是探索京津冀水源涵养区跨地区生态补偿试点。

三是完善生态保护修复资金使用机制。按照山水林田湖系统治理的要求，完善相关资金使用管理办法，整合现有政策和渠道，推进水域综合整治和生态安全屏障的保护修复。

四是对因生态涵养区产业转型而产生的失业农民进行补贴，通过提供失业救济、安排就业培训、扶助自主创业、提供公益性岗位等系列政策进行妥善安置。

(2) 构建合理的资源有偿使用制度

一是探索在自然资源丰富的地区建立权责明确的自然资源产权体系，制定权利清单，明确各类自然资源产权主体权利。处理好所有权与使用权的关系，创新实现形式。

二是除生态功能重要的外，可推动所有权和使用权相分离，明确占有、使用、收益、处分等权利归属关系和权责，适度扩大使用权的出让、转让、出租、抵押、担保、入股等权能。

三是探索建立自然资源资产的有偿出让制度，严禁无偿或低价出让。

四是加快自然资源及其产品价格改革。

五是按照成本、收益相统一的原则，充分考虑社会可承受能力，建立自然资源开发使用成本评估机制，将资源所有者权益和生态环境损害等纳入自然资源及其产品价格形成机制。

六是推进农业水价综合改革，全面实行非居民用水超计划、超定额累进加价制度。探索通过土地承包经营、出租等方式，健全国有农用地有偿使用制度。

（3）建立生态服务市场体系和休耕制度

一是统筹规划，加强自然资源资产交易平台建设，加大环保市场培育力度，推进用能权、碳排放权、排污权、水权等交易制度和平台建设。

二是通过提供生态服务计量、认证、监测服务与交易实现生态服务的标准化度量和评估。

三是编制耕地、河湖休养生息规划，调整严重污染和地下水严重超采地区的耕地用途，逐步将不适宜耕种且有损生态的陡坡地退出基本农田。

3. 加强生态环境治理体系建设

要坚持城乡生态环境治理体系统一，在加强城市环境污染治理的同时，加大对农村地区生态环境保护，建立健全农村环境治理体制机制，加大对农村污染防治设施建设和资金投入力度。

（1）加大环境污染治理力度

一是加快农业面源、点源污染治理。

二是落实清洁空气行动计划，持续完善治理措施；强化重点行业主要污染物治理，加快淘汰和压缩落后产能；实施清洁优质能源替代，实现农村地区优质燃煤全覆盖。

三是加大水污染治理力度，制定贯彻落实国务院水污染防治行动计划实施意见；严格水资源“三条红线”管理，深化农业水价综合改革，减少农业用水量，扩大再生水利用，全面建成节水型社会；加强污水收集处理管网设施建设，完善水环境区域补偿制度，放开污水处理、再生水利用市场。

四是加强垃圾污染治理。坚持减量优先，深入做好生活垃圾分类管理，提高焚烧处理比重，基本实现人均垃圾产生量零增长、原生垃圾零填埋。完善政策和机制，着力解决垃圾处理设施落地难问题。生态涵养区实行产业准入负面清单。

（2）建立生态文明绩效考核机制

一是坚持节约优先，强化约束指标管理，落实能源和水资源消耗、建设用地等总量和强度双控行动。

二是完善京津冀大气污染防治联防联控协作机制；落实国家能效和排污强度“领跑者”制度；健全环境保护的可持续运转机制和绿色就业富民的促进机制。

三是健全环境治理体系，建立覆盖所有固定污染源的企业排放许可制，实施网格化管理和有奖举报制度；健全自然资源资产产权制度和用途管制制度，对山水林田湖等自然生态空间进行统一确权登记；建立生态文明绩效评价考核制度，探索编制自然资源资产负债表，建立生态环境损害责任终身追究制度；构建由空间规划、用途管制、领导干部自然资源资产离任审计、差异化绩效考核等构成的空间治理体系。

（四）以开放和共享理念推进公共资源均衡配置，促进城乡一体发展

推进城乡一体化的根本目的是保障和改善民生，“十三五”时期是全面建成小康社会的决胜阶段，要处理好经济发展与改善民生的关系，让广大群众共享改革成果。

1. 加快缩小城乡收入差距

（1）拓展农民增收渠道

一是推动“新三起来”工程，鼓励农民以土地经营权入股，发展多种形式适度规模经营，盘活农村闲置房屋发展休闲养老、乡村旅游等产业，继续强化集体资产经营、提高资产经营收益，增加农民财产性收入。

二是做大做强集体经济，让农民有集体产业支撑，提高村集体股份分红水平，促进农民股权收益较快增长。

三是有针对性地加强农民技能培训和职业教育，提高农民职业技术水平，积极引导帮助农村劳动力向二三产业转移就业。

四是加大农民转移就业政策扶持力度，引导各级财政出资的绿色生态建设项目和社会公共管理服务项目安置低收入农户劳动力就业。

五是将促进农民工资性收入增长的重点逐渐转向规范农民就业行为、提高农民转移就业的工资水平、建立合理的薪酬增长机制上来。

（2）推动农村脱贫工作

一是全面建成小康社会，最艰巨的任务在于使农村贫困人口脱

贫，因此要提高精准扶贫、精准脱贫实际效果，加大贫困地区资金投入；落实《北京市农村经济薄弱地区发展规划（2014—2020）》，实行脱贫工作责任制；高度重视低收入农户增收，进一步加大低收入农户增收帮扶力度，安排低收入村开展特色产业发展专项扶持，安排“一事一议”财政奖补资金重点扶持低收入村和美丽乡村的公益项目建设，确保低收入农户同步实现全面建成小康社会目标。

2. 完善农村基础设施建设投入和建管机制

（1）完善农村基本生活设施建设

即加大公共财政对农村基础设施的投入，保障农村水电路气网等基本生活设施建设；采取与功能定位相适应的基础设施配套发展策略，提高设施利用率；按照“谁受益、谁投资”原则，统筹规划建设区域路网及水电气管网等基础设施，建立协作机制；探索以政府购买服务的方式，创新政府与社会资本合作模式；逐步建立起适应现代化农业生产和农村社会发展所需的发达基础设施体系，实现城乡生产生活生态的协调一致。

（2）创新基础设施投入、建设和管护机制

一是支持新型集体经济组织承担农村基础设施建设，通过市场化机制，积极发挥民间投资的作用，逐步建立以政府投入为导向，社会资本共同参与的多元投资和建设体制。开展混合所有制经济和民营经济综合改革试点，在基础设施及公共服务设施建设运营领域推广政府和社会资本合作（PPP）模式。

二是通过补贴、税费减免、以奖代拨、以工代赈等方式，吸引企业、集体和个人对部分公共设施项目进行投资经营，有偿使用。

三是摒弃过去重建设轻管理的思想，树立建管并重的意识，确保农村基础设施投建设、管护、运营均衡发展。

四是增强基础设施管护意识，创新方式方法，探索专业管护、集体管护、协会管护、义务管护和商业管护相结合的多元化管理方式，逐步形成城乡一体的基础设施运行管护长效机制。

3. 推进基本公共服务均等化配置

（1）完善城乡劳动者平等就业制度

即逐步统一城乡劳动力市场，加强引导和管理，保障城乡劳动者平等就业的权利；加强覆盖城乡就业创业服务体系建设，推进政府购买公共就业服务，引导农村劳动力转移就业、积极就业，支持大学生创业、就业，加强困难群体就业援助和技能培训；搭建城乡统一的就业失业统计指标体系，推动就业均衡发展；全面落实鼓励用人单位招用农村就业困难地区和就业困难人员岗位补贴和社会保险补贴政策；落实鼓励农村劳动力自谋职业、自主创业政策。做好农民职业培训工作。

（2）健全城乡居民社会保障体系

一是不断提高养老保险基础养老金和老年保障福利养老金标准。

二是完善城乡居民养老保险缴费激励机制、待遇调整机制及社会养老保险制度衔接办法，实现城乡居民养老保险市级统筹。

三是建立统一的城乡居民医疗保险制度，提高大病和困难人群医疗保险待遇，完善新农合制度，研究推动新农合综合支付方式改革试点工作。

四是结合京津冀协同发展规划，落实养老保险跨区转移，加快社保一卡通建设。

五是加大政府对城乡低保、特困、重残等特殊群体的倾斜，完善全方位、多层次的城乡社会救助体系，提升综合救助能力，切实保障困难群体基本生活，扩大对低收入群体、城乡无收入老年人的保障范围和保障水平。

（3）提高郊区医疗服务水平

即积极推动中心城区优质医疗资源向新城和郊区乡镇疏解，确保通州、大兴和顺义三个重点新城至少拥有三甲医院；完善基层卫生服务网络，合理划分医疗机构功能定位，推动形成布局合理、分工协作的医疗卫生服务体系和分级诊疗就医格局；加大医疗卫生建设力度，满足社会医疗服务需求，多渠道解决农村医务人员不足问题。加强农村医务人员定向培养，通过提高待遇水平、建立基层岗位津贴等吸引基层医疗人才。

（4）推进城乡教育均衡发展

即建立与产业调整和就业结构变化相适应、均等化的教育财政投入体系，新增经费向农村薄弱中小学倾斜，逐步缩小城乡、区县、学区、学校之间的差距；推动基础教育均衡发展，支持各区开展集团化办学、名校办分校、学区制管理等改革试点；加强农村教师队伍建设，引导优质教育资源和师资力量向农村延伸。

（5）加强公共文化体育服务体系建设

即加大农村公共文化服务供给，建设满足农村居民实际需求的基层文化体育设施；扶持基层涉农文体队伍开展各类文体活动，打造农村特色文体活动品牌；抓住京津冀协同发展机遇，建立京津冀历史文化遗产保护体系；以2022年冬奥会为契机，加强与津冀两地在体育赛事、文化旅游等方面的合作。

本章课题组成员

负责人：郭光磊 张秋锦

责任人：季 虹

成 员：周 颖 徐轶尊 王 昭 赵秀池 杨 霖 徐 杰
均 衡 陈雪原 陈奕捷 赵雪婷 冯学静 孟 冬
斯达威

主笔人：周 颖 徐轶遵 王 昭 赵秀池